"十二五"职业教育国家规划教材
经全国职业教育教材审定委员会审定

车载网络系统检修

（第4版）

廖向阳 编 著

人民交通出版社
北 京

内 容 提 要

本书为“十二五”职业教育国家规划教材。本书基于学习情境设计，以任务作驱动，以项目为载体，将理论知识与实践操作进行一体化的教学设计，重点介绍了 CAN、LIN、MOST、FlexRay 四种网络的结构与原理、检测与维修方法。本书共分为 5 个学习任务，分别为：动力 CAN 总线的检测与修复、舒适 CAN 总线的检测与修复、LIN 总线系统检测与修复、MOST 总线系统检测与修复、FlexRay 总线系统检测与修复。

本书主要供职业院校汽车类专业教学使用，也可供汽车维修技术人员及汽车维修技术培训人员使用。

本书配有教学课件，教师可通过加入汽车高职教学研讨群（QQ:64428474）获取。

图书在版编目（CIP）数据

车载网络系统检修/廖向阳编著. —4 版. —北京：人民交通出版社股份有限公司，2025.6. —ISBN 978-7-114-20324-4

Ⅰ. U472.41

中国国家版本馆 CIP 数据核字第 2025Q2K668 号

Chezai Wangluo Xitong Jianxiu

书　　名：车载网络系统检修（第 4 版）
著 作 者：廖向阳
责任编辑：时　旭
责任校对：赵媛媛　刘　璇
责任印制：张　凯
出版发行：人民交通出版社
地　　址：（100011）北京市朝阳区安定门外外馆斜街 3 号
网　　址：http://www.ccpcl.com.cn
销售电话：（010）85285911
总 经 销：人民交通出版社发行部
经　　销：各地新华书店
印　　刷：北京市密东印刷有限公司
开　　本：787×1092　1/16
印　　张：10.75
字　　数：243 千
版　　次：2010 年 8 月　第 1 版
2011 年 6 月　第 2 版
2014 年 8 月　第 3 版
2025 年 6 月　第 4 版
印　　次：2025 年 6 月　第 4 版　第 1 次印刷　总第 17 次印刷
书　　号：ISBN 978-7-114-20324-4
定　　价：38.00 元（含教材 + 实训工单）

PREFACE 第4版前言

本书为“十二五”职业教育国家规划教材，自2010年首次出版以来，受到全国广大职业院校的关注，获得师生的一致好评。根据行业发展和国家职业教育教学标准要求，为更好地适应汽车类专业实际教学需求，在充分吸收教材使用院校教师的意见和建议的基础上，主编与人民交通出版社经过认真研讨，确定了本教材的修订方案。

本书是在第3版的基础上，在确定的修订方案指导下完成的，教材的修订原则主要体现在更加注重职业教育的特色，理论以够用为度，重点体现实践操作。为此，作者在多年教学和实践的基础上，基于实车和大众CAN-BUS总线舒适系统示教板及速腾轿车电气系统教学平台-A（舒适系统）两种台架，设计了一系列的实训工单。这些工单经作者在教学过程中修改和完善，具有很好的可操作性。通过这些有针对性的实践活动，既能加深学生对基础知识的理解，又能培养学生的实际动手能力。全书具体以下特点：

1. 任务驱动，能力递进

全书内容基于学习情境设计，以真实维修任务导入，采用由理论到实操的递进式结构，使知识学习和技能培养紧密相连，突出教学做一体化的职业教育特色。

2. 紧跟行业,内容先进

本次修订对内容进行了优化,删除原“学习任务 1 汽车电脑的检测与匹配”,增加“学习任务 5 FlexRay 总线系统检测与修复”,确保教材内容与职业实际紧密结合,反映行业前沿技术和最新职业标准,更好地服务于学生的学习需求和职业发展。

3. 实训视频,直观易懂

本次修订将实训工单单独成册,并配备了实训指导视频,细致讲解操作步骤,使学生易于理解,已实现良好的学习效果。

本书内容翔实,编排新颖,图文并茂,实用性强,通俗易懂。本书基于学习情景设计,将理论知识与实践操作进行一体化的教学设计,重点介绍了 CAN、LIN 、MOST、FlexRay 这几种网络的结构与原理、检测与维修方法。

本书的修订工作全部由湖南交通职业技术学院汽车工程学院廖向阳老师完成。感谢湖南交通职业技术学院汽车工程学院赵进福老师拍摄了所有实训参考视频。在编写过程中,编者参考了国内外同行和汽车厂家的文献资料,谨向参考文献涉及的作者和厂家表示衷心的感谢。

限于编者水平,书中难免有疏漏和错误之处,恳请广大读者提出宝贵建议,以便进一步修改和完善。

编者

2025 年 3 月

资源清单

序号	二维码	名称	序号	二维码	名称
1		实训工单一参考视频 1	10		实训工单二参考视频 8
2		实训工单一参考视频 2	11		实训工单二参考视频 9
3		实训工单二参考视频 1	12		实训工单二参考视频 10
4		实训工单二参考视频 2	13		实训工单二参考视频 11
5		实训工单二参考视频 3	14		实训工单三参考视频 1
6		实训工单二参考视频 4	15		实训工单三参考视频 2
7		实训工单二参考视频 5	16		实训工单三参考视频 3
8		实训工单二参考视频 6	17		实训工单三参考视频 4
9		实训工单二参考视频 7	18		实训工单三参考视频 5

续上表

序号	二维码	名称	序号	二维码	名称
19		实训工单四参考视频 1	28		实训工单五参考视频 2
20		实训工单四参考视频 2	29		实训工单五参考视频 3
21		实训工单四参考视频 3	30		实训工单六参考视频 1
22		实训工单四参考视频 4	31		实训工单六参考视频 2
23		实训工单四参考视频 5	32		实训工单六参考视频 3
24		实训工单四参考视频 6	33		实训工单六参考视频 4
25		实训工单四参考视频 7	34		实训工单六参考视频 5
26		实训工单四参考视频 8	35		实训工单七参考视频
27		实训工单五参考视频 1			

CONTENTS 目 录

学习任务 1

动力 CAN 总线的检测与修复

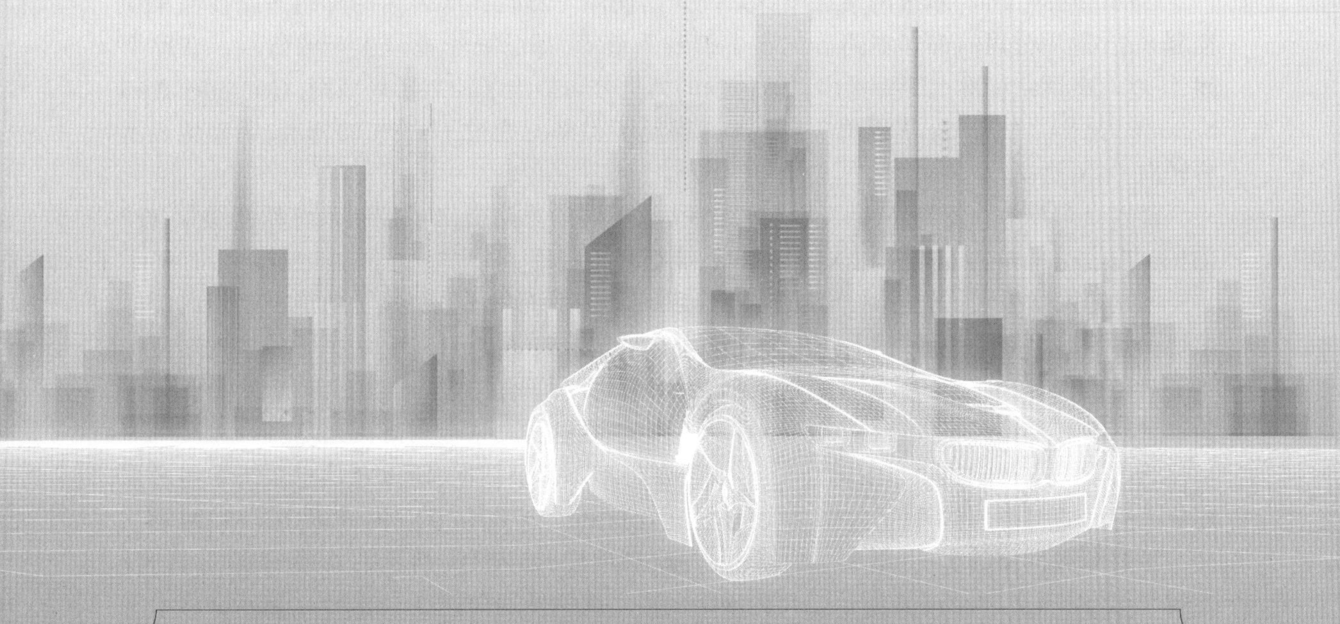

情境导入

某客户送来一辆奇瑞 A5 轿车，仪表板上多个故障指示灯点亮，要求给予维修。

要完成这个工作任务，我们首先需要知道汽车动力 CAN 总线系统的结构与原理、检修动力 CAN 总线的各种方法。下面就分步来完成本学习任务。

一 车载网络的发展简史

20 世纪 90 年代以来,汽车上的电控装置越来越多,线路越来越复杂。如果采用常规的布线方式,将导致汽车上电线数量急剧增加。粗大的线束占用空间、增加质量和油耗,使故障率增多、维修困难。为此,以 CAN 总线为典型代表的数据总线应运而生。

与采用传统线路相比较,汽车上采用总线传输的主要优点有:大幅减少线束,实现数据共享,显著提高整车的智能控制水平和运行可靠性,提升故障诊断和维修能力,降低成本。

从 1980 年起,汽车内开始安装网络系统。1983 年,丰田公司在世纪牌汽车上最早采用了应用光缆的车门控制系统,车上的电子控制单元(ECU)可对各车门的门锁、电动车窗进行控制,这是早期在汽车上采用的光缆系统。此后,光缆网线并没在汽车上广泛应用。

1986—1989 年间,铜线网络在车身系统开始使用。那时日产公司的车门多路传输集中控制系统、通用公司的车灯多路传输集中控制系统等,都已处于批量生产的阶段。在此期间,一些车载网络标准也纷纷推出,如:德国的博世公司提出了控制器局域网(Controller Area Network,CAN);美国汽车工程师学会(SAE)提出了 J1850,通过了 CAN 的标准,明确地表示将转向 CAN 协议。

随着汽车技术的发展,欧洲又以与 CAN 协议不同的思路提出了控制系统的新协议 TTP (Time Triggered Protocol),并在 X-by-wire 系统上开始应用。

与这些网络采用不同思路开发的是信息系统。该系统在开关及显示功能控制用的信号系统信息设备之间建立网络,下一步是利用光纤将显示数据进行传递。

为了实现音响系统的数字化,建立了将音频数据与信号系统综合在一起的 AV 网络,因为这种网络需要将大容量的数据连续地输出,因此,在这种网络上需采用光缆。

当汽车引入智能交通系统(ITS)后,由于要与车外交换数据,所以在信息系统中将会采用更大容量的网络,例如数字数据总线(Digital Data Bus,D2B)协议、MOST 及 IEEE1394 等。

主要车载网络的名称、概要、通信速度与研制单位,如表 1-1 所示。几种车载网络的开发时间、采用厂家,如表 1-2 所示。几种网络的成本比例及通信速度,如图 1-1 所示。

主要车载网络基本情况 表 1-1

车载网络的名称	概要	通信速度	研制单位
CAN(Controller Area Network)	车身/动力传动系统控制用 LAN 协议,最有可能成为世界标准的车用 LAN 协议	1Mb/s	博世公司(开发),ISO
VAN(Vehicle Area Network)	车身系统控制用 LAN 协议,以法国为中心	1Mb/s	ISO
J1850	车身系统控制用 LAN 协议,以美国为中心	10.4kb/s 41.6kb/s	福特公司
LIN(Local Interconnect Network)	车身系统控制用 LAN 协议,液压组件专用	20kb/s	LIN 协会

续上表

车载网络的名称	概要	通信速度	研制单位
IDB-C(ITS Data Bus On CAN)	以CAN为基础的控制用LAN协议	250kb/s	IDM论坛
TTP/C (Time Triggered Protocol by CAN)	重视安全、按用途分类的控制用LAN协议,时分多路复用(TDMA)	2Mb/s 25Mb/s	TIT计算机技术公司
TTCAN(Time Triggered CAN)	重视安全、按用途分类的控制用LAN协议,时间同步的CAN	1Mb/s	博世公司
Byteflight	重视安全、按用途分类的控制用LAN协议,通用时分多路复用(FFDMA)	10Mb/s	宝马公司
FlexRay	重视安全、按用途分类的控制用LAN协议	5Mb/s	宝马公司 戴姆勒-克莱斯勒公司
DDB/Optical (Domestic Digital Bus/Optical)	音频系统通信协议,将DDB作为音频系统总线采用光通信	5.6Mb/s	C&C公司
MOST (Media Oriented System Transport)	信息系统通信协议,以欧洲为中心,由克莱斯勒与宝马公司推动	22.5Mb/s	MOST合作组织
IEEE1394	信息系统通信协议,有转化成IDB1394的动向	100Mb/s	1394工业协会

几种车载网络开发时间、采用厂家情况　　表1-2

年份	车载网络	厂家或地区	备注
	D2B开发	飞利浦公司	1986年2月北美车采用LAN
	CAN开发	博世公司	1986年12月欧洲车采用LAN
—1986	VNP开发 CAD开发	北美地区	1987年12月日本车采用LAN
1988	MOST开发 CCD开发 VAN开发	美国车采用	
1991	CAN开发	欧洲车采用	
1992	D2B D2B Optical开发	日本车采用	
1994	J1850 VAN	SAE认可,ISO批准	
1995—	D2B	欧洲车采用	以汽车厂为主,对新LAN进行研究
2000—	发表LIN 发表YRTTP 发表Byteflight 发表TTCAN		发表了许多新的LAN

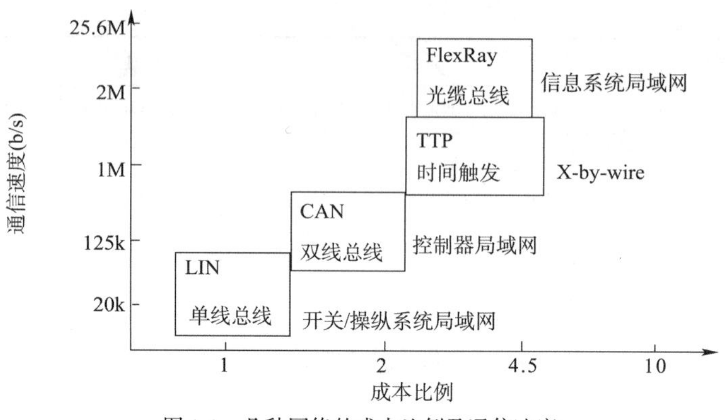

图1-1 几种网络的成本比例及通信速度

二 常用基础术语

(一)局域网

在一个有限区域内连接的计算机网络,称为局域网(LAN)。局域网可分为有线局域网和无线局域网(WLAN)。一般这个区域具有特定的功能,通过这个网络实现系统内的资源共享和信息通信。连接到网络上的节点可以是计算机、基于微处理器的应用系统或智能装置。汽车上的网络是一种局域网与现场总线(Field Bus)之间的结构,数据传输速度一般为10kb/s~100Mb/s,传输距离在几十米的范围内。

(二)现场总线

现场总线是在工业过程控制和生产自动化领域发展起来的一种网络体系,是一种在过程现场安装在控制室先进自动化装置中的串行数字通信链路。该系统是过程自动化和制造自动化最底层的现场设备或与现场仪表互联的通信网络,是现场通信网络与控制系统的集成。

(三)CAN

CAN,全称为“Controller Area Network”,即控制器局域网,是国际上应用最广泛的现场总线之一。最初,CAN被设计成用于汽车环境中的微控制器通信,在车载各电子控制单元(ECU)之间交换信息的汽车电子控制网络。例如:在发动机管理系统、变速器控制器、仪表装备、电子主干系统中,均嵌入CAN控制装置。

(四)数据总线

数据总线是模块间运行数据的通道,即所谓的“信息高速公路”。数据总线可以实现在一条数据线上传递的信号能被多个系统(控制单元)共享,从而最大限度地提高系统整体效率,充分利用有限的资源。例如,常见的计算机键盘有 104 位键,可以发出百余条不同的指令。但键盘与主机之间的数据连接线却只有 7 根,键盘正是利用这 7 根数据连接线上不同的电平组合(编码信号)来传递信号的。如果把这种方式应用在汽车电气系统上,就可以大大简化目前的汽车电路。新型开关可以通过不同的电压信号或编码信号来表示不同的开关动作。信号解码后,根据指令接通或断开对应的用电设备(如前照灯、刮水器、电动座椅等)。这样,就能将过去一线一用的专线制改为一线多用制,从而大大减少了汽车上电线的数量,缩小了线束的直径。当然,数据总线还将使计算机技术融入整个汽车系统之中,加速汽车智能化的发展。

如果系统可以发送和接收数据,则这样的数据总线就称为双向数据总线。数据总线可以是一条导线,也可以是两条导线。CAN 数据总线可形象地比作公共汽车,公共汽车可以同时运输大量乘客,CAN 数据总线包含大量的数据信息,如图 1-2 所示。为了抗电磁干扰,双线制数据总线的两条线是绞在一起的,如图 1-3 所示。

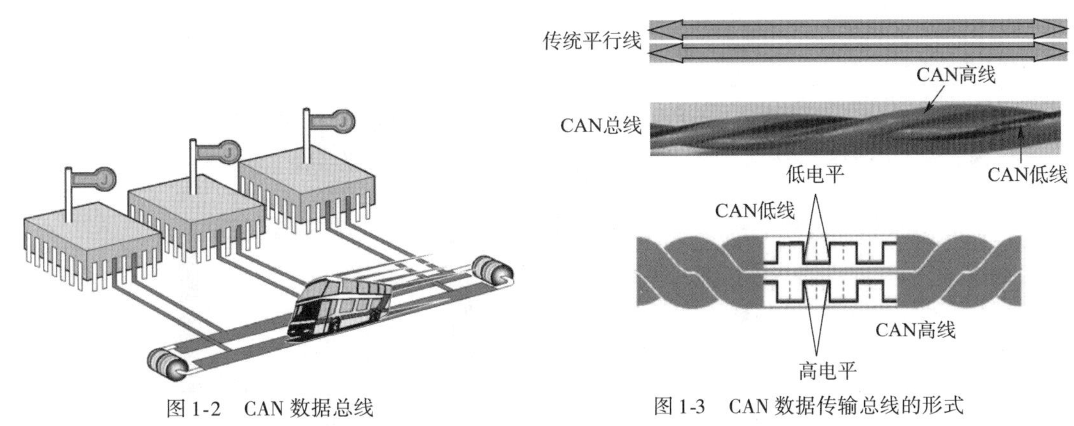

图 1-2　CAN 数据总线　　图 1-3　CAN 数据传输总线的形式

1. CAN 总线电平

CAN 总线分为 CAN 高位(CAN-high)和 CAN 低位(CAN-low)数据线,对地电压分别用 U_{CAN-H}和 U_{CAN-L}表示。它们之间的差值称为差分电压 U_{diff},即 $U_{diff} = U_{CAN-H} - U_{CAN-L}$。满足条件 $0.9V < U_{diff} < 5.0V$ 时,代表逻辑数字“0”,当前传送的数据位被称为“显性”位;当 $-0.1V < U_{diff} < 0.5V$ 时,代表逻辑数字“1”,当前传送的数据位被称为“隐性”位,动力 CAN 总线的电压波形与逻辑电平定义如图 1-4 所示,动力 CAN 总线信号特征见表 1-3。

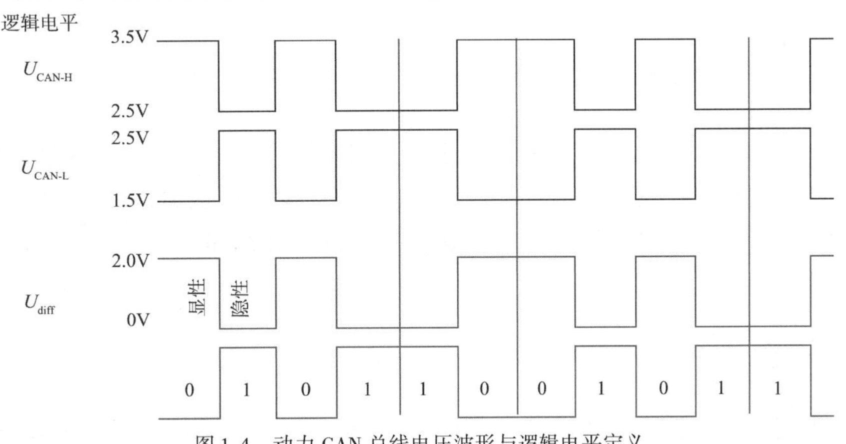

图 1-4　动力 CAN 总线电压波形与逻辑电平定义

动力 CAN 总线信号特征　　表 1-3

差分电平	逻辑状态	$U_{\mathrm{CAN\text{-}H}}$	$U_{\mathrm{CAN\text{-}L}}$	U_{diff}
显性	0	3.5V	1.5V	2V
隐性	1	2.5V	2.5V	0V

控制单元在某一时间段只能进行发送或接收一项功能。

逻辑“1”:所有控制器的开关断开,总线电平为5V 或是 3.5V,CAN 总线未通信。

逻辑“0”:某一控制器闭合,总线电平为0V,CAN 总线进行通信。

2. CAN 总线上信息的表示形式

CAN-BUS 上的信息是以二进制形式出现的。也就是说,控制单元将信息转换成二进制,CAN-BUS 用电平来模拟二进制,接收控制单元将电平转换成二进制数据,再将二进制数据转换成正常数据。二进制信号如图 1-5 所示。

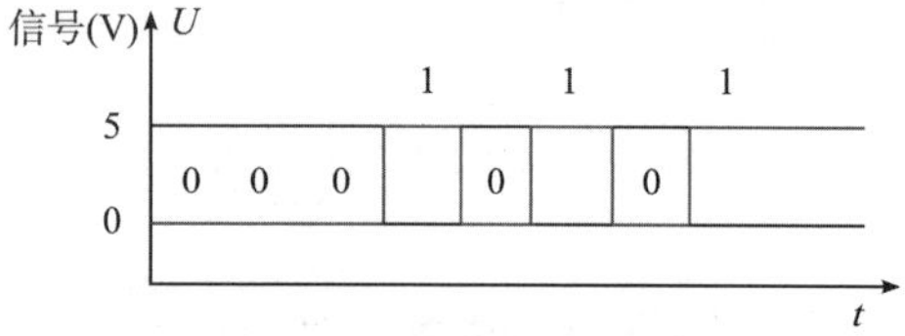

图 1-5　二进制信号示意图

如图 1-6 所示,控制单元Ⅱ将发动机转速值信号先转换成二进制信号(00010101),然后由发送器转换成一串电平信号发送出去。

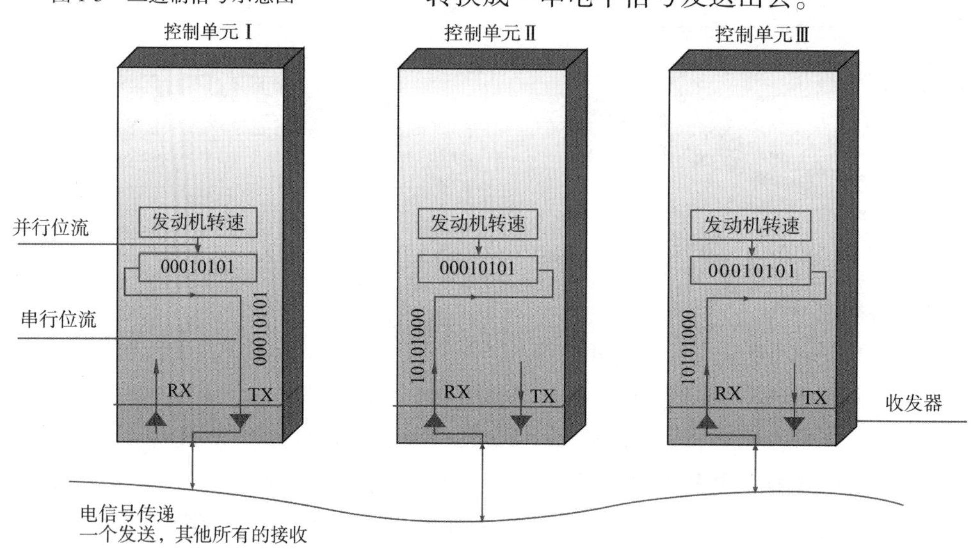

图 1-6　转速信号传输示意图

控制单元Ⅰ的接收器先读取电平信号,转换成二进制信号(00010101),然后再解码成发动机转速值。

各汽车制造商一直在设计各自的数据总线,如果不兼容,就称为专用数据总线。如果是按照某种国际标准设计的,就是非专用的。为使不同厂家生产的零部件能在同一辆汽车上协调工作,必须制定标准。按照 ISO 有关标准,CAN 的拓扑结构为总线式,因此也称为 CAN 总线(CAN-BUS)。

(五)网速

网速是指网络数字信号的传送速率,单位为“bps”(bit per second)或“bit/s”或“b/s”,中文含义都是比特每秒。这里的 bit 表示“位”,一位即表示二进制中的一个“0”或“1”。在数字信号中,还有一个常用单位“字节”(B,Byte),1 字节 =8 位(1Byte =8bit)。

LIN 总线的网速最高可达 20kb/s。

舒适 CAN 总线的网速一般为 100kb/s,少数车型采用 500kb/s。

动力 CAN 总线的网速一般为 500kb/s。

FlexRay 总线的网速最高可达 10Mb/s。

MOST 总线的网速大多为 22.5Mb/s。

(六)多路传输

多路传输是指在同一通道或线路上同时传输多条信息,如图 1-7 所示。事实上数据信息是依次传输的,但速度非常快,似乎就是同时传输的。对一个人来说,1/10s 算是非常快了,但对一台运算速度相对慢的计算机来说,1/10s 却是很长的时间。如果将 1/10s 分成若干段,许多单个的数据都能被传输,这就称为分时多路传输。多路传输也称多路复用,除了分时多路复用(TDM),还有频分多路复用(FDM)、码分多路复用(CDMA)和波分多路复用(WDM)等形式,分别用于不同的通信场合。

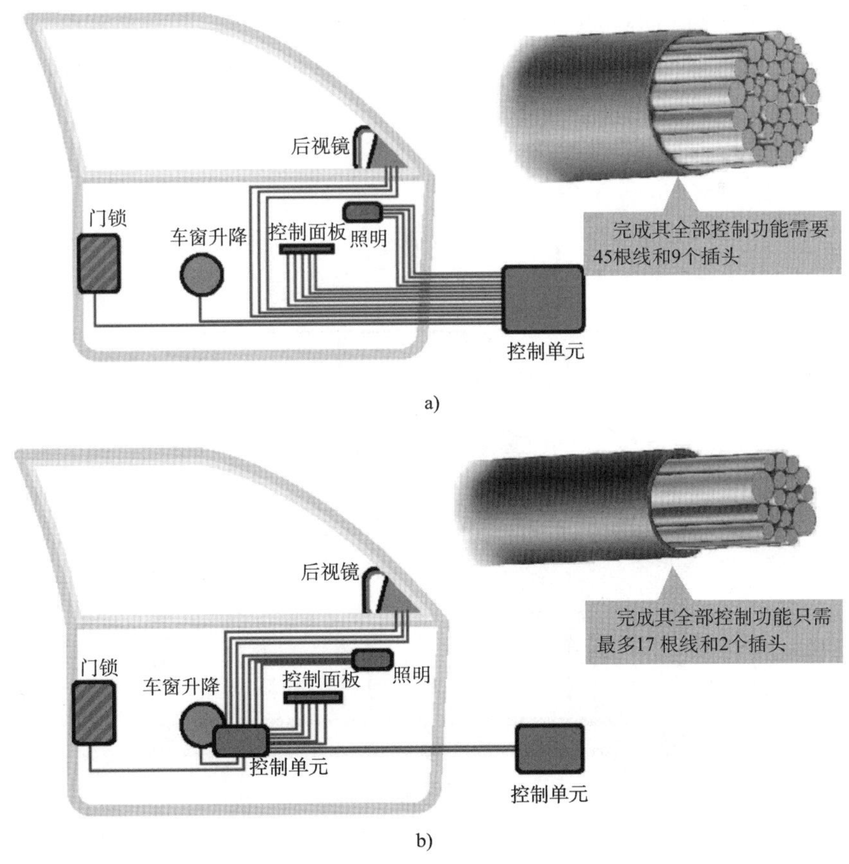

图 1-7　常规线路和多路传输线路的简单对比

a)常规线路的车门控制单元;b)多路传输系统的车门控制单元

从图1-7中可以看出,多路传输系统所用导线比常规线路系统所用导线少得多。由于多路传输可以通过一根线(数据总线)执行多个指令,ECU可以触发仪表板上的警告灯或故障指示灯等,因此可以增加许多功能装置。

根据传输导线的不同,多路传输系统可分为单线、双线和无线三种。单线传输如LIN总线("学习任务3"中有详细的介绍)。在CAN系统中一般均采用双线传输。光纤总线(MOST)为环状信息传输("学习任务4"中有详细的讲解)。新款车型中一般采用无线蓝牙传输数据总线(又称为BLUE TOOTH BUS)。

(七)模块/节点

模块就是一种电子装置。简单一点的如温度和压力传感器,复杂的如计算机(微处理器)。传感器是一个模块装置,根据温度和压力的不同产生不同的电压信号,这些电压信号在计算机的输入接口被转变成数字信号。在计算机多路传输系统中一些简单的模块被称为节点。

(八)网络

网络是指为了实现信息共享而把多条数据总线连在一起,或者把数据总线和模块当作一个系统。从物理意义上讲,汽车上许多模块和数据总线距离很近,因此被称为LAN(局域网)。

根据网络的结构,车载网络分为总线形网、星形网和环形网三种,如图1-8~图1-10所示。

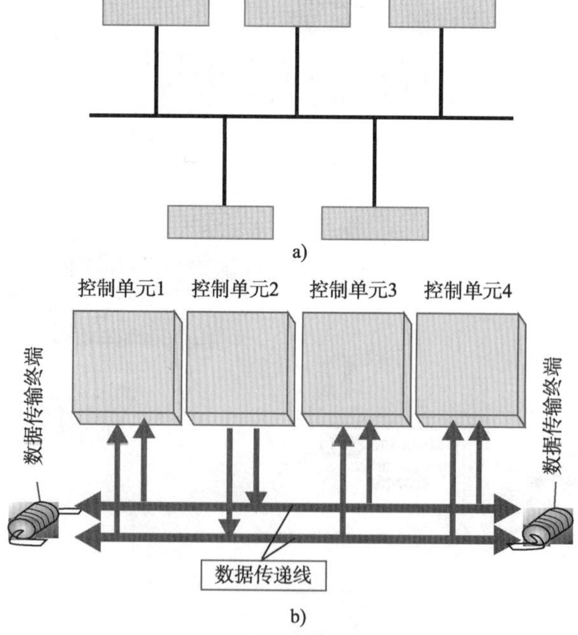

图1-8　总线形网络结构

a)总线形网络;b)大众总线形网络示意图

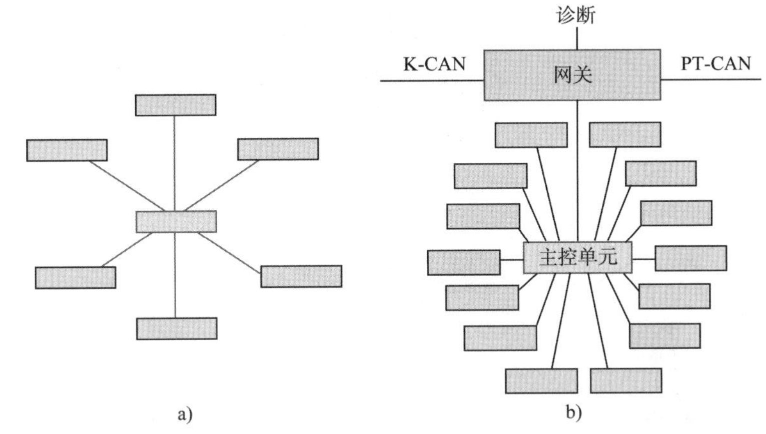

图 1-9　星形网络拓扑结构

a)星形网络;b)宝马 7 系 E66 轿车安全系统网络示意图

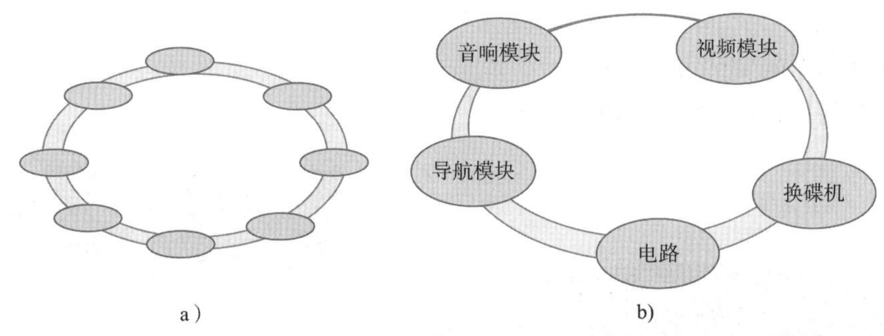

图 1-10　环形网络结构

a)环形网络;b)宝马 MOST 系统示意图

总线形网络结构:

在两根总线上多个节点并列连接,从其中一个节点能同时向所有节点进行传送呼叫。它的所有节点都通过相应硬件接口连接到两条公共总线上。任何一个节点发出的信息都可沿着总线传输,并被总线上其他任何一个节点接收。

星形网络结构:是以中央节点控制数据传输的网络方式,即以一台中心处理机为主组成的网络。中心处理机接收从各个节点来的数据,并进行处理,再向各节点发出指令。

环形网络结构:是将节点连接成环形,顺次进行数据传输,将被传送的信息数据进行中转,以到达需要的节点为止。

(九)网关

由于汽车上有许多总线和网络,所以必须用一种具有特殊功能的计算机进行信息共享并且使协议间不产生冲突,实现无差错数据传输,这种计算机就称为网关。网关的作用是使所有连接在 CAN 总线上的控制单元实现准确的数据交换。因为驱动总线、舒适总线和信息娱乐总线这几种总线的传输速度是不同的,所以不能直接进行数据交换。图 1-11 所示为上汽大众途安 CAN-BUS 数据总线,其中 J533 即为网关。

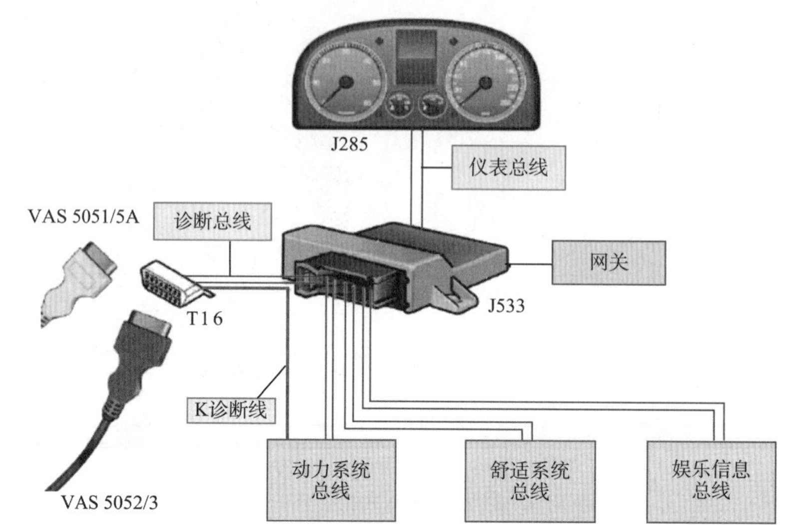

图 1-11　上汽大众途安 CAN-BUS 数据总线

网关在汽车上的安装方式有两种:一种是安装在仪表内,如图 1-12 所示;另一种是安装在汽车电子控制单元内,如图 1-13 所示。

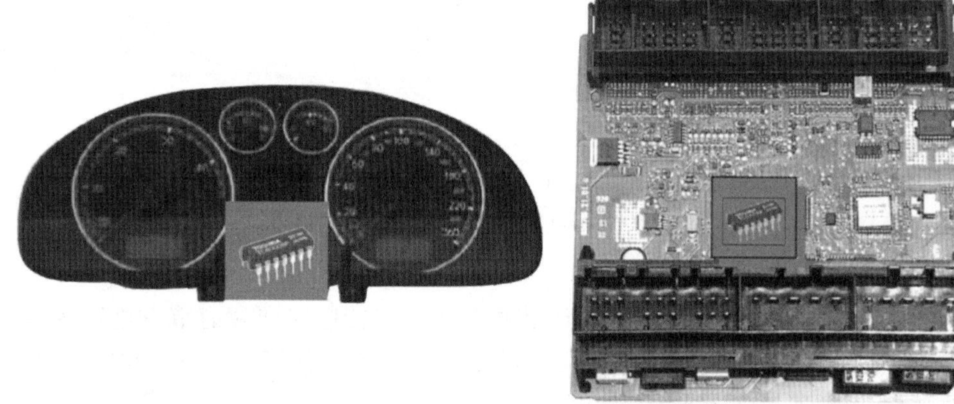

图 1-12　安装在仪表内的网关　　图 1-13　安装在汽车电子控制单元内的网关

(十)帧

为了可靠地传输数据,通常将原始数据分割成一定长度的数据单元,这就是数据传输的单元,也称为帧。一个数据帧由 7 个功能不同的基本区域(帧起始、仲裁域、控制域、数据域、校验域、应答域和帧结束域)构成。CAN 以报文为单位进行信息传送,CAN 中一个报文称为一帧。

CAN 协议支持两种报文格式,即标准格式(CAN2.0A)和扩展格式(CAN2.0B),如图 1-14 所示。标准 CAN 的标识符长度是 11 位,而扩展格式 CAN 的标识符长度可达 29 位。CAN 协议的 2.0A 版本规定 CAN 控制器必须有一个 11 位的标识符,2.0B 版本规定 CAN 控制器的标识符长度是 11 位或 29 位。遵循 CAN2.0B 协议的 CAN 控制器,可以发送和接收 11 位标识符的标准格式报文或29位标识符的扩展格式报文。如果禁止 CAN2.0B 协议,则 CAN 控制器只能发送和接收11位标识符的标准格式报文,而忽略扩展格式的报文结构,但不会出现错误。

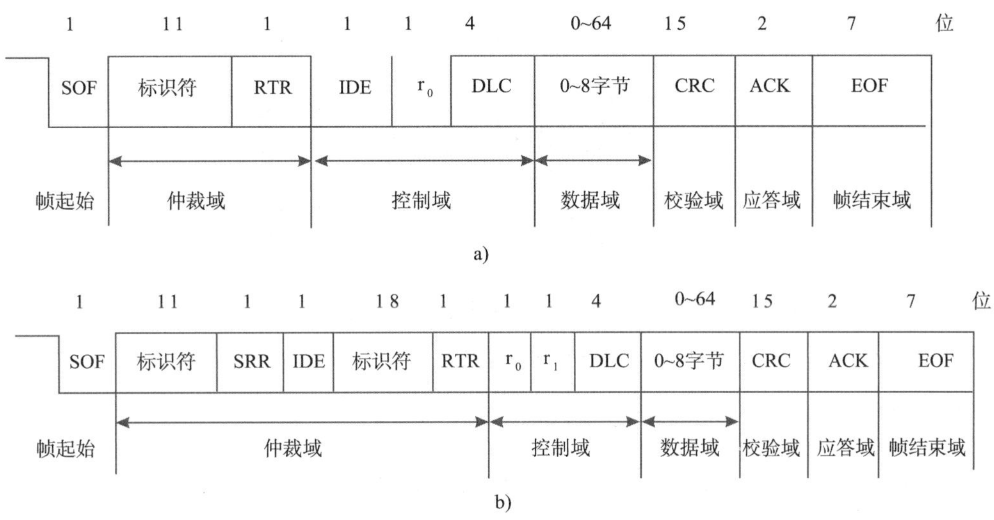

图1-14 CAN 的标准和扩展帧格式

a)CAN 的标准格式;b)CAN 的扩展格式

报文传输由以下4种不同的帧类型表示和控制。

数据帧:发送单元向接收单元发送的数据帧。

远程帧:接收单元向具有相同 ID 的单元请求数据。

错误帧:当检测出错误时向其他单元发出错误帧。

超载帧:在相邻数据帧或远程帧之间提供附加延时。

数据帧和远程帧既可使用标准帧,也可使用扩展帧。

1. 数据帧

1)帧起始

报文的起始位称为帧起始(SOF),标记数据帧和远程帧的开始。它由一位"显性"位组成,带有大约5V 电压(由系统决定)的1位(bit),被送入高位 CAN 线;带有大约0V 电压的1位被送入低位 CAN 线(CAN-L)。CAN-L 上发出1位0电平,标志数据帧的开始。

2)仲裁域

仲裁域用于确定数据协议的优先权。如果两个控制单元都要同时发送各自的数据,那么,具有较高优先权的控制单元优先发送。

仲裁机制如下:

总线空闲时,任何单元都可以开始传送报文。

如果两个以上的单元同时开始传送报文,就会出现总线访问冲突。通过使用标识符的逐位仲裁就可以解决这种冲突。仲裁的机制确保了报文和时间均不损失。仲裁期间,每个发送器都对发送位的电平与被监控的总线电平进行比较。如果电平相同,则这个单元继续发送。如果发送的是一"隐性(1)"电平,而监视到总线电平是一"显性(0)"电平,则这个单元就失去了仲裁,必须退出发送状态,改为接收状态,仲裁过程如图1-15所示。

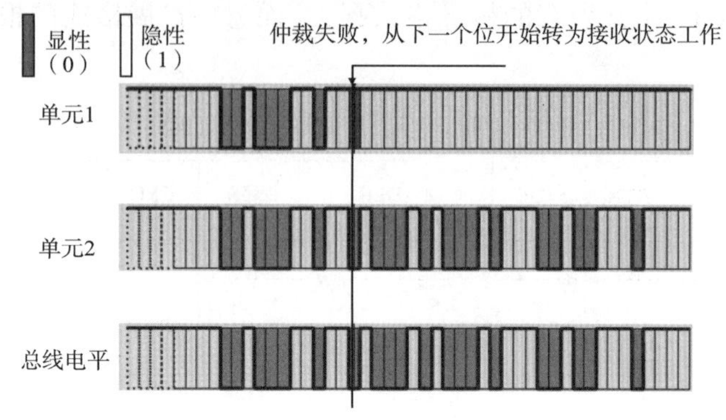

图1-15 仲裁过程

标准格式(CAN2.0A)中仲裁域由11位标识符ID10~ID0、远程发送请求位RTR组成。扩展格式(CAN2.0B)中仲裁域由29位标识符ID28~ID0、SRR位、IDE位、RTR位组成。

(1)标识符:

在标准格式中,标识符的长度是11位。这些位的发送顺序是ID10到ID0。最低位是ID0,最高7位(ID10到ID4)不可全为"1"(隐性)。而扩展格式的标识符长为29位,包括11位基本ID和18位扩展ID,基本ID定义了扩展帧的基本优先权。

(2)RTR位:

RTR位为"远程发送请求位",在数据帧中,RTR为"0",在远程帧中,RTR为"1"。

(3)SRR位:

SRR位为"替代远程请求位",属扩展格式,它是在扩展帧的标准帧RTR位的位置,因而替代标准帧的RTR位。当标准帧与扩展帧发生冲突且扩展帧的基本ID同标准帧的标识符一样时,标准帧优先于扩展帧。

(4)IDE位:

IDE位是"标识符扩展位",IDE位在扩展格式中位于仲裁域而在标准格式中位于控制域。在标准格式中IDE为显性,而在扩展格式中IDE为隐性。

3)控制域

控制域由6个位组成。标准格式的控制域格式和扩展格式不同,标准格式中的帧包括数据长度码、IDE位、保留位r_0;扩展格式包括数据长度码和两个必须为显性保留位r_1和r_0,如图1-16所示。

数据长度码指示出数据域中的数据字节数,其4位二进制数值大小为0000~1000,指示数据域中的数据字节数为0~8。

4)数据域

数据域包括汽车技术信息,在数据域中,信息被传递到其他控制单元。

5)检验域

检验域用于检测数据传输中的错误,以识别传输的干扰。

6)应答域

应答域长度为2位,包含应答间隙和应答界定符。在应答域中,发送器发送两个隐性位。当接收器正确地接收到有效的报文,接收器就会在应答间隙期间向发送器发送一显性位以示应答。

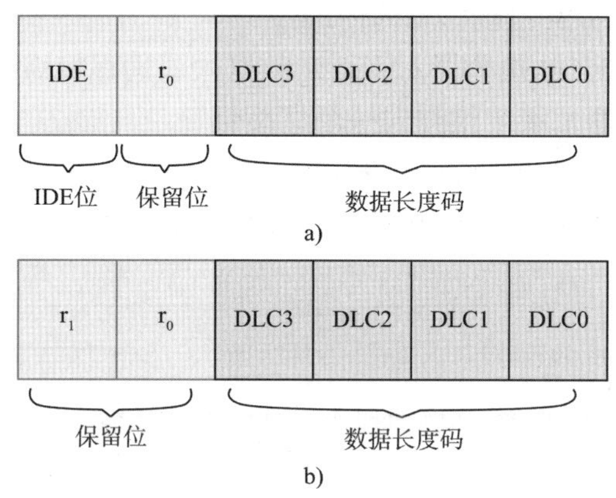

图 1-16　控制域结构图

a)标准格式;b)扩展格式

7)帧结束域

帧结束域用于标志数据帧的结束。它由 7 位隐性位序列表示,通过这 7 位隐性位接收器可以判断一帧是否结束。

2. 远程帧

作为数据的接收站,它可以借助于发送远程帧启动其资源节点传送数据。远程帧也有标准格式和扩展格式,而且都由 6 个不同的位组成:帧起始、仲裁域、控制域、检验域、应答域、帧结束域。远程帧的组成如图 1-17 所示。与数据帧相反,远程帧的 RTR 位是"隐性"的,它没有数据域。RTR 位的极性表示所发送的帧是数据帧(RTR 位"显性")还是远程帧(RTR 位"隐性")。

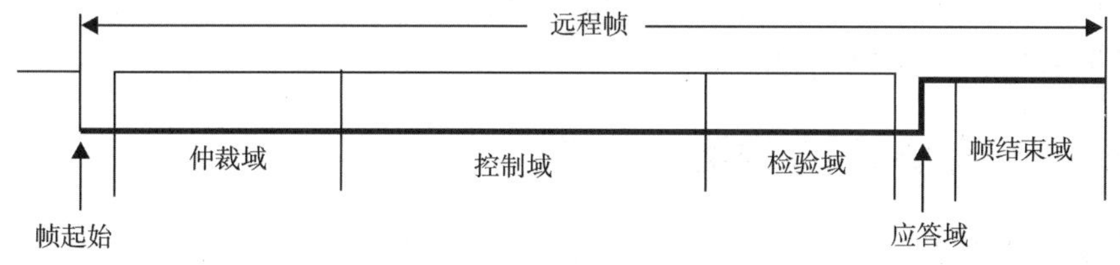

图 1-17　远程帧的组成

3. 出错帧

出错帧由两个不同的域组成。第一个域是由不同站提供的错误标志的叠加,第二个域是错误界定符。出错帧的组成如图 1-18 所示。

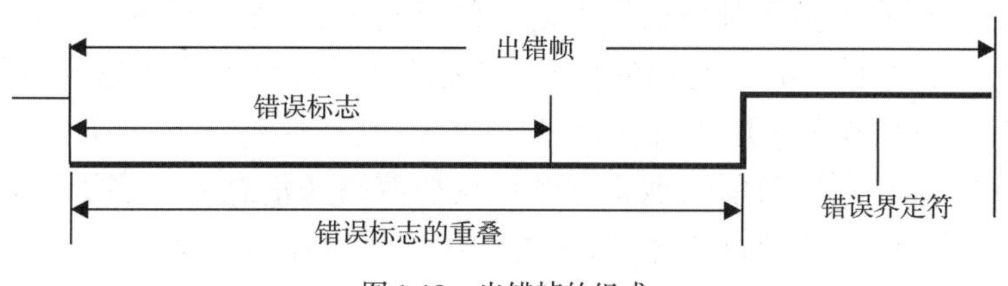

图 1-18　出错帧的组成

4. 超载帧

超载帧包括两个位域:超载标志和超载界定符。超载帧的组成如图1-19所示。

有三种超载的情况会引发超载标志的传送:

(1)接收器的内部情况(此接收器对于下一数据帧或远程帧需要有一定的延时)。

(2)在间歇的第一和第二字节检测到一个显性位。

(3)如果CAN节点在错误界定符或超载界定符的第8位(最后一位)采样到一个显性位,节点会发送一个超载帧(不是出错帧),错误计数器不会累加。

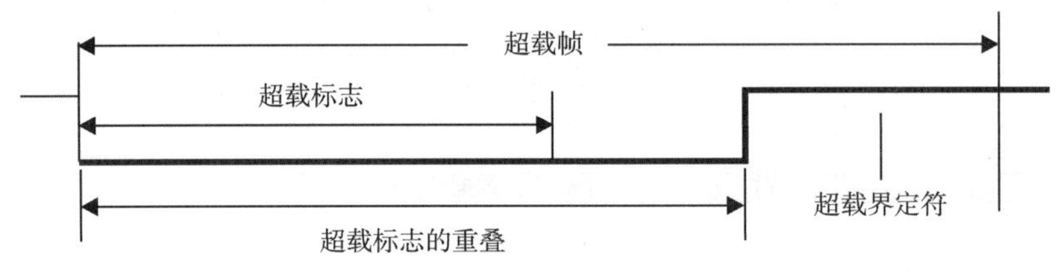

图1-19 超载帧的组成

(十一)数据传输触发方式

(1)事件触发方式:网络中所有活动都是由事件的发生所引起的,例如CAN总线。

(2)时间触发方式:系统中的任务根据工作之前制定的时间表分配好了相应的总线时间,每一部分都按照事前制定的静态调度时间表完成任务,例如FlexRay总线。

(十二)通信协议的含义

通俗地讲,两个实体要想成功通信,它们必须"说同样的语言",并按既定控制法则来保证相互的配合。具体地说,在通信内容、怎样通信以及何时通信等方面,两个实体要遵从相互可以接受的一组约定和规则。这些约定和规则的集合就称为协议。因此,协议可定义为在两个实体间控制信息交换规则的集合。

(十三)通信协议的内容

通信协议主要内容如下。

(1)在一个简单的通信协议中,模块不分主从,根据规定的优先规则,模块间相互传递信息,并且都知道该接收什么信息。

(2)一个模块是主模块,其他则为从属模块,根据优先规则,它决定哪个从属模块发送信息以及何时发送信息。

(3)通俗地讲,所有的模块都像旋转木马上的骑马人,一个上面有"免费卷"挂环的转圈绕着他们旋转。当一个模块有了有用的信息,它便抓住挂环挂上这条信息,任何一个需要这条信息的模块都可以从挂环上取下这条信息。

(4)通信协议中有个仲裁系统,通常这个系统按照每条信息的数字拼法为各数据传输设定优先规则。例如,以1结尾的数字信息要比以0结尾的有优先权。

(十四)接口与实体

接口是为两个系统、设备或部件之间连接服务的数据流穿越的界面。计算机通信接口由设备(或部件)和说明组成,一般包括 4 个方面内容:物理、电气、逻辑和过程。在物理方面,要指出插接器有多少个插脚。在电气方面,要确定接口电路信号的电压、宽度及它们的时间关系。在逻辑方面,要说明为了传送如何把数据位或字符变换成字段,以及说明传输控制字符的功能使用等。换句话说,计算机通信接口的逻辑说明,提供了一种用于控制和实现穿越接口交换数据流的语言。在过程方面,要说明通信控制字符的规定顺序、各种字段的规定内容以及控制数据流穿越接口的命令和应答。如果把逻辑说明看成是为确定数据流穿越接口的语法,那么过程说明就可作为语义。

在计算机网络内,不同系统中的实体需要通信。一般地说,实体是能够发送或接收信息的东西,而系统是包含一个或多个实体的物理设备。实体的例子如用户应用程序、文件传送程序包、进程、数据库管理系统、电子邮件设施及终端等,系统的例子是计算机、终端设备和遥感装置等。

(十五)协议要素及其功能

1. 协议的三要素

1)语法

确定通信双方之间“如何讲”,即由逻辑说明构成,要对信息或报文中各字段格式化,说明报头(或标题)字段、命令和应答的结构。

2)语义

确定通信双方之间“讲什么”,即由过程说明构成,要对发布请求、执行动作以及返回应答予以解释,并确定用于协调和差错处理的控制信息。

3)定时规则

指出事件的顺序以及速度匹配、排序。

2. 协议的功能

协议的功能是控制并指导两个对话实体的对话过程,发现对话过程中出现的差错并确定处理策略。具体来说,每个协议都是具有针对性的,用于特定的目的,所以各协议的功能是不一样的,但是有一些公共的功能是大多数协议都具有的。这些功能包括以下 4 个方面:

1)差错检测和纠正

面向通信传输的协议常使用“应答—重发”、循环冗余检验(CRC)、软件检查和等机制进行差错的检测和纠正,而面向应用的协议常采用重新同步、恢复以及托付等更为高级的方法进行差错的检测和纠正工作。一般来说,协议中对异常情况的处理说明要占很大的比重。

2)分块和重装

用协议控制传送的数据长度是有一定限制的,参加交换的数据都要求有一定的格式。为满足这个要求,就需要将实际应用中的数据进行加工处理,使其符合协议交换时的格式要求,只有这样才能应用协议进行数据交换。分块与重装就是这种加工处理操作。分块操作是将大的数据划分成若干小块,如将报文划分成几个报文分组;重装操作则是将划分的小块数据重新组合复原,例如将报文分组还原成报文。

3)排序

对发送出的数据进行编号以标识它们的顺序,通过排序,可达到按序传递、信息流控制和差错控制等目的。

4)流量控制

通过限制发送的数据量或速率,可以防止在信道中出现堵塞现象。

(十六)常用通信协议

目前,汽车多路信息通信系统中采用的通信协议有多种形式,主要有8种(表1-4)。

8种典型的通信协议 表1-4

序号	通信协议名称	推荐或实施单位
1	CAN	奔驰、英特尔、博世、JSAE、ISO/TC22/SC3/WG1
2	BASIC CAN	飞利浦、博世
3	ABUS	大众
4	VAN	雷诺、标致、雪铁龙、ISO/TC22/SC3/WG1
5	HBCC	福特、SAE J1850
6	PALMNET	马自达、SAE
7	DLCS	通用
8	CCD	克莱斯勒、SAE

注:SAE——美国汽车工程师学会;ISO——国际标准化组织。

除以上8种通信协议之外,还有其他协议,如:

- 宝马公司(BMW)1994年提出的DAN集中式网络协议;
- 阿尔法·罗密欧公司的DAN集中式网络协议;
- 卢卡斯(Lucas)公司的光学分布式星形耦合器系统;
- 日立公司的集中式光学单纤维双向通信;
- 飞利浦公司的DDR分布式网络协议等。

到目前为止,世界上尚无一个可以兼容各大汽车公司通信协议的通用标准,也就是说想用某个公司的通信协议取代其他公司的协议,是很难做到的。因此,在汽车上就形成了多种类型的多路通信系统共存的局面。

(十七)车载网络协议标准

目前汽车网络标准很多,其侧重功能各不相同。为方便研究和设计应用,SAE(美国汽车工程师学会)将汽车数据传输网分为A、B、C、D类型。

按照系统的复杂程度、信息量、必要的动作响应速度、可靠性要求等,车载网络系统又可以分为低速(A)、中速(B)、高速(C、D)三类,如图 1-20 所示。

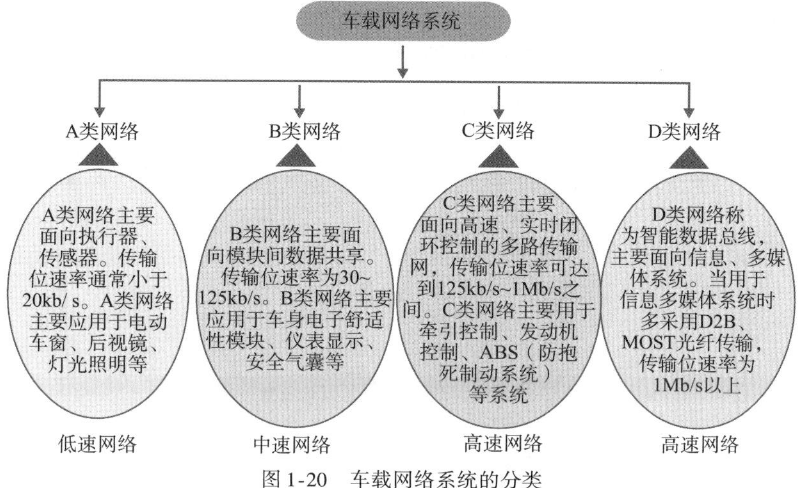

图 1-20　车载网络系统的分类

三　动力 CAN 总线系统的结构与原理

车用网络大致可以分为 4 个系统:动力传动系统、车身系统、安全系统、信息(媒体娱乐)系统。图 1-21 为奥迪 A6L 车载网络结构图。这里只介绍动力传动系统。

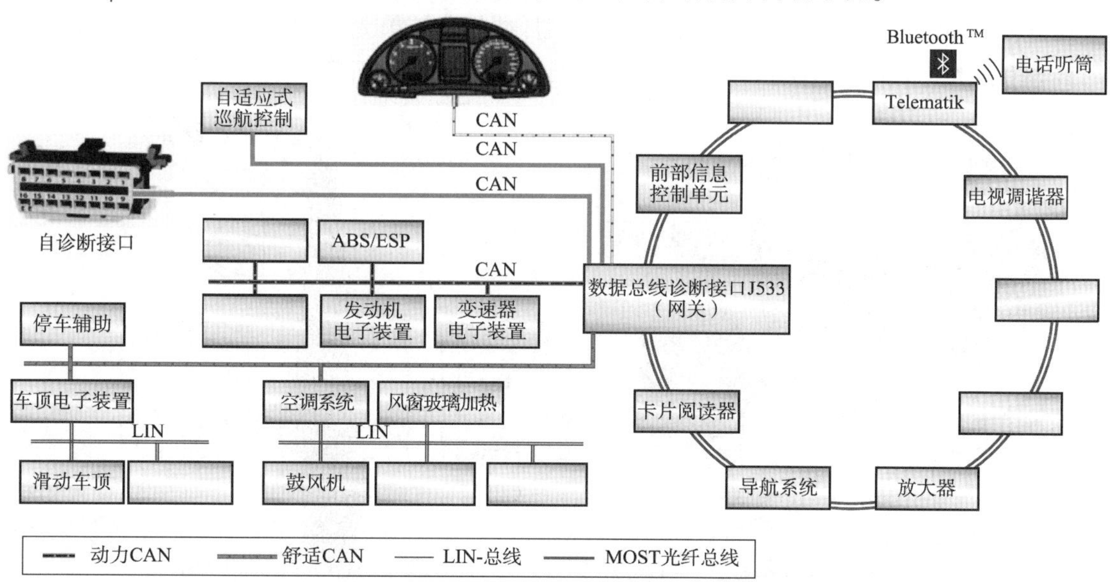

图 1-21　奥迪 A6L 车载网络结构图

(一)动力 CAN 总线系统的组成

动力 CAN 数据总线连接 3 个电控单元,它们是发动机、ABS 及自动变速器电控单元(动力 CAN 数据总线实际可以连接安全气囊、四轮驱动与组合仪表等电控单元),图 1-22 所示为奥迪 A6L 动力 CAN 总线组成图。总线可以同时传递 10 组数据,发动机电控单元 5 组、

ABS 电控单元3组和自动变速器电控单元2组。数据总线以500kb/s速率传递数据,每一数据组传递大约需要0.25ms,每一电控单元7~20ms发送一次数据。优先权顺序为:ABS电控单元→发动机电控单元→自动变速器电控单元。

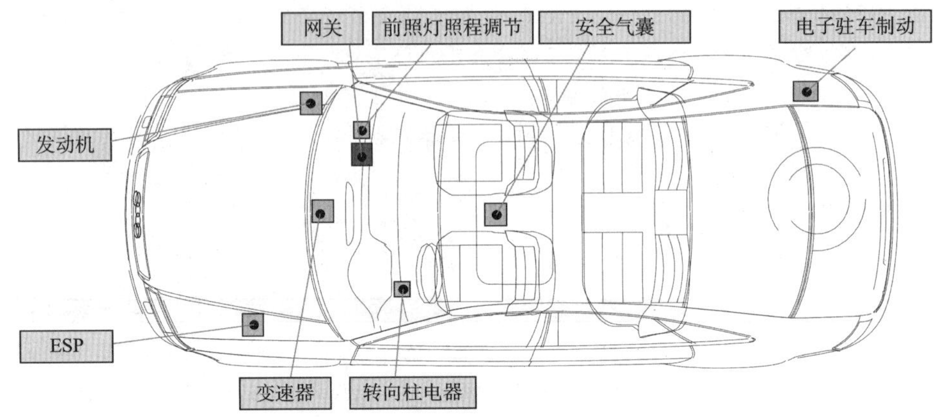

图1-22　奥迪A6L动力CAN总线组成图

图1-23所示为奇瑞A5轿车CAN数据传输系统的构成。

(二)动力CAN总线的结构与工作原理

CAN数据传输系统中每块电控单元的内部都增加了一个CAN控制器,一个CAN收发器;有些电控单元内部还装有一个数据传递终端;在各电控单元外部,它们通过CAN数据传输线相互连接。CAN系统组成如图1-24所示,各部件功能如下。

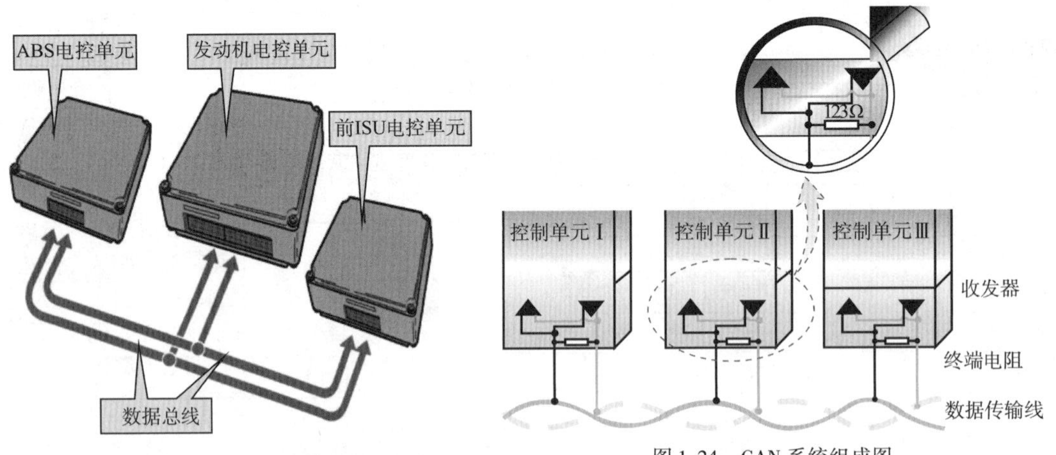

图1-23　奇瑞A5轿车CAN数据传输系统构成

图1-24　CAN系统组成图

1. CAN控制器

CAN控制器的作用是接收控制单元中微处理器发出的数据,处理数据并传送给CAN收发器。同时CAN控制器也接收收发器收到的数据,处理数据并传给微处理器(电控单元内部数据的接收、处理及传送)。通过CAN总线的所有通信都要由控制单元进行监控,控制单元根据预先给定的时间节拍发出数据并且对接收到的数据进行检测。

1)独立控制器

SJA1000是一个汽车上常用的独立的CAN控制器,其内部结构框图如图1-25所示,其功能说明如下。

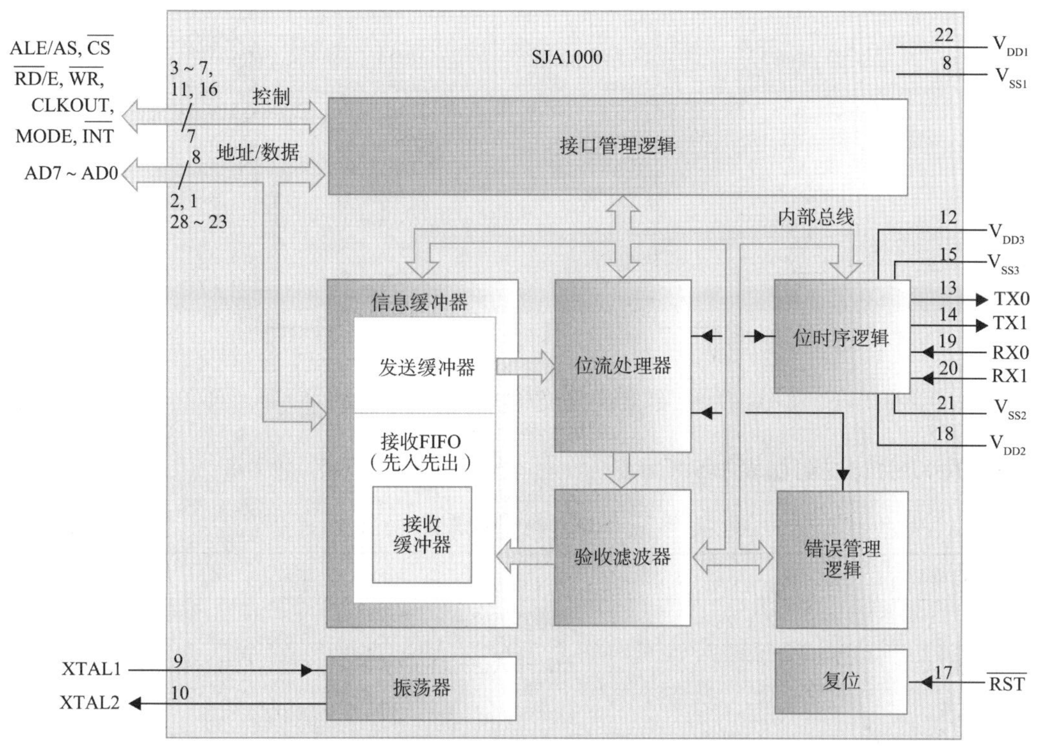

图1-25 SJA1000内部结构框图

接口管理逻辑:接口管理逻辑解释来自CPU(中央处理器)的命令,控制CAN寄存器的寻址,向主控制器提供中断信息和状态信息。

发送缓冲器:发送缓冲器是CPU和位流处理器之间的接口,能够存储发送到CAN网络上的完整信息。缓冲器长13个字节,由CPU写入、位流处理器读出。

接收缓冲器:接收缓冲器是验收滤波器和CPU之间的接口,用于储存从CAN总线上接收的信息。接收缓冲器作为接收FIFO(先入先出)的一个“窗口”,可被CPU访问。CPU在此FIFO的支持下,可以在处理信息时接收其他信息。

验收滤波器:验收滤波器把其中的数据和接收的识别码内容相比较,以决定是否接收信息。在纯粹的接收测试中,所有的信息都保存在接收FIFO中。

位流处理器:位流处理器是一个在发送缓冲器、接收FIFO和CAN总线之间控制数据流的程序装置。它还在CAN总线上执行错误检测、仲裁、填充和错误处理。

位时序逻辑:位时序逻辑监视串口的CAN总线并处理与总线有关的位时序。它在信息开头“弱势—支配”的总线传输时同步CAN总线位流(硬同步),接收信息时再次同步下一次传送(软同步)。位时序逻辑还提供可编程的时间段来补偿传播延迟时间、相位转换(例如,由于振荡漂移产生的)、定义采样点和一位时间内的采样次数。

错误管理逻辑:错误管理逻辑负责传送层模块的错误管制。它接收位流处理器的出错报告,通知位流处理器接口管理逻辑进行错误统计。

SJA1000 提供两种封装:DIP—28 和 SO—28,如图 1-26 所示。

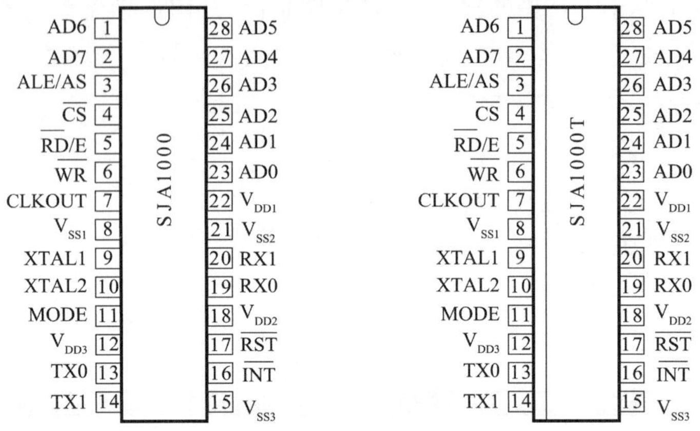

a)

引脚	符号	引脚	符号
1	AD6	28	AD5
2	AD7	27	AD4
3	ALE/AS	26	AD3
4	$\overline{CS}$	25	AD2
5	$\overline{RD}$/E	24	AD1
6	$\overline{WR}$	23	AD0
7	CLKOUT	22	V_{DD1}
8	V_{SS1}	21	V_{SS2}
9	XTAL1	20	RX1
10	XTAL2	19	RX0
11	MODE	18	V_{DD2}
12	V_{DD3}	17	$\overline{RST}$
13	TX0	16	$\overline{INT}$
14	TX1	15	V_{SS3}

SJA1000

b)

引脚	符号	引脚	符号
1	AD6	28	AD5
2	AD7	27	AD4
3	ALE/AS	26	AD3
4	$\overline{CS}$	25	AD2
5	$\overline{RD}$/E	24	AD1
6	$\overline{WR}$	23	AD0
7	CLKOUT	22	V_{DD1}
8	V_{SS1}	21	V_{SS2}
9	XTAL1	20	RX1
10	XTAL2	19	RX0
11	MODE	18	V_{DD2}
12	V_{DD3}	17	$\overline{RST}$
13	TX0	16	$\overline{INT}$
14	TX1	15	V_{SS3}

SJA1000T

图 1-26　SJA1000 引脚图

a) DIP—28; b) SO—28

SJA1000 引脚说明如表 1-5 所示。

SJA1000 引脚说明　　表 1-5

符号	引脚	说明
AD7 ~ AD0	2,1,28 ~ 23	多路复用的地址/数据总线
ALE/AS	3	ALE 输入信号(Intel 模式),AS 输入信号(Motorola 模式)
$\overline{CS}$	4	片选输入,低电平允许访问 SJA1000
$\overline{RD}$(/E)	5	$\overline{RD}$ 信号(Intel 模式)或 E 使能信号(Motorola 模式)
$\overline{WR}$	6	$\overline{WR}$ 信号(Intel 模式)或 RD/($\overline{WR}$)信号(Motorola 模式)
CLKOUT	7	SJA1000 产生的提供给微控制器的时钟输出信号;时钟信号来源于内部振荡器且通过编程驱动;时钟控制寄存器的时钟关闭位可禁止该引脚输出
V_{SS1}	8	搭铁
XTAL1	9	输入振荡器放大电路,外部振荡信号由此输入
XTAL2	10	振荡放大电路输出,使用外部振荡信号时必须开路
MODE	11	模式选择输入: 1 = Intel 模式 0 = Motorola 模式
V_{DD3}	12	输出驱动的 +5V 电压源
TX0	13	从 CAN 输出驱动器 0 输出到物理线路上
TX1	14	从 CAN 输出驱动器 1 输出到物理线路上
V_{SS3}	15	输出驱动器搭铁
$\overline{INT}$	16	中断输出,用于向微控制器发出中断信号
$\overline{RST}$	17	复位输入,低电平有效,用于复位 CAN 接口

续上表

符号	引脚	说明
V_{DD2}	18	输入比较器的 +5V 电压源
RX0,RX1	19,20	从物理的 CAN 总线输入 SJA1000 的输入比较器
V_{SS2}	21	输入比较器的搭铁端
V_{DD1}	22	逻辑电路的 +5V 电压源

2)集成的 CAN 控制器

P87C591 是一个集成了 CAN 控制器的单片 8 位高性能微控制器,芯片上自带的 CAN 控制器为 CAN 的应用提供了许多专用的硬件功能。它完全符合 CAN2.0B 规范,并提供一个直连 SJA1000 独立 CAN 控制器的软件移植路径,具有 CAN 的扩充特性,其中包括增强型接收滤波器,支持系统维护、诊断、系统优化以及接收 FIFO 特性等。P87C591 内部结构如图 1-27 所示。

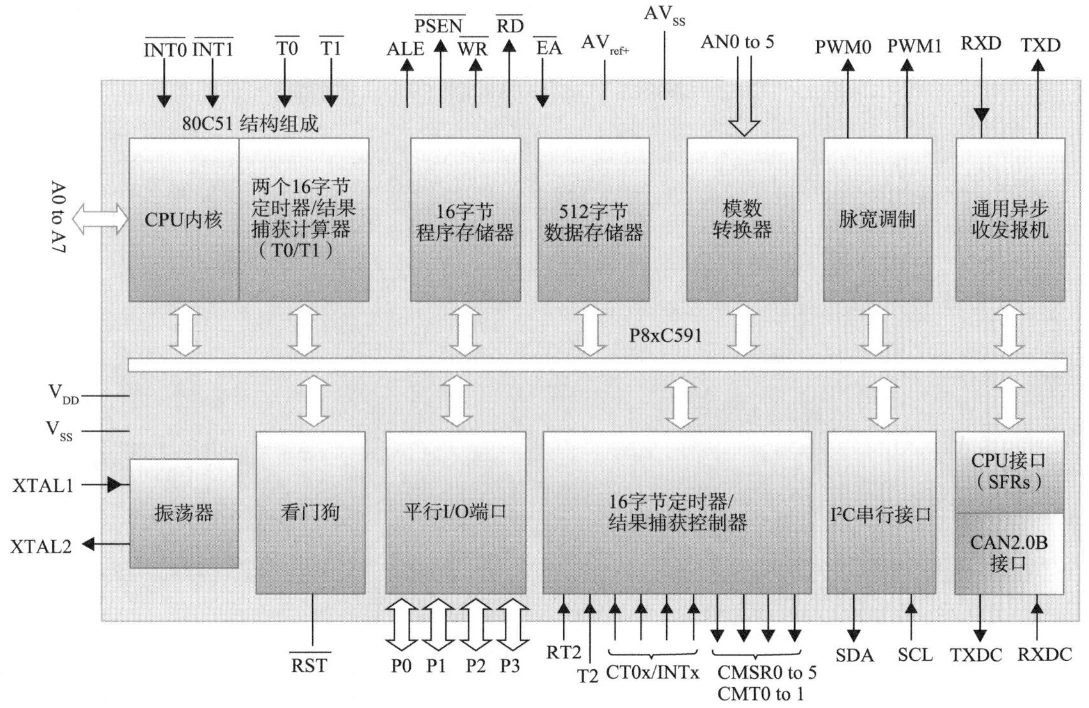

图 1-27　P87C591 结构图

80C51 CPU 接口将 PeliCAN 与 P87C591 微控制器内部总线相连。通过 5 个特殊功能寄存器(CANADR、CANDAT、CANMOD、CANSTA 和 CANCON)对 PeliCAN 进行访问。CPU 与 CAN 的接口如图 1-28 所示,PeliCAN 内部结构如图 1-29 所示。

其中发送管理逻辑提供驱动器信号,用于推挽式的 CAN TX 晶体管。外部晶体管根据可编程输出驱动器的配置打开或者关闭,此外还执行短路保护和硬件复位的异步悬浮。其他模块的功能与独立 CAN 控制器 SJA1000 内部的相同,在此不再赘述。

2. CAN 收发器

CAN 收发器是一个发送器和接收器的组合(图 1-30),它将 CAN 控制器提供的数据转化成电信号并通过数据总线发送出去,同时,它也接收总线数据,并将数据传到CAN控制器。

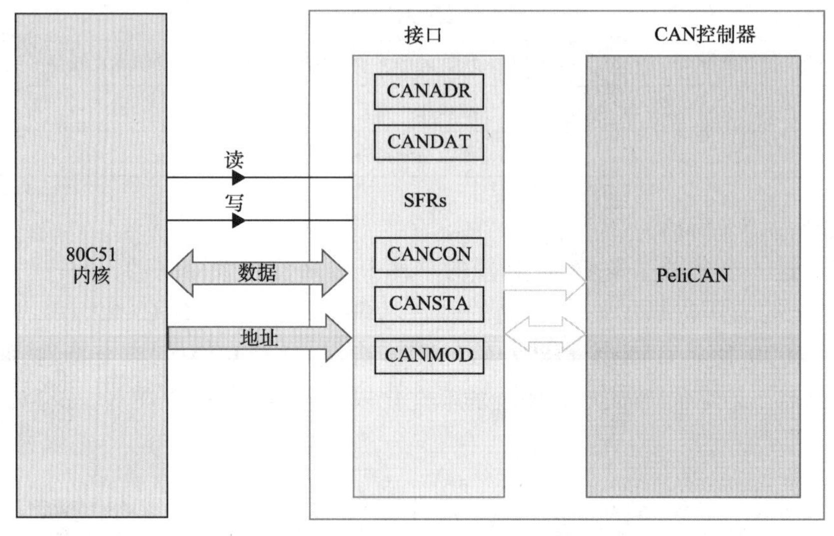

图1-28　CPU与CAN的接口

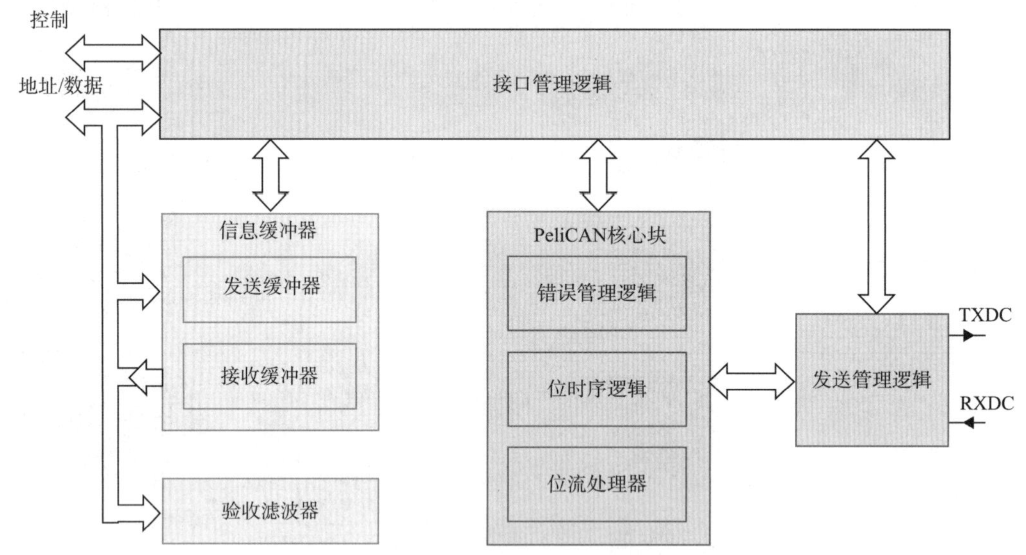

图1-29　PeliCAN内部结构图

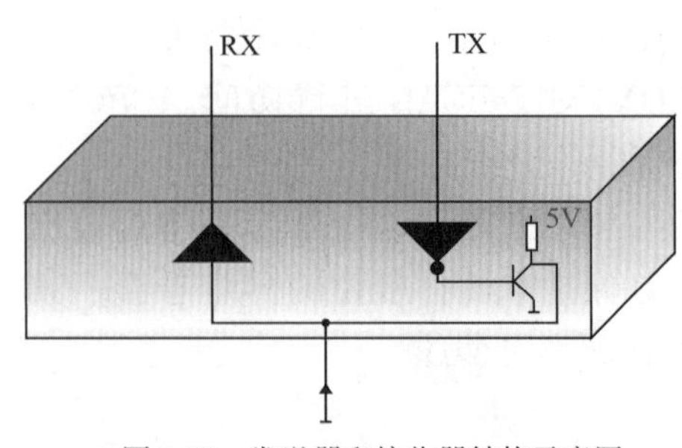

图1-30　发送器和接收器结构示意图

TJA1054A是汽车上常用的独立的CAN收发器,主要用于最高传输速率125kb/s的低速网中,内部结构如图1-31所示,管脚分布如图1-32所示(注:TJA1054AT表示塑料小型封装),脚位功能如表1-6所示。

TJA1054A对CAN总线提供差动发送能力,对CAN控制器提供差动接收能力,但故障条件下会切换到单线发送器或接收器。

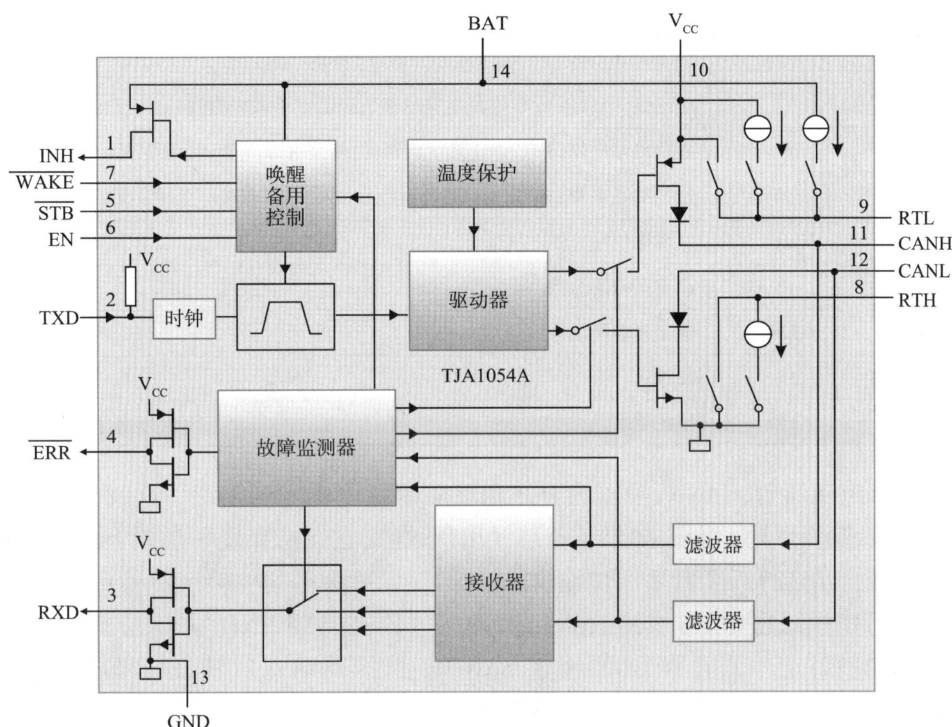

图 1-31　TJA1054A 内部结构图

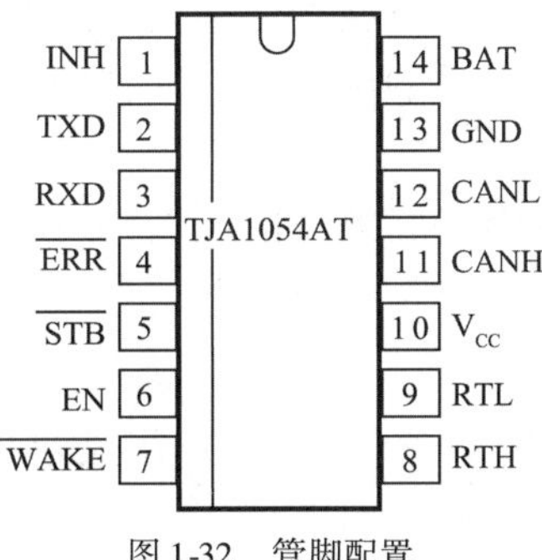

图 1-32　管脚配置

TJA1054A 脚位功能表　　表 1-6

标志	管脚	描述
INH	1	如果产生唤醒信号，则禁止切换到外部电压调节器的输出
TXD	2	激活总线驱动的发送数据输入
RXD	3	从总线读出数据的接收数据输出
$\overline{ERR}$	4	当出错、唤醒和上电指示输出；在正常操作模式总线有故障时呈现低电平，在低功耗模式里（有唤醒信号或上电待机状态）也呈现低电平
$\overline{STB}$	5	待机数字控制信号输入（低有效）和 EN 管脚的输入信号一起定义收发器的状态（在正常和低功耗模式里）
EN	6	数字控制信号输入；和管脚 $\overline{STB}$ 的输入信号一起定义收发器状态（在正常和低功耗模式里）

续上表

标志	管脚	描述
$\overline{\text{WAKE}}$	7	本地唤醒信号(低有效);上升沿和下降沿都可被检测到
RTH	8	连接终端电阻;在CANH总线出错时,线路可以端接一个预定义的阻抗
RTL	9	连接终止电阻;在CANL总线出错时,线路可以端接一个预定义的阻抗
V_{CC}	10	电源电压
CANH	11	高电平电压总线
CANL	12	低电平电压总线
GND	13	搭铁
BAT	14	电池电压

为了降低电磁辐射,CAN收发器的上升和下降的斜度都受到限制。这就允许总线使用非屏蔽双绞线或并行线。而且,如果某条总线出现故障,它支持在任一总线上进行传输。故障检测逻辑会自动选择一个合适的传输模式。

在正常操作模式里(没有线路故障),差动接收器在管脚RXD输出,差动接收器输入通过集成的滤波器连接到管脚CAN-H和CAN-L。滤波器输入信号也可以用于单线接收器。接收器连接到有门槛电压的管脚CAN-H和CAN-L,确保在单线模式里有最大的噪声容限。

定时器功能(TXD显性超时功能)已在器件中集成,它可以防止由于硬件或软件程序故障,将管脚TXD持续地拉成低电平,使总线线路进入持续的显性状态(这种状态会阻塞整个网络的通信)。

如果引脚TXD的低电平持续并超过某个时间后,发送器会被禁用。定时器会用TXD引脚上的高电平复位。

3. 数据传递终端

数据传递终端实际是一个电阻器(图1-33),作用是避免数据传输终了反射回来产生反射波而使数据遭到破坏。

4. CAN数据总线

CAN数据总线用于传输数据的双向数据线。分为CAN高位(CAN-high)和低位(CAN-low)数据线。数据没有指定接收器,数据通过数据总线发送给各控制单元,各控制单元接收后进行计算。

1)CAN数据传输系统差分原理

如图1-34所示,为了防止外界电磁波干扰和向外辐射,CAN总线采用两条线缠绕在一起,如果一条线的电压是5V,另一条线就是0,两条线的电压和总是等于常数。通过这种办法,CAN总线得到保护而免受外界电磁场干扰,同时CAN总线向外辐射保持中性,即无辐射。

2)车用电控单元数据的发送

除了命令和请求信息外,汽车的一些基本状态信息(如发动机转速、车轮转速、冷却液温度等)是大部分电子控制单元必须获取的数据,电子控制单元采用广播发送式向总线发送数据信息。如果在同一时刻所有电子控制单元都向总线发送数据，将发生总线数据冲突，此时，CAN 总线协议提出用标识符识别数据优先权的总线仲裁。表 1-7 列出了汽车各电控单元产生及发送的数据类型，及其他各单元对这些信息共享的程序。

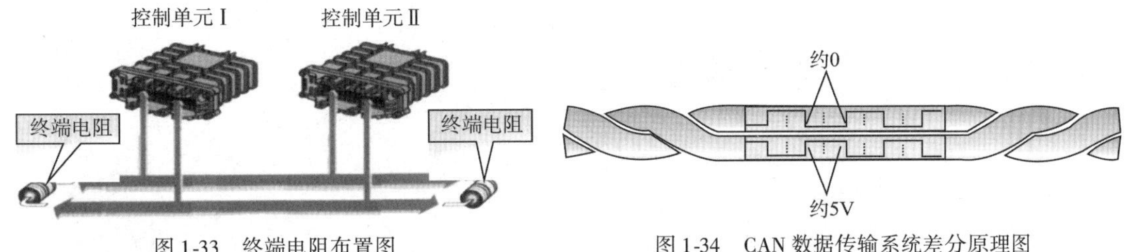

图 1-33　终端电阻布置图　　图 1-34　CAN 数据传输系统差分原理图

汽车各电控单元产生及发送的数据类型　　表 1-7

优先权	信号类型	电控燃油喷射系统	电控传动系统	防抱死制动系统	牵引力控制系统	废气再循环系统	空调系统
1	实际喷油量	发送	接收	—	—	—	—
2	发动机转速	发送	接收	接收	接收	—	接收
3	油量设置	接收	—	—	发送	—	—
4	车轮转速	接收	接收	发送	接收	—	—
5	加速踏板位置	发送	接收	接收	接收	—	—
6	变速比	接收	发送	—	接收	接收	—
7	怠速设置	发送	—	—	—	接收	接收
8	冷却液温度	发送	接收	—	—	—	接收
9	空气温度	发送	—	—	—	—	接收

油量设置和转速信号的实时性要求强，并直接影响发动机的动力性、经济性和排放性能，因此具有较高的优先级。

四　动力 CAN 总线系统的万用表检测

如果信息传输系统有故障，则整个汽车信息传输系统中的有些信息将无法传输，接收这些信息的电控模块就无法正常工作，从而会出现故障灯亮起、废气排放超标、怠速不稳、动力不足等故障现象。

下面以奥迪车系为例进行介绍。

（一）CAN 总线信号检测盒 VAS1598/38

(1)检测盒可以与在仪表板左侧或者右侧的 CAN 中央接线插座连接。

(2)中央插座上有一个不带引脚的插头，测试时一定要把车用插头插入检测盒的插座内。

(3)根据电路图确定引脚布置,测量仪[DSO(数字存储示波仪)、CAN工具]连接正确。线路连接如图1-35所示。

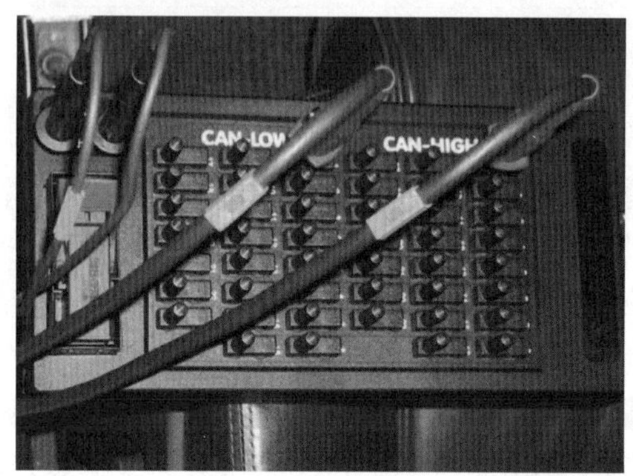

图1-35　检测盒接线图

(二)VAS5051诊断仪测量模式的设置

1. 表笔与线路的连接

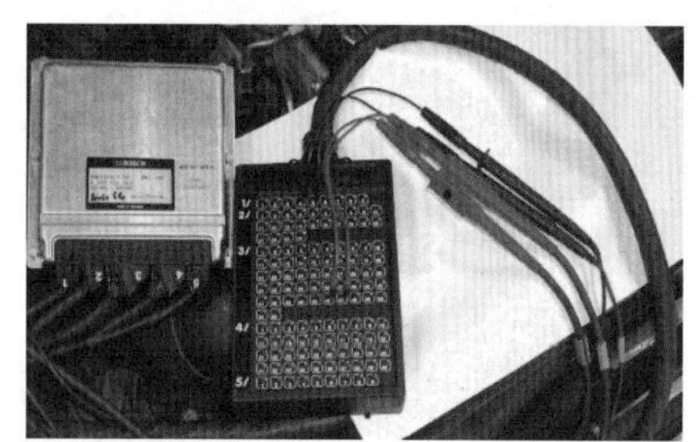

图1-36　两通道工作情况下DSO的连线

使用数字存储示波仪(DSO)分析CAN总线的电压,需要在无干扰功能下进行。如图1-36和图1-37所示,连接DSO检测仪器主机、检测盒与测试线。在通道A中,用红色的测量线连接CAN高线,黑色的测量线搭铁;在通道B中,用红色的测量线连接CAN低线,黑色的测量线搭铁。两条CAN总线的每一条线都通过一个通道进行测量。通过DSO图形的分析便可以很容易地发现故障。

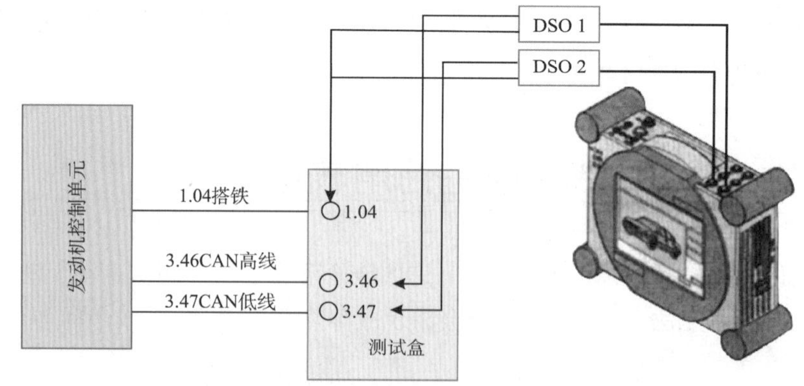

图1-37　DSO检测仪器连线

2. DSO使用说明

在系统启动屏中选择“测量技术”模式,可以使用万用表或数字存储示波仪(DSO)。用万用表可以测量车辆中的全部电气变量,如直流和交流电压、电流和电阻。也可以选择“数字存储示波仪(DSO)”按钮来测量波形,如图1-38所示。

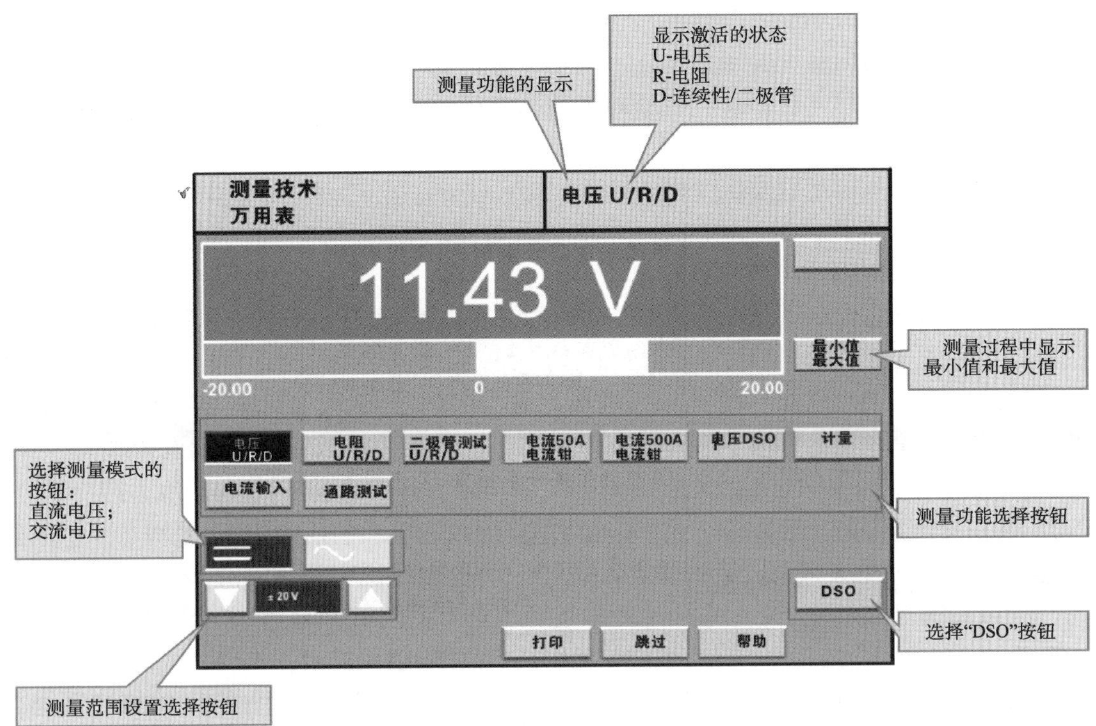

图 1-38　“测量技术”界面

3. 用万用表测量终端电阻

终端电阻装在系统(例如:驱动系统 CAN 总线)的两个控制单元内。终端电阻阻止 CAN 总线信号在 CAN 总线上产生变化电压的反射。当终端电阻出现故障时,线路的反射影响会使控制单元的信号无效。当用 DSO 进行 CAN 总线信号测量时,若该信号与标准信号不相符,则系统可能为终端电阻损坏。在驱动系统 CAN 总线上的终端电阻可以用万用表进行测量。但是在舒适系统 CAN 和信息系统 CAN 总线上不能用万用表测量,如图 1-39 所示。

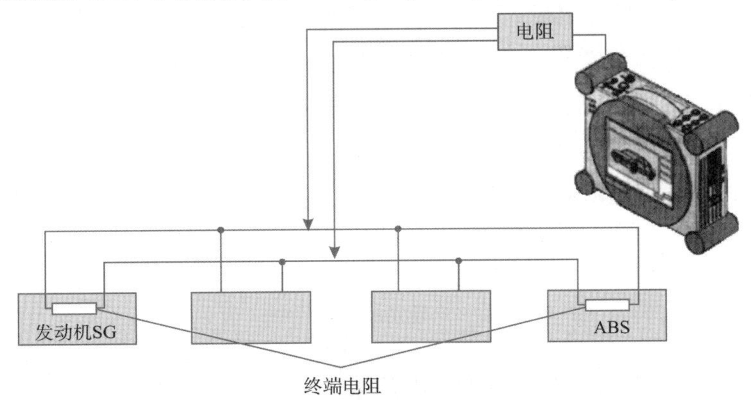

图 1-39　终端电阻测试图

1)终端电阻的测量步骤

(1)将蓄电池的电极线拔除。

(2)等待大约 5min,直到所有的电容器都充分放电。

(3)连接测量仪器并测量总阻值。

(4)将一个带有终端电阻控制单元的插头拔下。

(5)检测总的阻值是否发生变化。

(6)第一个控制单元(带有终端电阻)的插头连接好后,再将第二个控制单元(带有终端电阻)的插头拔下来。

(7)检测总的阻值是否发生变化。

(8)分析测量结果。

2)终端电阻的电阻值

在控制单元内安装的不是一个有固定阻值的终端电阻,而是由很多个被测量的电阻组合在一起的终端电阻。作为标准值或者试验值,两个终端电阻分别以120Ω为起始值。在奥迪车上还使用另一种终端电阻,即在带有泵喷嘴单元的1.9TDI车型上,发动机控制单元所安装的66Ω终端电阻。总的阻值依赖于车辆的总线结构,所以终端电阻是根据车型而设计的。

大多数车型装备有两个120Ω的终端电阻,在电阻完好的情况下,总的阻值大约为60Ω。对总的阻值测试完毕后,还需要将一个带有终端电阻控制单元的插头拔下,分别对单个电阻进行测量。若控制单元被拔取后测量的阻值发生了变化,则说明两个阻值都正常。此外,操作程序也是很重要的,因为并不是每一种车型终端电阻的阻值都是相同的。例如,奥迪A4 1.9TDI车型在电子稳定程序(ESP)控制单元出现了故障,阻值显示为66Ω。这说明,仅测量到了带有66Ω的发动机控制单元的阻值。但是将该发动机控制单元拔下后,阻值变为无穷大。在这种情况下如果没有进行进一步的复核校验,就会以为该车辆是正常的,误将66Ω认作是两个120Ω的总阻值。

4.用万用表测量动力CAN总线的电压

动力CAN总线可以采用数字万用表进行电压信号测试,大致判断数据总线的信号传输是否存在故障。用数字式万用表测量频率信号时,万用表具有分段采集和有效值运算的工作特性,因此,数字万用表的显示值只能反映被测信号的主体信号电压值,不能显示被测信号的每个细节。

动力CAN总线的信号波形如图1-40所示。其中,CAN高线为正脉冲波形,CAN低线为负脉冲波形,二者互为镜像关系。CAN高线信号在总线空闲时的电压约为2.5V,总线上有信号传输时总线上的电压值在2.5V和3.5V之间高频波动,因此CAN高线的主体电压应是2.5V,所以万用表的测量值为2.5~3.5V,大于2.5V但靠近2.5V。

同理,CAN低线信号在总线空闲时的电压约为2.5V,总线上有信号传输时总线上的电压值在1.5V和2.5V之间高频波动,因此CAN低线的主体电压应是2.5V,所以万用表的测量值为1.5~2.5V,小于2.5V但靠近2.5V。

五 动力CAN总线系统的波形分析

(一)DSO仪器的设置

使用VAS5051诊断仪,选择测量技术中的“数字存储示波仪(DSO)”,即可进行波形测量,如图 1-40 所示。

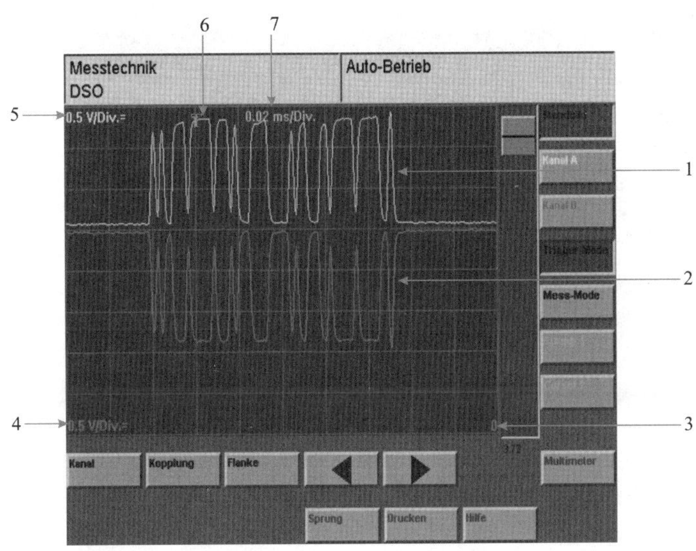

图 1-40　动力 CAN 总线的信号波形

图 1-40 中序号说明如下:

1——通道 A 测量 CAN 高线。

2——通道 B 测量 CAN 低线。

3——通道 A 和通道 B 的零线坐标置于等高(黄色的零标记被绿色的零标记所遮盖)。在同一零坐标线下对电压值进行分析更为简便。

4——通道 B 的电压单位值的设定。在 0.5V/Div 的设定下,DSO 的显示被较好地利用,这便于电压值的读取。

5——通道 A 的电压单位值的设定。

6——触发点的设定,它位于被测定信号的范围内。在 CAN 高线信号为 2.5 ~ 3.5V 时,CAN 低线信号为 1.5 ~ 2.5V。

7——时间单位值应尽可能选择得小一些,最小的时间单位值为 0.02ms/Div。

(二)信号说明

动力 CAN 总线的信息传送通过两个逻辑状态“0”(显性)和“1”(隐性)来实现。每一个逻辑状态都对应于一个相应的电压值,控制单元应用其电压差值获得数据,如图 1-41 所示。

图 1-41 中序号说明如下:

1——通道 A 和通道 B 的零线。通道 B 的绿色零标记遮盖了通道 A 的黄色零标记。

2——CAN 高线的隐性电压电位大约为 2.7V(逻辑值 1)。

3——CAN 高线的显性电压电位大约为 3.8V(逻辑值 0)。

4——CAN 低线的隐性电压电位大约为 2.4V(逻辑值 1)。

5——CAN 低线的显性电压电位大约为 1.2V(逻辑值 0)。

其中的电压、电位关系如表 1-8 所示:

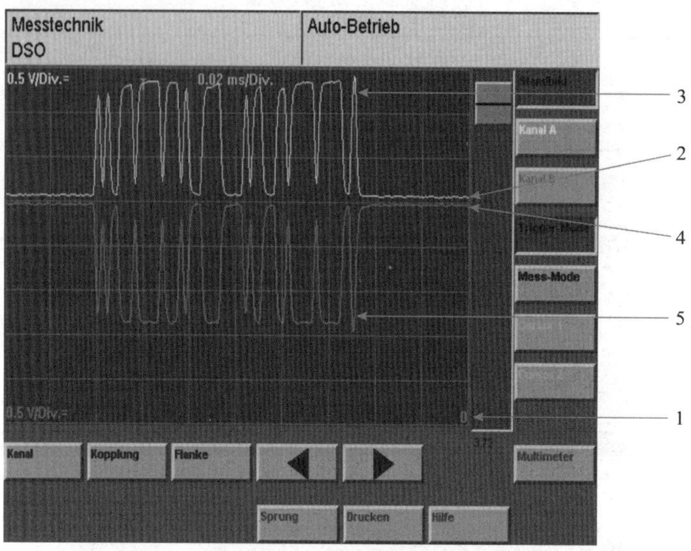

图 1-41　电压值的应用

电压与电位关系表

表 1-8

电位	CAN 高线搭铁电压	CAN 低线搭铁电压	电压差
显性(0)	3.8V(3.5V)	1.2V(1.5V)	2.6V(2.5V)
隐性(1)	2.7V(2.5V)	2.4V(2.5V)	0.3V(0V)

说明:总是利用两条线的电压差确认数据。当 CAN 高线的电压值上升时,相应 CAN 低线的电压值下降。正如 DSO 显示所示,CAN 总线仅有两种工作状态。在隐性电压电位时,两个电压值很接近;在显性电压电位时,两个电压差值约为 2.5V,电压值大约有 100mV 的小波动。

(三)故障波形分析

CAN-BUS 总线故障现象具有下列特征。

(1)断路:总线上电压波形不正常。

(2)对正极短路:总线上无电压变化,总线电压为蓄电池电压。

(3)对搭铁短路:总线上无电压变化,总线电压为 0。

(4)双线之间短路:两线电压波形相同且均不正常。

原因可能为:

(1)导线中断。

(2)导线局部磨损。

(3)插头连接损坏/触头损坏/污垢、锈蚀。

(4)控制单元损坏。

(5)控制单元供电故障。

(6)导线烧毁。

总体而言,动力 CAN 总线系统产生故障的原因主要分为电源故障、节点故障、链路故障三大类。其他车载网络系统产生故障的原因与此类似。

当故障存储记录显示"驱动总线故障"时,用 DSO 进行检测是必要的,可以确定故障点的位置以及引发故障的原因。

下面以奥迪车系为例对故障波形进行分析。

说明:下列故障波形图中,用通道 A 测量 CAN 高线的电压,用通道 B 测量 CAN 低线的电压。

1. 故障 1:CAN 高线与 CAN 低线间短路

波形说明:电压电位置于隐性电压值(大约 2.5V),如图 1-42 所示。

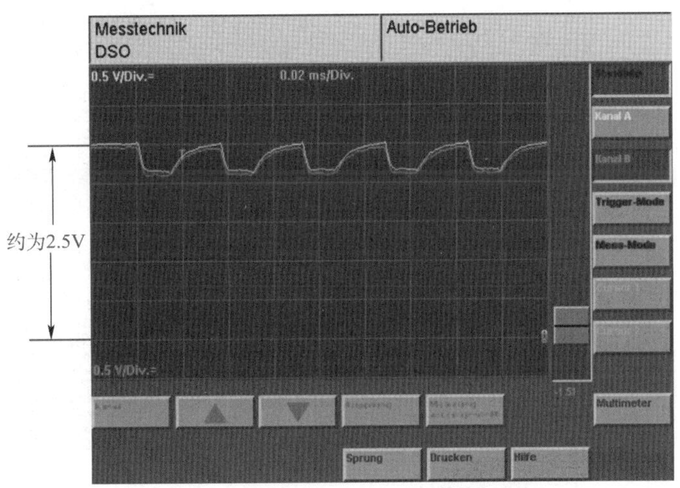

图 1-42　CAN 高线与 CAN 低线间短路

故障原因及判断方法:通过插拔驱动系统 CAN 总线上的控制单元进行判断,是由于控制单元引起的短路还是由于 CAN 高线和 CAN 低线线路连接引起的短路。若为线路引起的短路,需要将 CAN 线组(CAN 高线和 CAN 低线)从线节点处依次拔下,同时注意 DSO 的波形变化。当故障线组被取下后,DSO 的图形恢复正常。

2. 故障 2:CAN 高线对搭铁短路

波形说明:CAN 高线的电压为 0V,CAN 低线的电压也为 0V,但在 CAN 低线上还能够看到一小部分的电压变化,如图 1-43 所示。

该故障的判断方法与故障 1 相同。

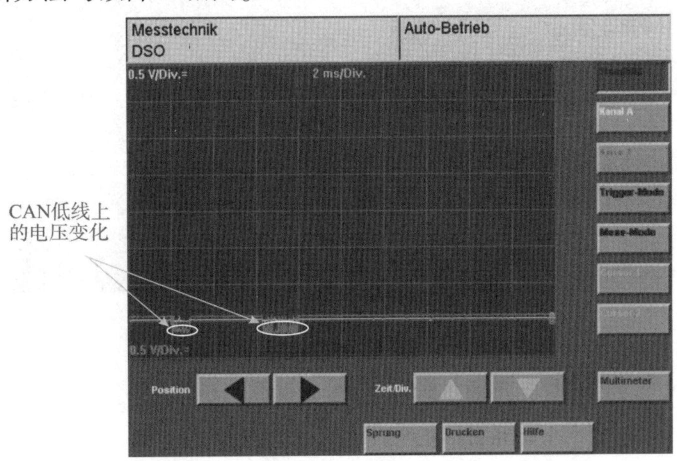

图 1-43　CAN 高线对搭铁短路

3. 故障3:CAN高线对正极短路

波形说明:CAN高线的电压电位被置于12V,CAN低线的隐性电压被置于大约12V,如图1-44所示。

故障原因及判断方法:这是由于在控制单元的收发器内的CAN高线和CAN低线的内部错接引起的。该故障的判断方法与故障1相同。

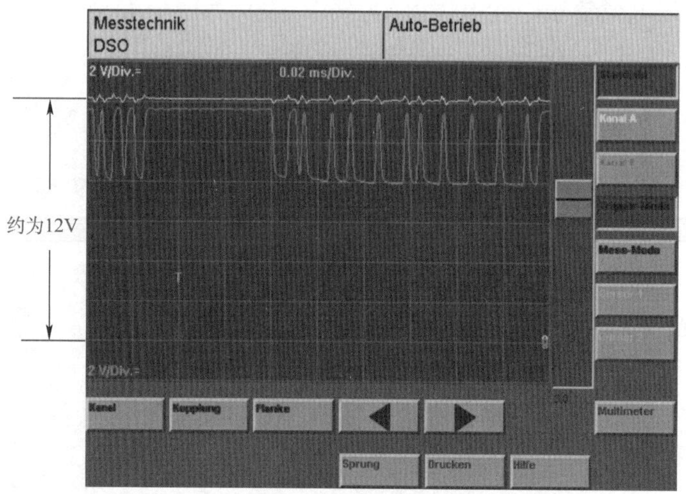

图1-44　CAN高线对正极短路

4. 故障4:CAN低线对搭铁短路

波形说明:CAN低线的电压大约为0,CAN高线的隐性电压也被降到0V,如图1-45所示。

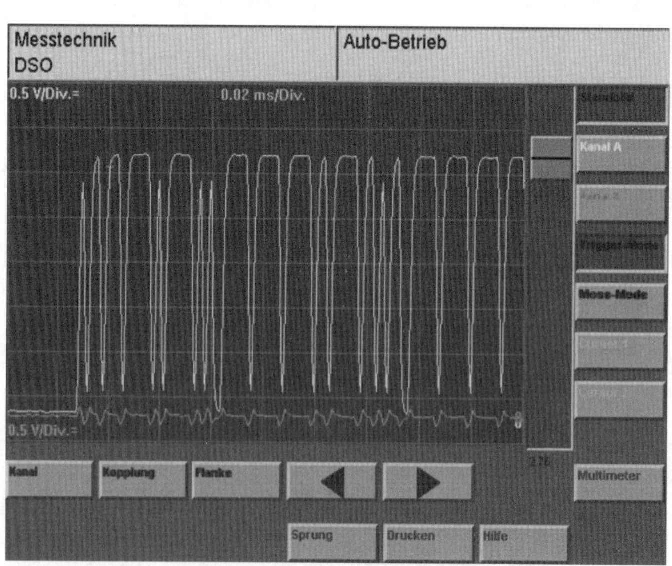

图1-45　CAN低线对搭铁短路

该故障的判断方法与故障1相同。

5. 故障5:CAN低线对正极短路

波形说明:两条总线电压大约都为12V,如图1-46所示。

该故障的判断方法与故障1相同。

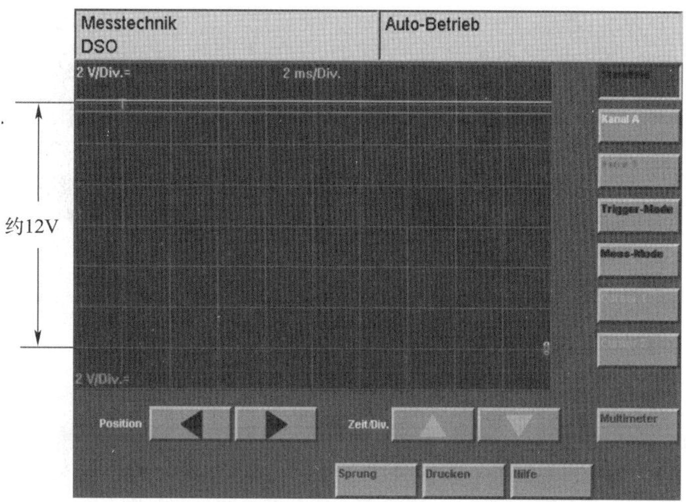

图1-46　CAN低线对正极短路

6. 故障6:CAN低线断路

波形如图1-47所示。

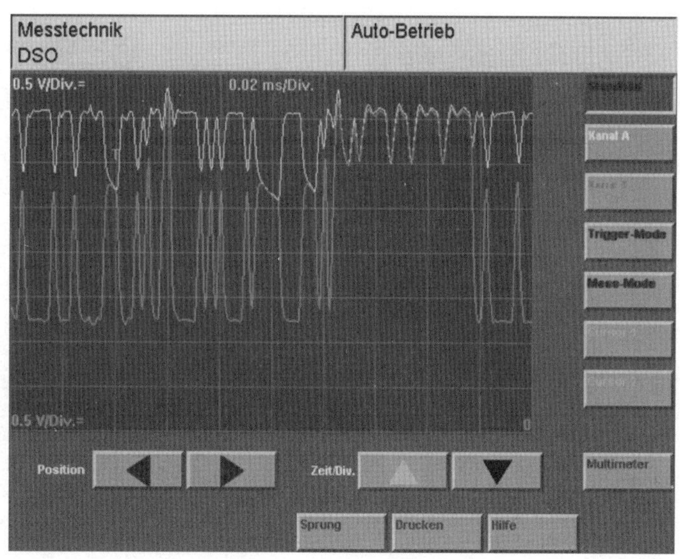

图1-47　CAN低线断路

当CAN低线断路时,CAN系统无法正常工作。

7. 故障7:CAN高线断路

波形如图1-48所示。

当CAN高线断路时,CAN系统无法正常工作。

六　动力CAN总线系统的故障自诊断

对于动力CAN总线系统故障,可通过车载自动诊断系统(OBD-Ⅱ)进行故障自诊断,通过故障码进行逻辑判断。奇瑞 A5 轿车 OBD-Ⅱ诊断座线路如图 1-49 所示。

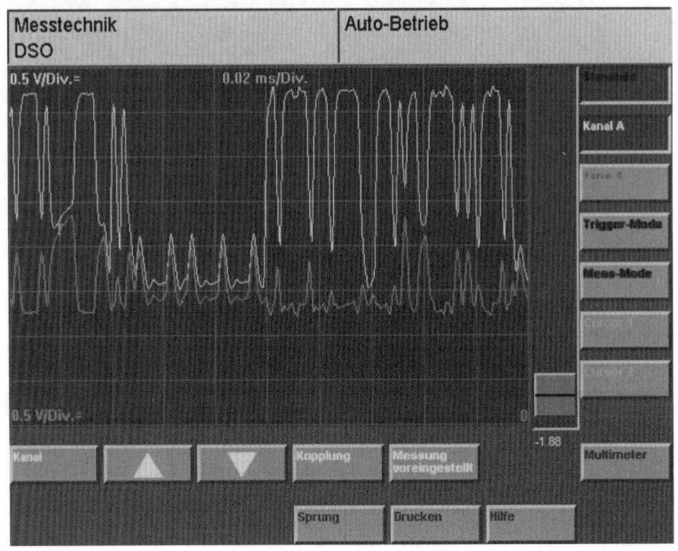

图 1-48　CAN 高线断路

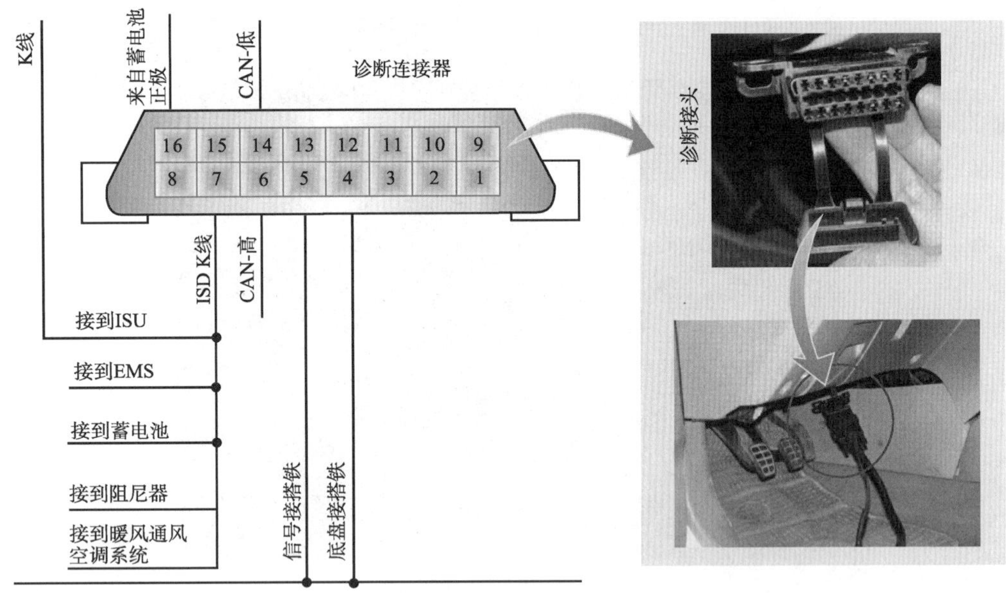

图 1-49　OBD-Ⅱ诊断座线路

七　动力 CAN 总线系统终端电阻的检测与 CAN 导线维修

(一)奇瑞 A5 动力 CAN 总线系统故障的检测

若奇瑞 A5 动力 CAN 总线系统有故障,也可通过测总线系统终端电阻值的办法进行检测。方法是:关闭点火开关,拔下控制单元插头,此时不要连接线束插头。使用万用表测量

A21 发动机控制单元 62 针与 81 针之间的电阻,电路如图 1-50 所示。这是数据传递终端的电阻值,规定值为 123Ω,如不符合规定,应更换发动机控制单元。

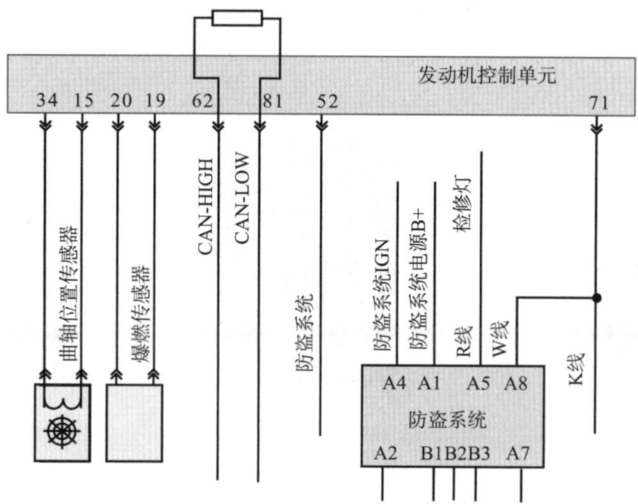

图 1-50　发动机管理系统终端电阻的检测

(二)一汽大众宝来轿车动力 CAN 总线系统故障的检测

一汽大众宝来轿车动力 CAN 总线连接 3 块控制单元,如图 1-51 所示。它们分别是发动机、ABS/EDL 及自动变速器控制单元(动力 CAN 总线实际可以连接安全气囊、四轮驱动与组合仪表等控制单元)。CAN 总线可以同时传递 10 组数据:发动机控制单元 5 组、ABS/EDL 控制单元 3 组和自动变速器控制单元 2 组。数据总线以 500kb/s 速率传递数据,每一数据传递大约需要 0.25ms,每一控制单元 7 ~ 20ms 发送一次数据;优先权顺序为 ABS/EDL 控制单元、发动机控制单元、自动变速器控制单元。

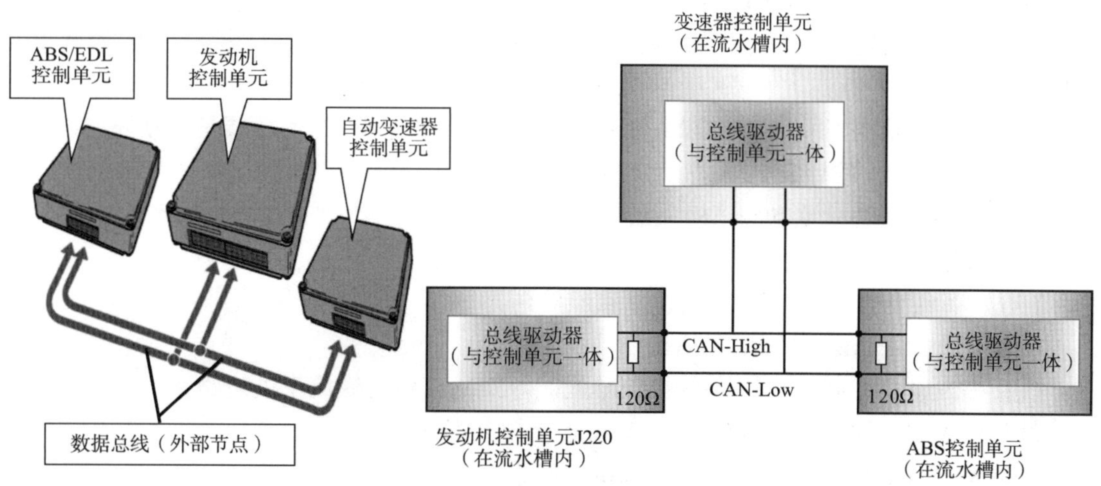

图 1-51　动力 CAN 总线系统终端电阻的检测

1. 检查条件

(1)CAN 总线自诊断时未发现故障。

(2)ABS控制单元已按数据总线编制了代码。

2. 手动变速器车型的检测步骤

所用的专用工具及设备如图1-52所示,包括检测盒V. A. G1598/21、检测盒V. A. G1598/22、便携式万用表V. A. G1526或万用表V. A. G1715、成套辅助接线V. A. G1594。

a)

b)

c)

图1-52 专用工具及设备

a)检测盒V. A. G1598/22;b)便携式万用表V. A. G1526;c)成套辅助接线V. A. G1594

(1)关闭点火开关。

(2)松开并拔下发动机控制单元插头。

(3)将V. A. G1598/22接到发动机控制单元线束上。

(4)检查带终端电阻的ABS控制单元的CAN总线,即测量检测盒插口29与41之间电阻,规定值115～135Ω。

(5)如果电阻值不符合要求,拆下空气滤清器。

①松开并拔下ABS控制单元插头。

②检查CAN总线彼此间是否短路,测量检测盒上插口29至41间电阻,规定值为∞。

③如果未达到规定值(导线彼此间短路),按电路图排除导线故障。

④如果达到规定值(导线彼此间无短路),将检测盒V. A. G1598/21接到ABS控制单元线束上。

⑤按电路图检查V. A. G1598/22与V. A. G1598/21插口间CAN总线是否断路,插口29与10、插口41与11的导线电阻:最大1.5Ω。

⑥检查导线是否对蓄电池正极或搭铁短路。

⑦如确定导线无故障,更换ABS控制单元。

(6)如果电阻值在规定范围内,拆下空气滤清器。

①松开并拔下ABS控制单元插头。

②检查发动机控制单元与ABS控制单元间导线是否对搭铁或正极短路。

③如果确定导线无故障,再插上发动机控制单元插头。

④将V. A. G1598/21接到ABS控制单元线束上。

⑤检查发动机控制单元内的终端电阻,即测量检测盒插口10与11之间电阻,规定值115～135Ω。

⑥如果电阻值不在规定值范围内,更换发动机控制单元。

3. 自动变速器车型的检测步骤

所用的专用工具及设备如下：检测盒 V. A. G1598/21、检测盒 V. A. G1598/22、便携式万用表 V. A. G1526 或万用表 V. A. G1718、成套辅助接线 V. A. G1594、检测盒 V. A. G1598/18。

(1)关闭点火开关。

(2)拔下变速器控制单元插头。

(3)将 V. A. G1598/18 接到控制单元线束上，并锁止。

(4)检查 CAN 总线(其上有发动机控制单元及 ABS 控制单元的终端电阻)，检查检测盒插口 3 与 25 间电阻，规定值 55 ~ 75Ω。如果显示 0 ~ 5Ω，原因为两数据线间短路，应检查导线；如果显示 135Ω ~ ∞，原因为导线断路、对正极短路、接触电阻故障等，应检查导线；如果显示 115 ~ 135Ω，原因为 ABS 控制单元或发动机控制单元导线断路。

(5)如果电阻值在规定值范围内：

①检查导线是否对蓄电池正极或搭铁短路；

②如果确定导线无故障，再次插上变速器控制单元插头；

③打开点火开关，清除故障码后试车；

④用“自动检测”功能查询所有控制单元的故障码；

⑤试车后，如发动机控制单元内仍有数据总线故障，更换变速器控制单元。

(6)如果阻值在 115 ~ 135Ω：

①松开并拔下发动机控制单元的插头；

②检查数据总线(其上有 ABS 控制单元终端电阻)，即再次测量检测盒插口 3 与 25 间电阻，规定值 115 ~ 135Ω；

③如果电阻值不符合要求内，则应检查 CAN 总线；

④如果 ABS 控制单元导线正常，则更换 ABS 控制单元；

⑤如果电阻值在规定范围内，再插上发动机控制单元的插头；

⑥拆下空气滤清器；

⑦松开并拔下 ABS 控制单元插头；

⑧检查 CAN 总线(其上有发动机控制单元终端电阻)，即测量检测盒插口 3 与 25 之间电阻，规定值为 115 ~ 135Ω；

⑨如果电阻值不在规定范围内，检查 CAN 总线；

⑩如果确定导线无故障，则应更换发动机控制单元。

4. 检查 CAN 总线

(1)松开并拔下 ABS 控制单元插头。

(2)松开并拔下发动机控制单元插头。

(3)检查 CAN 总线彼此间是否短路，即测量 V. A. G1598/18 上插口 3 与 25 间电阻，规定值为∞。

(4)如果未达到规定值(导线彼此间短路)，按电路图排除导线故障。

(5)如果达到规定值(导线彼此间无短路)，将 V. A. G1598/22 接到发动机控制单元线束上。

(6)按电路图检查检测盒间的 CAN 总线是否断路，插口 29 与 3、插口 41 与 25 的导线电阻最大为1.5Ω。

(7)检查导线是否对蓄电池正极或搭铁短路。

(8)如果确定导线无故障,将V.A.G1598/21接到ABS控制单元线束2上。

(9)按电路图检查V.A.G1598/22与V.A.G1598/21间的CAN总线是否断路,插口41与11、插口29与10的导线电阻最大为1.5Ω。

思考与练习

1.与采用传统线路相比较,汽车上采用总线传输具有哪些优势?

2.什么是多路传输?多路传输有哪几种方式?车载网络常采用何种方式?

3.局域网有哪几种拓扑结构?其传输物理介质有哪几种?

4.CAN报文有哪几种形式?数据帧由哪些位域组成?各位域的功能是怎样的?

5.车载网络根据通信速率的高低分为哪几类?各类的通信速率范围是多少?每一类有哪些典型协议的网络?

6.车载网络可以应用于车上的哪些系统?这些系统可采用哪些协议的网络?

7.动力CAN总线系统一般可以连接哪些电控单元?其通信位速率是多少?其优先权顺序是怎样的?

8.动力CAN总线系统由哪些部分构成?各部分的功能是什么?

9.动力CAN总线系统是如何实现电磁兼容(即抗干扰和不干扰外界)的?

10.如何用万用表对动力CAN总线进行检测?

11.如何检测动力CAN总线系统的波形?其正常工作波形具有哪些特点?其故障波形有哪些?各具有什么特点?

学习任务2

舒适 CAN 总线的检测与修复

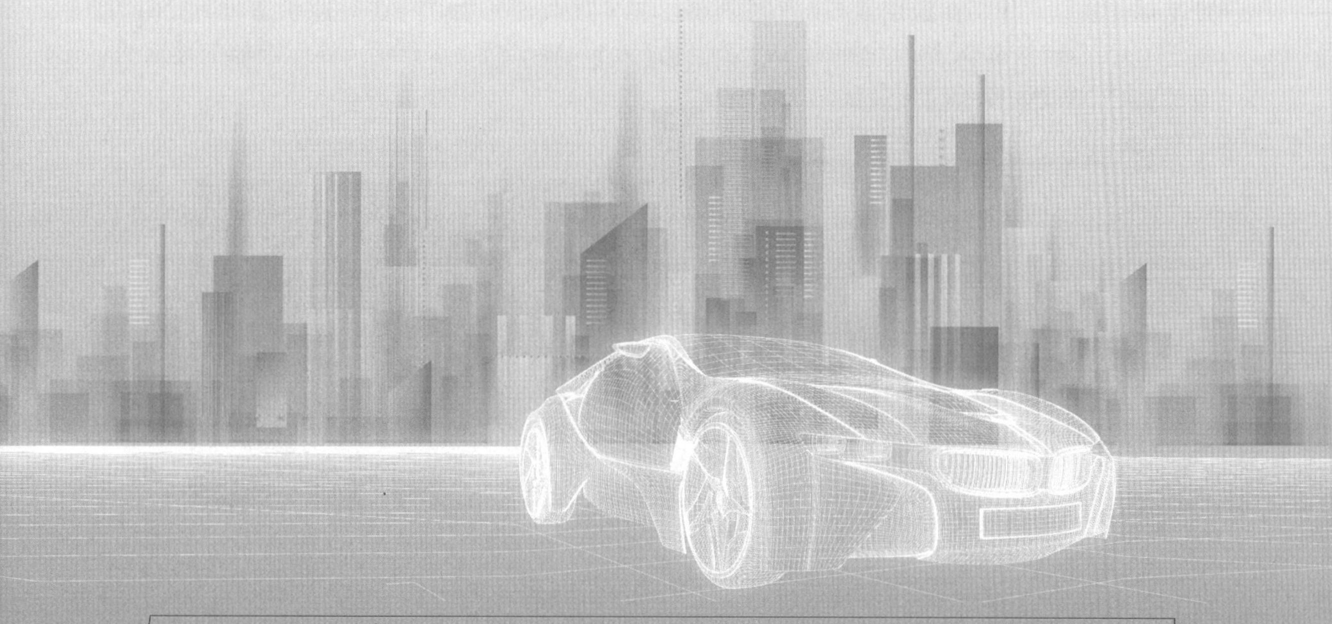

情境导入

一客户送来一辆帕萨特 B51.8T 轿车，汽车中央门锁和电动玻璃升降器不能正常工作，要求给予维修。

要完成这个工作任务，首先我们需要知道汽车舒适 CAN 总线的结构与原理、检修舒适 CAN 总线的各种方法。下面就分步来完成本学习任务。

一 舒适 CAN 总线系统的结构与原理

舒适系统 CAN 总线的联网控制单元包括自动空调控制单元、车门控制单元、舒适控制单元等。控制单元通过舒适 CAN 总线的 CAN-H 线和 CAN-L 线来进行数据交换,如车门开/关、车内灯开/关等。

1. 舒适 CAN 总线信号波形

舒适 CAN 总线的传输速率达到 100kb/s,为了使低速 CAN 总线抗干扰能力强且电流消耗低,与动力 CAN 总线相比作了一些改动。首先,由于使用了单独的驱动器(功率放大器),这两个 CAN 信号就不再有彼此的依赖关系,即任一根 CAN 线断路,CAN 系统不受影响。舒适 CAN 总线的 CAN-H 线和 CAN-L 线间没有终端电阻,即高低 CAN 线不再彼此相互影响,而是彼此独立工作。在隐性状态(静电平)时,CAN-H 线信号为 0V,在显性状态时≥3.6V。对于 CAN-L 信号来说,隐性电平为 5V,显性电平≤1.4V,如图 2-1 所示。在示波器上显示的舒适 CAN 总线波形图(静态)如图 2-2 所示。

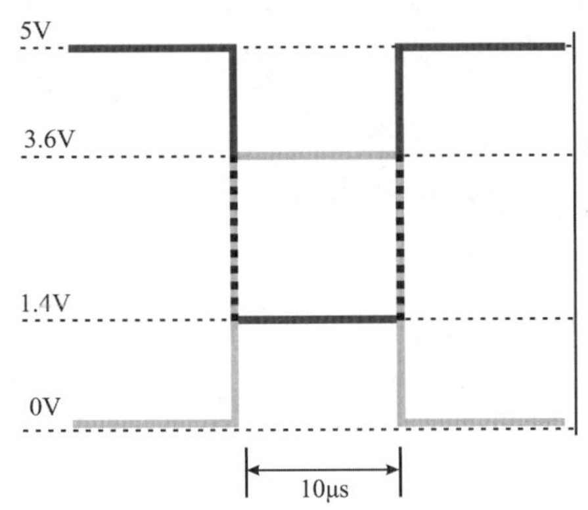

图 2-1 舒适 CAN 总线波形图

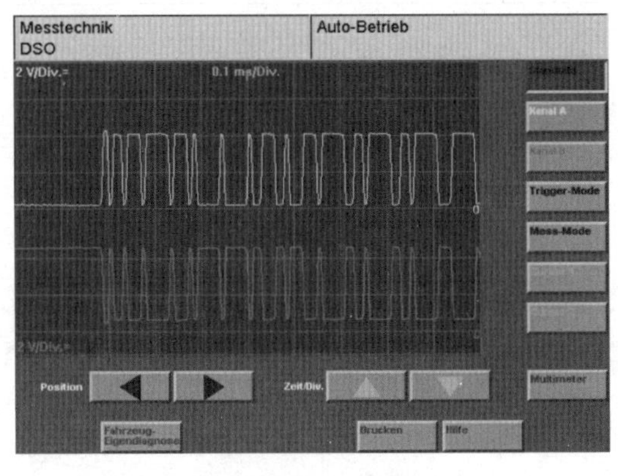

图 2-2 示波器上显示的舒适 CAN 总线波形

2. 舒适 CAN 总线的 CAN 收发器

舒适 CAN 总线中收发器的结构如图 2-3 所示,其工作原理与动力 CAN 总线收发器基本是一样的,只是输出的电压和出现故障时切换到 CAN-H 线或 CAN-L 线(单线工作模式)的方法不同。另外,CAN-H 线和 CAN-L 线之间的短路会被识别出来,并且,在出现故障时会关闭 CAN-L 驱动器,在这种情况下,舒适 CAN 总线的 CAN-H 线和 CAN-L 线信号是相同的。舒适 CAN 总线信号特征如表 2-1 所示。

舒适 CAN 总线信号特征 表 2-1

差分电平	逻辑状态	U_{CAN-H}	U_{CAN-L}	U_{diff}
显性	0	≥3.6V	≤1.4V	≥2V
隐性	1	0V	5V	-5V

CAN-H 线和 CAN-L 线上的数据传递由安装在收发器内的故障逻辑电路监控,故障逻辑

电路检验两条CAN导线上的信号，如果出现故障（如某条CAN导线断路），那么故障逻辑电路会识别出该故障，从而使用完好的一条导线（单线工作模式）。

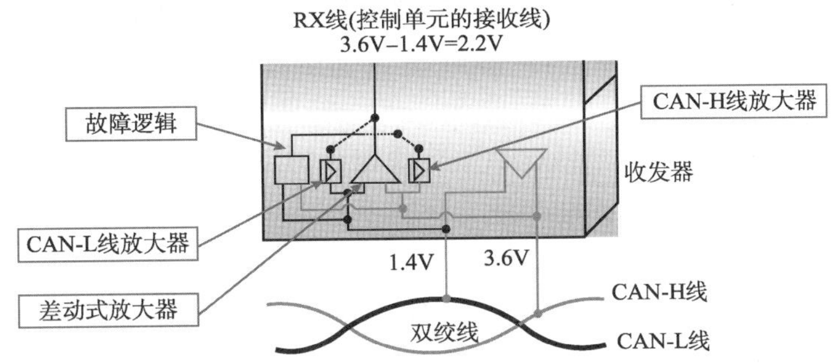

图2-3　舒适CAN总线中收发器的结构图

3. 单线工作模式下的舒适CAN总线

如果因断路、短路或与蓄电池电压相连而导致两条CAN导线中的一条不工作，就会切换到单线工作模式。在单线工作模式下，CAN舒适总线仍可工作，控制单元使用CAN不受单线工作模式影响，此时会有专用的故障输出通知控制单元。在示波器上显示的舒适CAN总线工作在单线模式下的波形（CAN舒适总线高线断路）如图2-4所示。

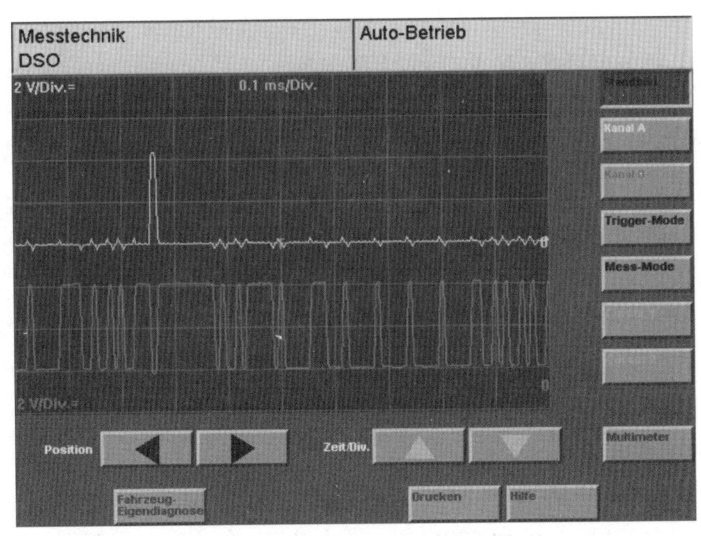

图2-4　示波器上显示的舒适CAN总线工作在单线模式下的波形

4. 休眠模式

当舒适CAN总线处于空闲状态时，控制单元发送出休眠命令，当网关监控到所有总线都有休眠的要求时，进入休眠模式（图2-5）。此时总线电压：CAN低线为12V，CAN高线为0V。

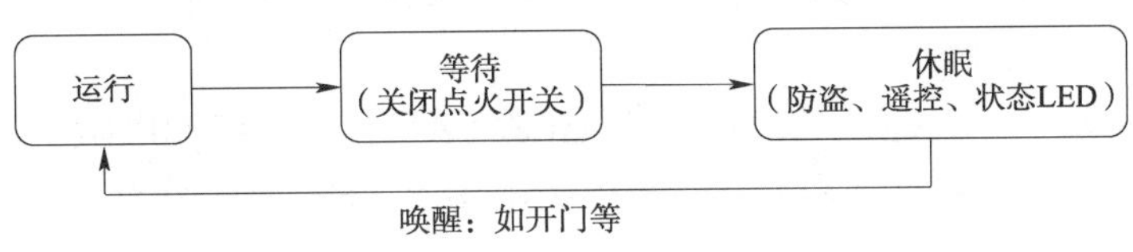

图2-5　舒适CAN总线休眠模式

如果动力 CAN 总线仍处于信息传递过程中,舒适 CAN 总线和娱乐信息 CAN 总线是不允许进入休眠状态的,当舒适 CAN 总线处于信息传递的过程中,娱乐信息 CAN 总线也不能进入休眠模式。当某一个信息激活相应的总线后,控制单元会激活其他的总线系统。网关是休眠和唤醒功能的主控制器。

休眠模式特点:

(1)休眠模式仅存在于舒适、信息 CAN 总线在车辆落锁 35s 后或不锁车但没任何操作 10min 后。

(2)非休眠模式电流 700mA。

(3)休眠模式电流 6 ~8mA(不同车型会有所区别)。

(4)所有控制器一同休眠或唤醒。

5. 用万用表测量舒适 CAN 总线的电压

舒适 CAN 总线的信号波形如图 2-2 所示。CAN 高线信号在总线空闲时的电压约为 0V,总线上有信号传输时总线上的电压值在 0V 和 5V 之间高频波动,因此 CAN 高线的主体电压应是 0V,所以万用表的测量值为 0.35V 左右。

同理,CAN 低线信号在总线空闲时的电压约为 5V,总线上有信号传输时总线上的电压值在 5V 和 0V 之间高频波动,因此 CAN 低线的主体电压应是 5V,所以万用表的测量值为 4.65V 左右。

6. 动力 CAN 总线与舒适 CAN 总线的性能比较

(1)动力 CAN 总线与舒适 CAN 总线的共同点:

①各系统在数据高速公路上采用同样的“传输协议”。为了保证有很高的抗干扰性(如来自发动机舱),CAN 数据总线都采用双线式系统。

②发送信号时,各系统将要发送的信号在发送控制单元的收发器内转换成不同的信号电平,并输送到两条 CAN 导线上;接收信号时,各系统只有在接收控制单元的差动信号放大器内才能建立两个信号电平的差值,并将其作为唯一经过校正的信号继续传至控制单元的 CAN 接收区。

③动力 CAN 数据总线与舒适 CAN 数据总线的特性是一致的,均采用双绞线,导线规格均为 0.35mm^2(少数为 0.5mm^2)。

(2)动力 CAN 总线与舒适 CAN 总线的不同点:

①通信速率:动力 CAN 总线为 500kb/s;舒适 CAN 总线为 100kb/s。

②供电方式:动力 CAN 总线为点火开关(15 号)供电,舒适 CAN 总线为常火线(30 号)供电。

③工作模式:动力 CAN 总线无单线工作模式;舒适 CAN 总线有单线工作模式,此外还有休眠模式。

④基础电压值(无数据传输时):动力 CAN 总线两根线均约为 2.5V,舒适 CAN 总线 CAN-H 为 0V,CAN-L 为 5V(休眠时为 12V)。

⑤终端电阻:动力 CAN 总线有终端电阻,舒适 CAN 总线无终端电阻。

⑥导线颜色(大众车系):动力 CAN 总线,CAN-H 为橙黑色,CAN-L 为橙棕色;舒适 CAN 总线,CAN-H 为橙绿色,CAN-L 为橙棕色。

 舒适CAN总线在汽车上的运用

(一)舒适CAN总线在帕萨特汽车上的运用

帕萨特汽车舒适CAN总线系统电路如图2-6所示。

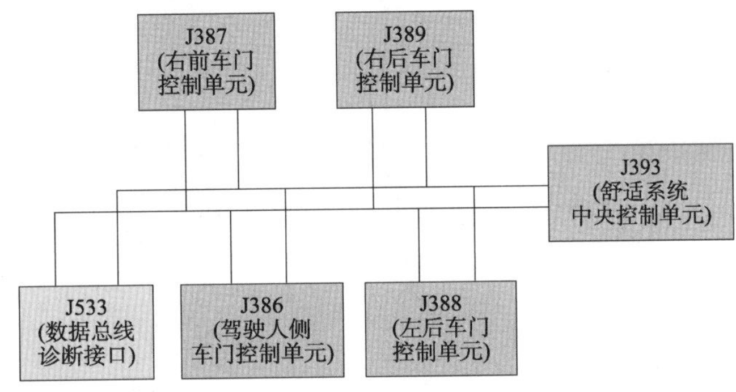

图2-6　舒适CAN总线系统电路图

舒适CAN总线元件位置如图2-7所示。

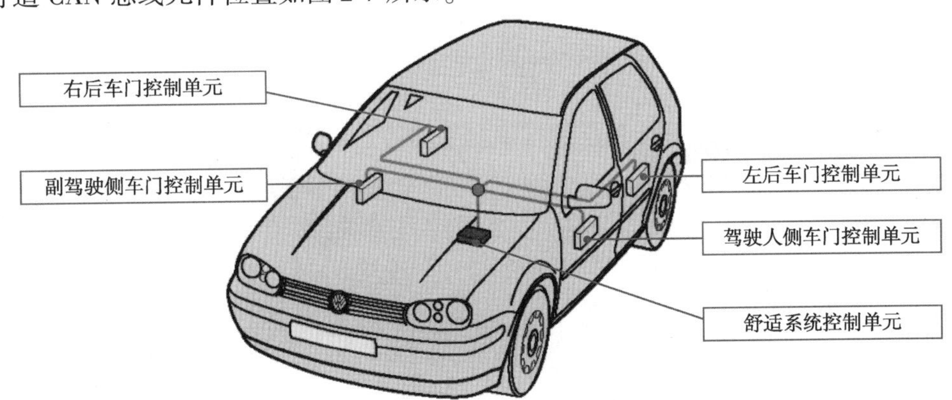

图2-7　舒适CAN总线元件位置图

舒适CAN数据总线连接中央控制单元及4个车门的控制单元,共5块控制单元。舒适CAN数据传递有5个功能:中央门锁、电动车窗、照明开关、后视镜加热及自诊断功能。控制单元的各条传输线以星状形式汇聚一点。因此,如果一个控制单元发生故障,其他控制单元仍可发送各自的数据。

CAN数据总线使经过车门的导线数量减少,线路变得简单。如果线路中某处出现对搭铁短路、对正极短路或线路间短路,CAN系统会立即转为应急模式运行或转为单线模式运行。4个车门控制单元都是由中央控制单元控制,只需较少的自诊断线。

数据总线传输的优先权顺序为:中央控制单元→驾驶员侧车门控制单元→前排乘客侧车门控制单元→左后车门控制单元→右后车门控制单元。由于舒适系统中的数据可以用较低的速率传递,所以发送器性能比动力传动系统发送器的性能低。

(二)舒适CAN总线在波罗汽车上的运用

波罗汽车舒适CAN总线以100kb/s的传输速率工作,其组成如图2-8所示。

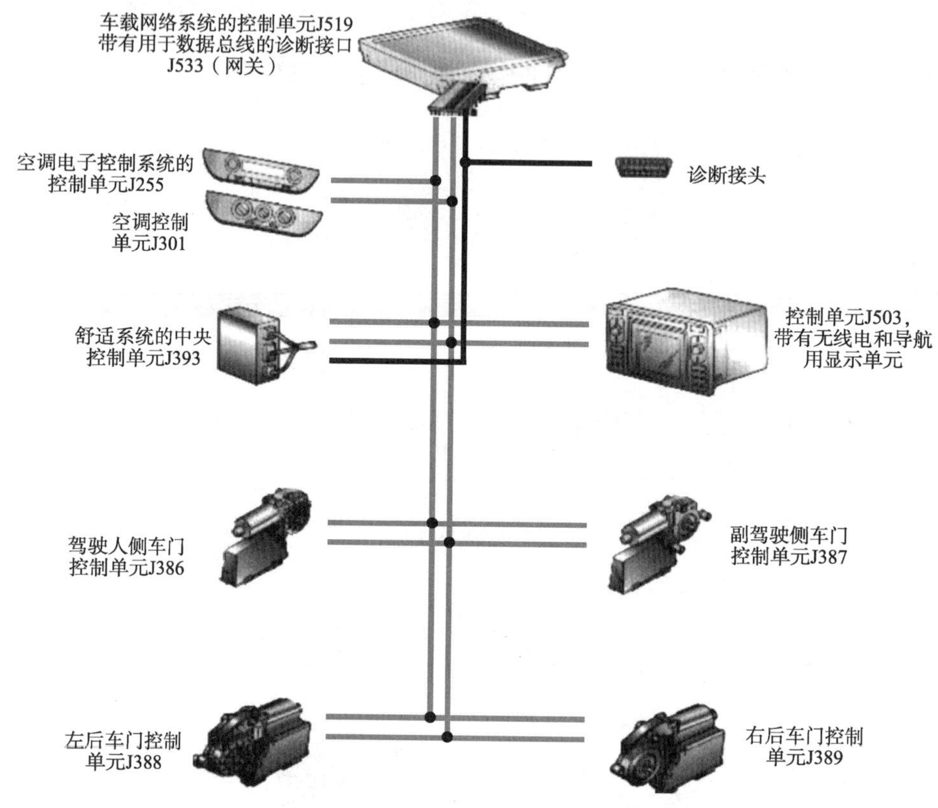

图2-8 波罗汽车舒适CAN总线组成图

1. 舒适CAN总线组成

舒适CAN总线由一个中央控制单元和至少两个车门控制单元组成,电路框图如图2-9所示。

中央控制单元的功能包括:行李舱使用中控门锁,舒适关闭功能(车窗升降机、活动天窗),驾驶人侧车门单独打开,车门使用中控门锁,整辆车通过内部按钮联锁和解锁,只能通过遥控器使防盗报警装置退出工作,可关闭的超声波车内监控、自诊断、中控门锁"安全"指示控制。

车门控制单元的功能包括:控制电动可调外后视镜(折叠功能),电动车窗升降机的过载保护和降噪平缓升起。

2. 行李舱遥控解除联锁

带无线遥控器的车辆,遥控器上还有一个按钮用于对行李舱盖单独进行遥控解锁。按钮位置如图2-10所示。

操作遥控器上的解锁按钮可对行李舱盖解除联锁。如果行李舱盖在2min内未被打开,则又会重新自动联锁。

此功能在车载网络系统控制单元内设码。

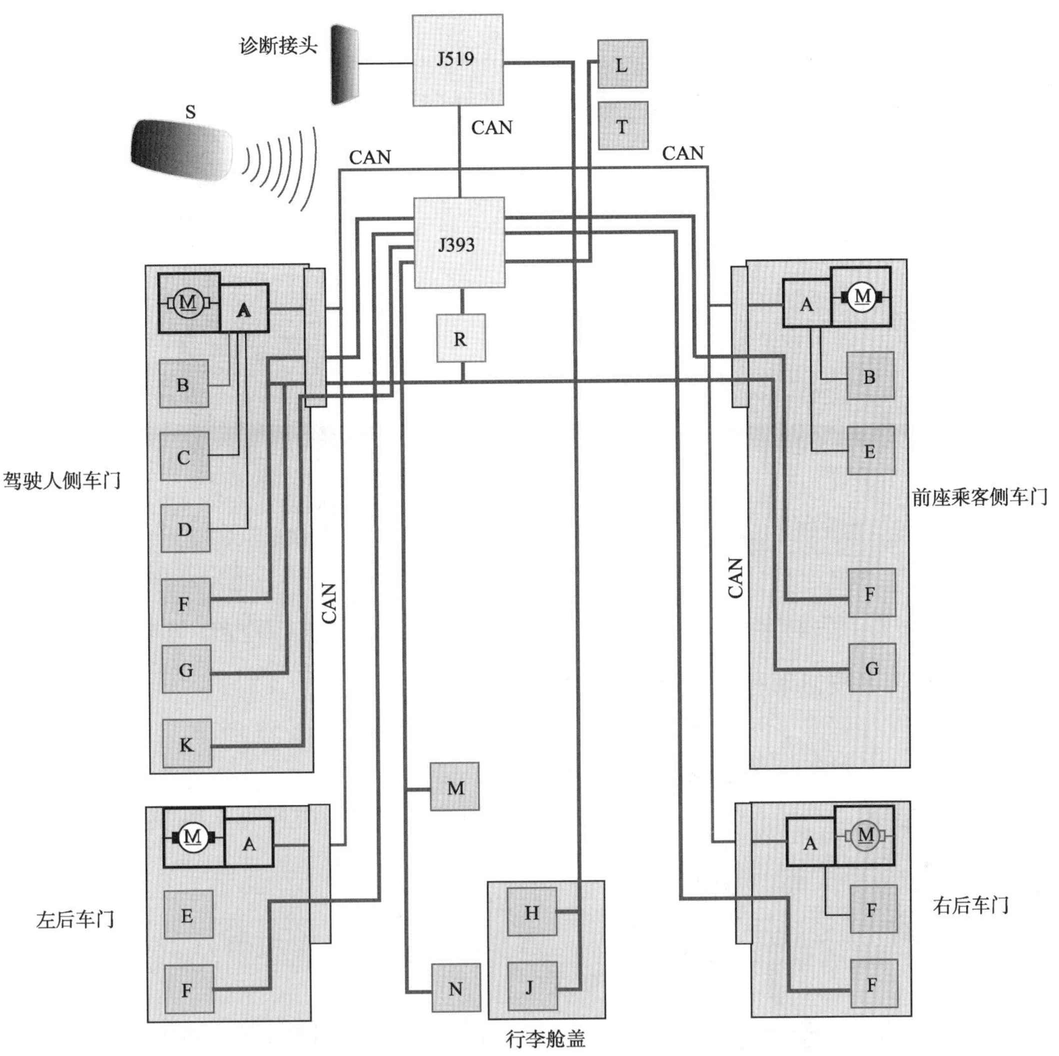

J393	舒适系统的中央控制单元	H	行李舱盖旋转锁销开关
J519	车载网络系统控制单元	J	行李舱盖把手按钮
A	车门控制单元	K	集控门锁“安全”指示灯
B	电动可调后视镜	L	车内监控传感器单元
C	后视镜及加热装置调节开关	M	车内监控按钮
D	驾驶人侧车门控制面板	N	警笛
E	车窗升降机开关	R	车门报警灯继电器
F	车门集控门锁	S	无线电遥控器
G	登车报警灯	T	活动天窗调节控制单元

图 2-9　波罗汽车舒适 CAN 电路框图

3. 驾驶人侧车门单独打开

此功能用于加强个人安全性。短时按动遥控器上的开启按钮只能对驾驶人侧车门解除联锁。按钮位置如图 2-11 所示。这一点通过所有转向信号灯的短时闪烁表现。

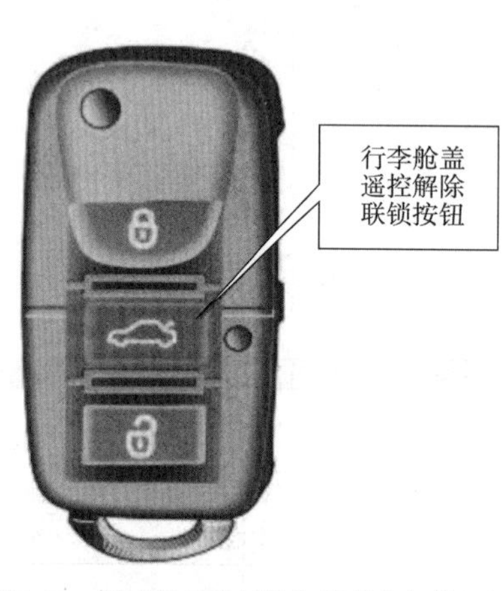

图 2-10　行李舱单独遥控解锁的按钮位置图

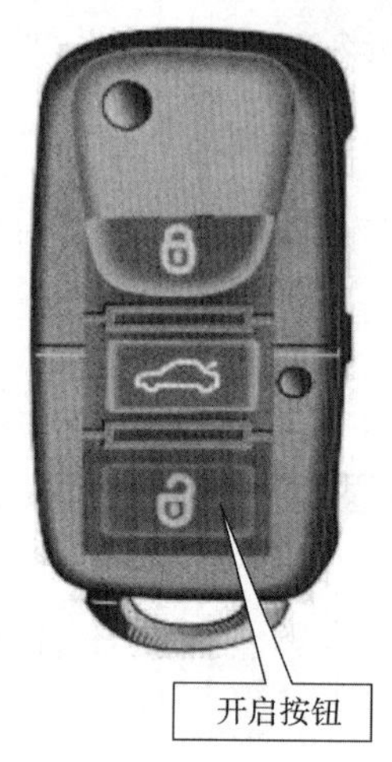

图 2-11　驾驶员侧车门解锁的按钮位置图

两次按动开启按钮则所有车辆锁都解除了联锁。

如果整辆车都解除了联锁,而在 30s 内未打开车门或后行李舱盖,车辆又会重新联锁。这样就阻止了对车辆无意地持续解除联锁。

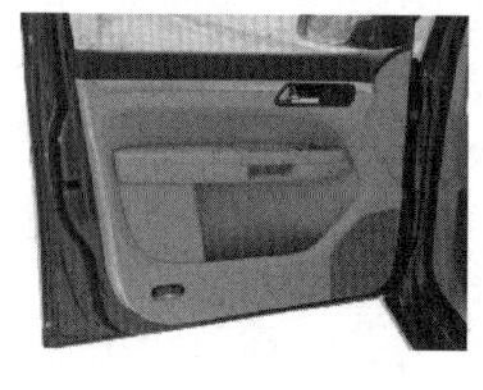

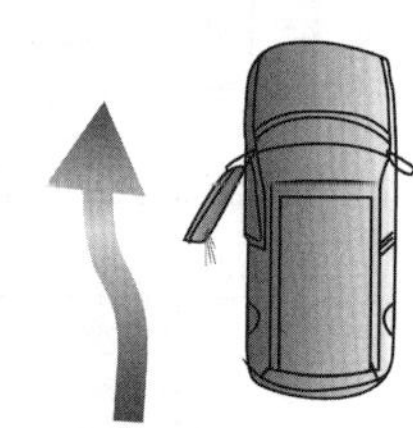

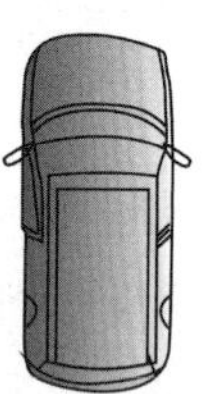

图 2-12　登车报警灯位置图

此选项在车辆供应时根据车辆装备在舒适系统的中央控制单元内编码。

4. 登车报警灯

前车门装备了登车报警灯,位置如图 2-12 所示。

登车报警灯的使用使道路交通中的车辆明显增加了安全性。

它通过车门锁单元内的车门触点开关接通。

舒适 CAN 总线系统的中央控制单元 J393 确保车辆停止而车门未关闭时登车报警灯仅亮 10min,从而避免电池放电。

其电路如图 2-13 所示。

工作过程:驾驶人侧车门打开→F220 门控触点闭合→搭铁“0”电平→J519→J533→CAN 信息→J393→输出搭铁“0”电平→J560 左端(其右端接常火线“ +30”)→J560 线圈得电→J560 触点闭合→常火线“ +30”→M27 右端→M27 灯亮。此后进入 10min 记时程序。

(三)舒适 CAN 总线在速腾汽车上的运用

速腾汽车上舒适 CAN 总线系统的传输速度为 100kb/s,系统组成如图 2-14 所示。舒适 CAN 总线系统位置如图 2-15 所示。

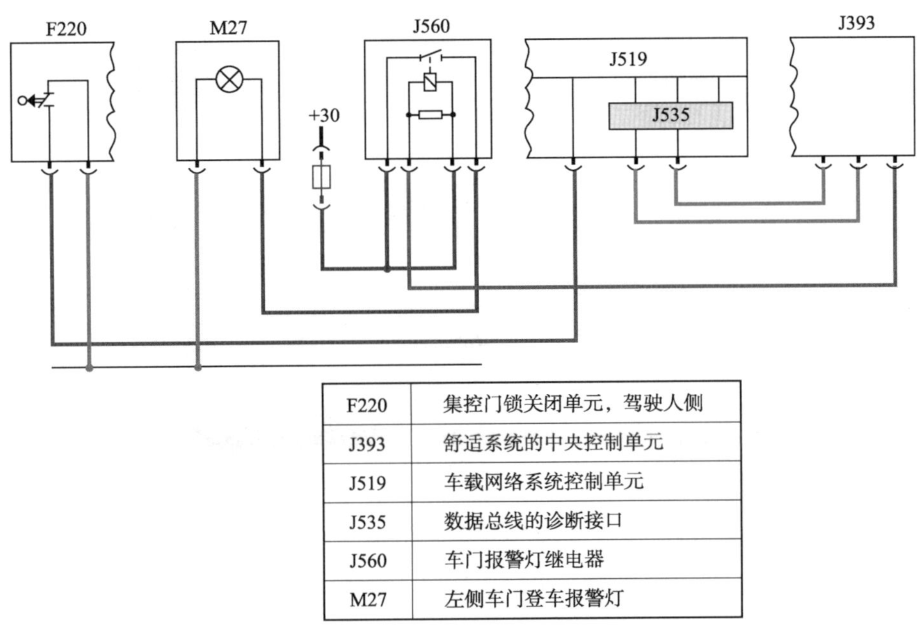

F220	集控门锁关闭单元，驾驶人侧
J393	舒适系统的中央控制单元
J519	车载网络系统控制单元
J535	数据总线的诊断接口
J560	车门报警灯继电器
M27	左侧车门登车报警灯

图 2-13　登车报警灯电路

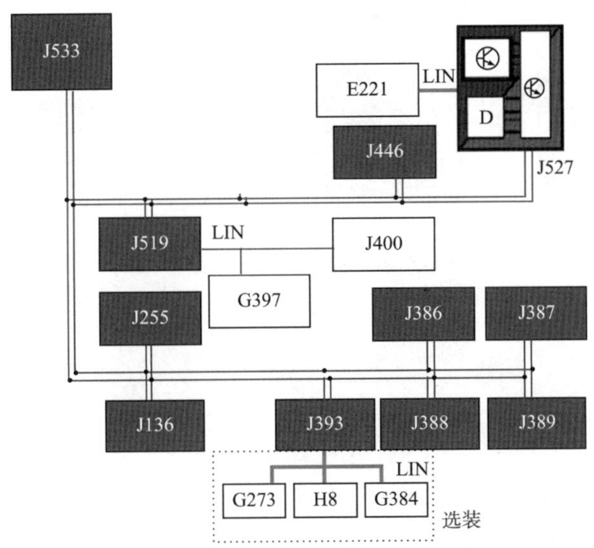

图 2-14　速腾汽车舒适 CAN 总线系统组成图

D-启动控制(钥匙);E221-多功能转向盘(MFL);G273-内部监控传感器;G384-车辆倾斜传感器;G397-雨滴 + 光强传感器;H8-报警喇叭;J136-座椅位置记忆控制单元;J255-空调控制单元;J386、J387、J388、J389-车门控制单元;J393-舒适系统控制单元;J400-刮水器电动机控制单元;J446-停车辅助控制单元;J519-中央电器系统控制单元;J527-转向柱开关模块;J533-网关

1. 车门控制

车门控制单元通过 CAN 与舒适系统控制单元相连。防盗报警喇叭 H8、内部监控传感器 G273 和车身倾斜传感器 G384 通过 LIN 总线与舒适系统控制单元相连，如图 2-16 所示。

与宝来、A4 等车型不同，速腾汽车的 4 个车门有单独的地址码，功能更加强大，以控制本区域内的所有功能，这样可减少整车线束。

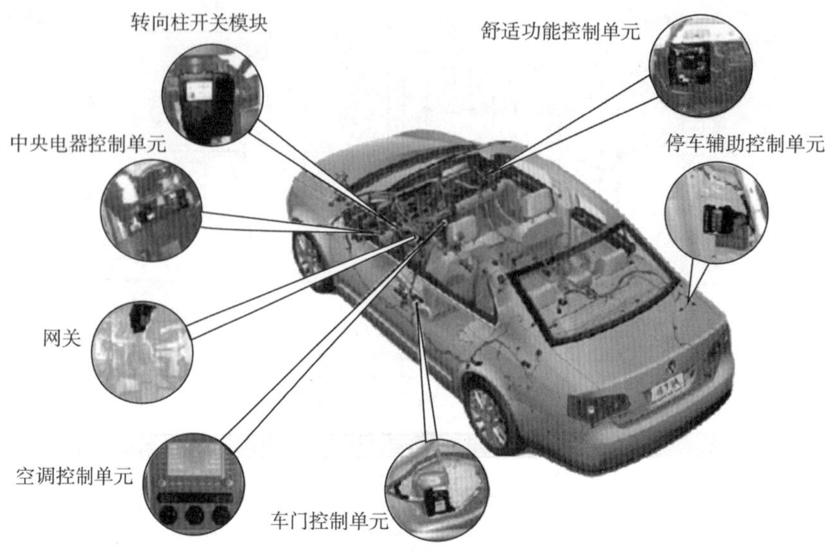

图 2-15 舒适 CAN 总线系统位置图

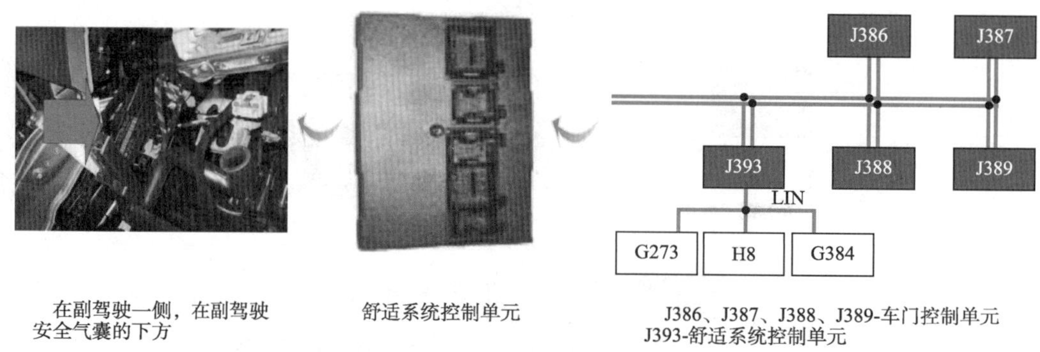

图 2-16 车门控制系统

2. 遥控功能

具有遥控功能的车门控制系统组成示意图如图 2-17 所示。

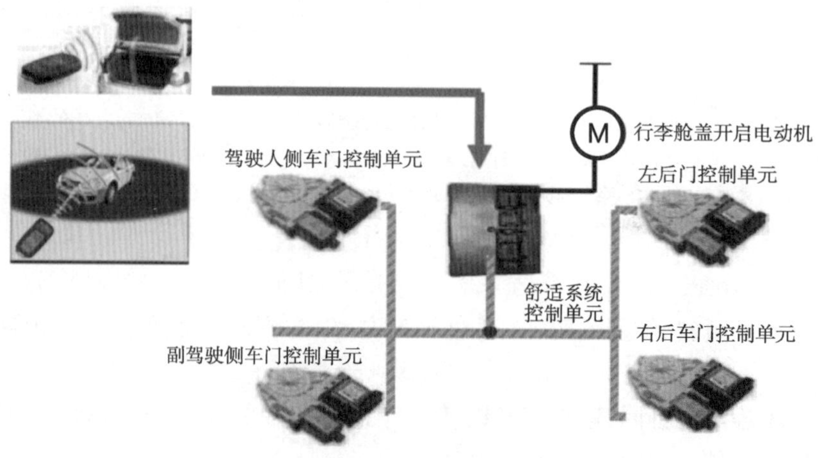

图 2-17 遥控功能信号传递

3. 加油口盖开启功能

加油口盖开启功能的系统组成示意图如图 2-18 所示，电路图如图 2-19 所示。

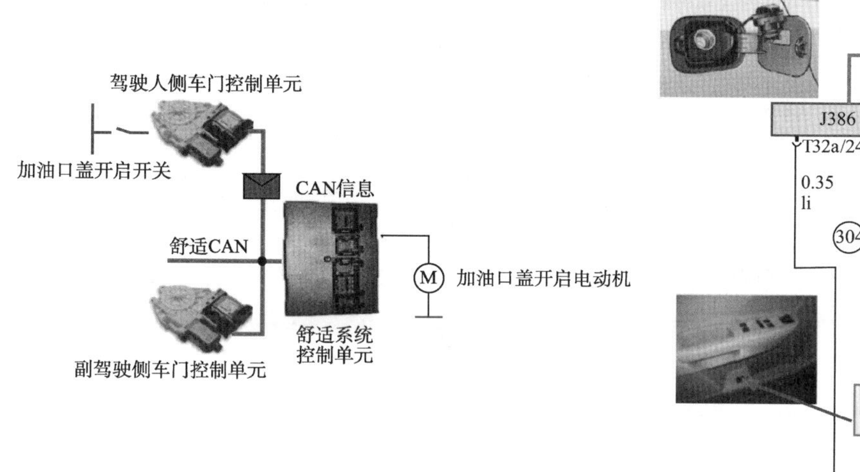

图 2-18　加油口盖开启系统组成示意图　　图 2-19　加油口盖开启电路

4. 车内中控锁

车内中控锁系统组成及电路如图 2-20 所示。

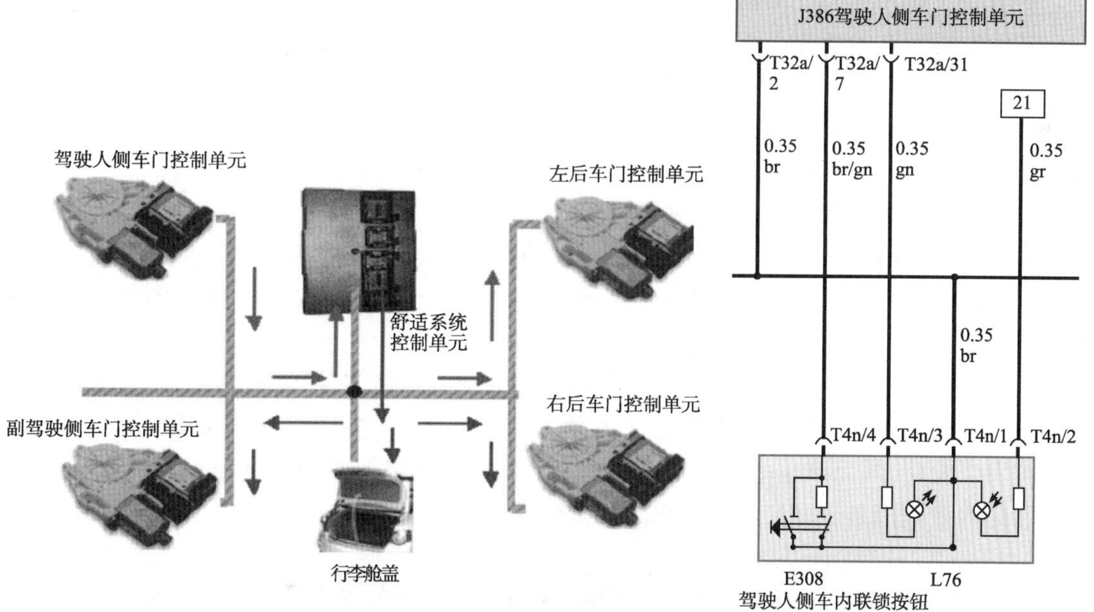

图 2-20　车内中控锁系统组成及电路

(四) 舒适 CAN 总线在奥迪 A6L 汽车上的运用

1. 舒适 CAN 总线的组成

奥迪 A6L 汽车舒适 CAN 总线连接空调控制单元、停车辅助控制单元、挂车控制单元、蓄电池能量管理单元、车门控制单元、电子转向柱锁控制单元、驻车加热控制单元、轮胎气压监控控制单元以及多功能转向盘、电子后座椅等控制单元,如图2-21所示。点火开关关闭后,CAN通信一直有效。通信断路时(如拔下插头或某一控制单元供电断路)会产生故障记忆。再重新连接正常后,必须删除所有控制单元的故障存储后才可以正常运行。

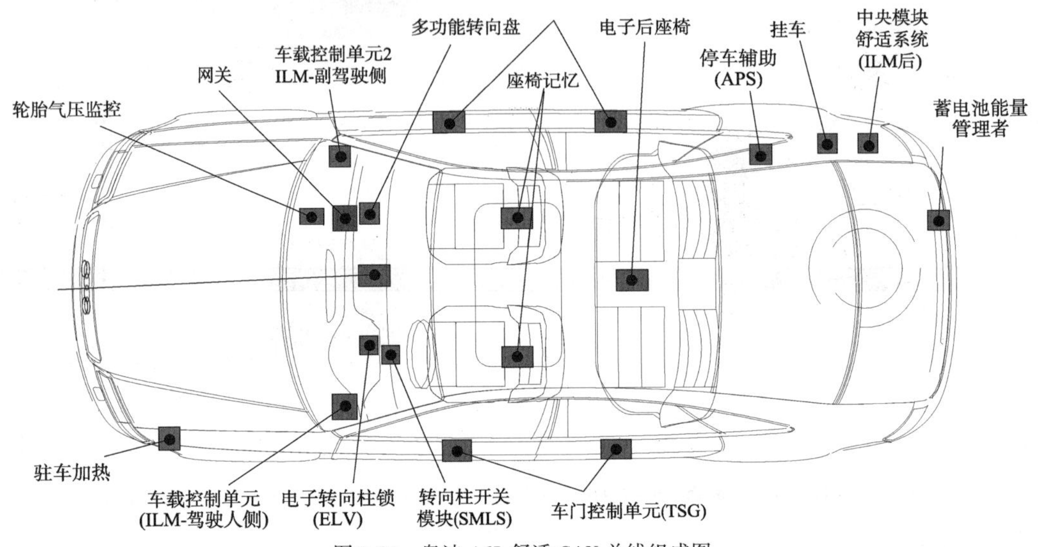

图2-21 奥迪A6L舒适CAN总线组成图

2.奥迪A6L汽车舒适CAN总线电路原理图

奥迪A6L汽车舒适CAN总线电路原理图如图2-22~图2-24所示。

其中主要元件的功能介绍如下。

1)舒适便捷功能系统中央控制单元J393

其主要功能是:用于控制水平/防盗系统控制单元J529、中央门锁主控制单元、闪光主控制单元、防盗警报主控制单元。

2)水平/防盗系统控制单元J529

该控制单元内包含有传感器元件、微控制器和一个LIN总线收发器。传感器由可动的搭铁元件构成(图2-25),这个搭铁元件用弹簧支在两个电容器片之间,电容器片直接连在微控制器上。

当传感器水平位置发生变动时(图2-26),搭铁元件就会在两个电容器片之间移动,移动的幅度取决于弹簧的行程。两个电容器片之间加有电压,搭铁元件的移动会导致两片之间电容发生变化,从而产生电压信号。这个电压信号就被微控制器识别为车辆的水平变化。传感器的测量范围是±25°,电容变化的测量精度对应值为0.1°。

3)中央电器控制单元J519的任务

(1)作为灯的主控制单元,通过数据传输系统给相关的控制单元提供所需要的照明信息(例如驻车灯),这些控制单元根据这些信息就可以启动相应的执行元件。另外还要监控车外前部灯的功能,这个监控过程是通过监控灯泡的冷、热来实现的。

(2)替代主导功能:供电控制单元承担舒适/便捷功能系统中央控制单元J393的替代主导功能。也就是说,如果舒适系统控制单元与舒适CAN总线断开了或损坏了,那么供电控制单元会将闪光信号的信息传送到舒适CAN总线上。

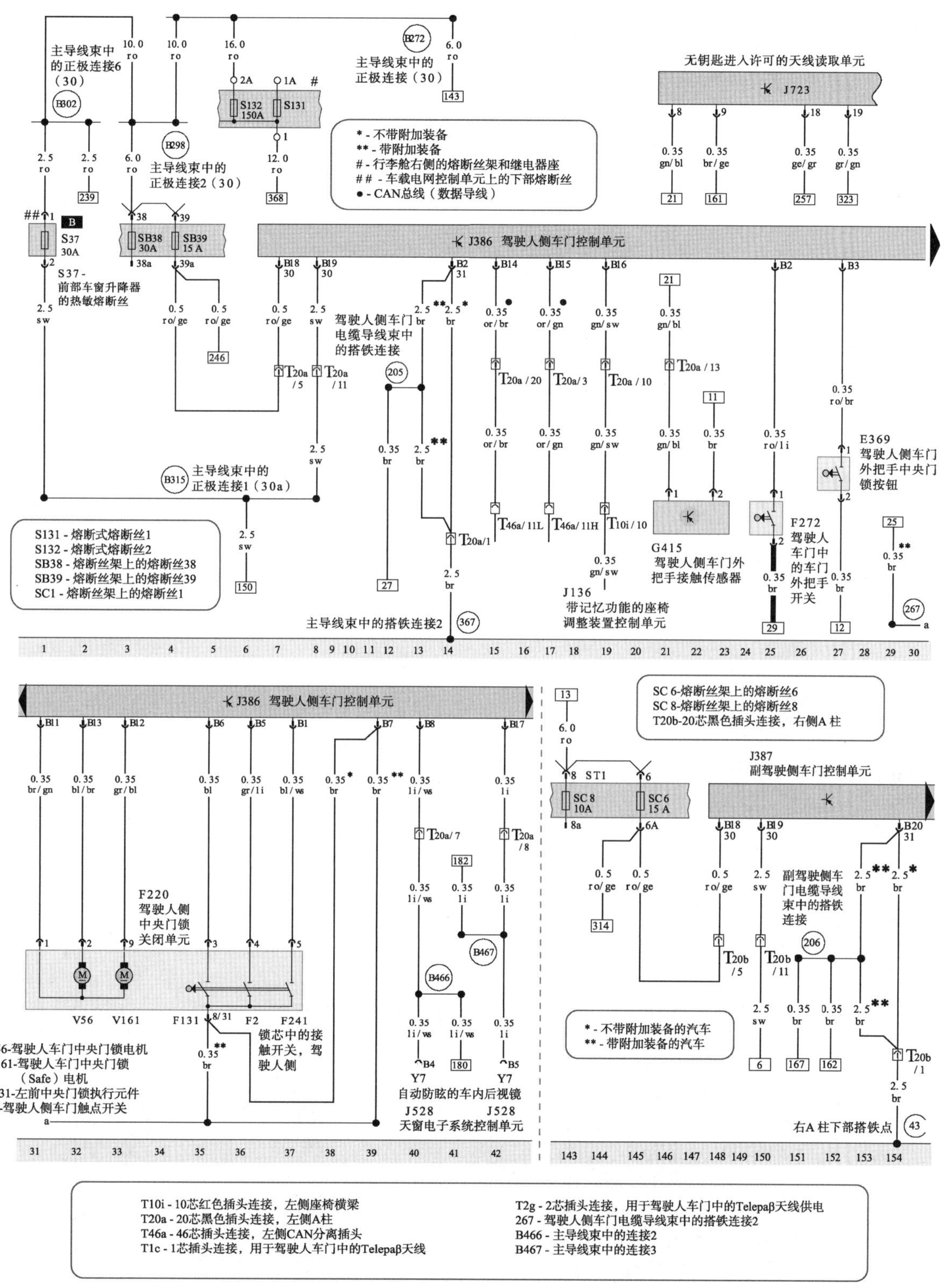

图 2-22　奥迪 A6L 舒适 CAN 总线电路原理图(1)

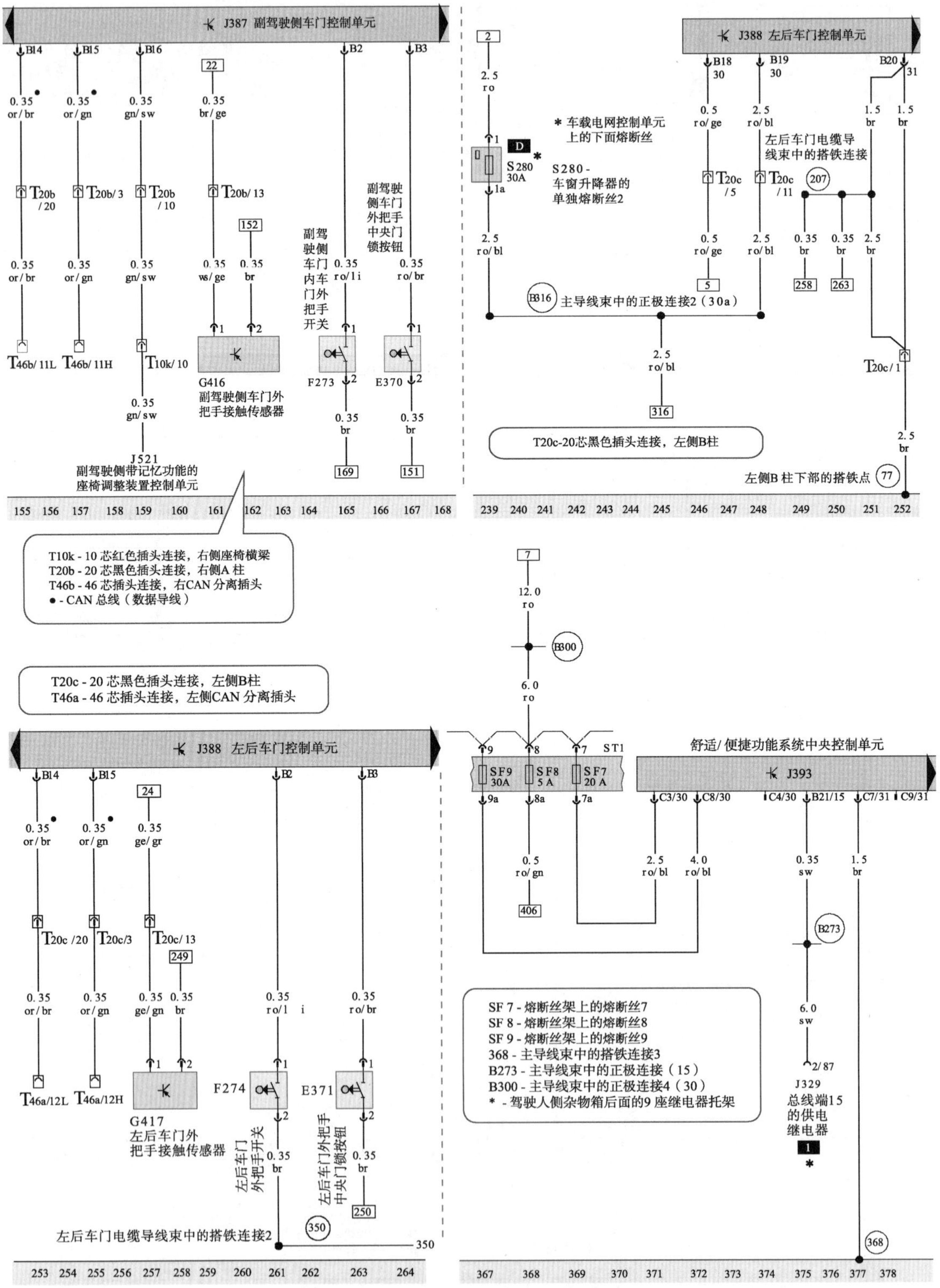

J387 副驾驶侧车门控制单元

B14 B15 B16 B2 B3

0.35 or/br　0.35 or/gn　0.35 gn/sw　22　0.35 br/ge

T20b/20　T20b/3　T20b/10　T20b/13

152

0.35 or/br　0.35 or/gn　0.35 gn/sw　0.35 ws/ge　0.35 br　0.35 ro/li　0.35 ro/br

副驾驶侧车门内车门外把手开关

副驾驶侧车门外把手中央门锁按钮

T46b/11L　T46b/11H　T10k/10

G416 副驾驶侧车门外把手接触传感器

F273　E370

0.35 gn/sw　0.35 br　0.35 br

J521 副驾驶侧带记忆功能的座椅调整装置控制单元

169　151

155 156 157 158 159 160 161 162 163 164 165 166 167 168

T10k - 10芯红色插头连接，右侧座椅横梁
T20b - 20芯黑色插头连接，右侧A柱
T46b - 46芯插头连接，右CAN分离插头
● - CAN总线（数据导线）

2

2.5 ro

S280 30A　D

＊车载电网控制单元上的下面熔断丝

S280 - 车窗升降器的单独熔断丝2

2.5 ro/bl

J388 左后车门控制单元

B18 30　B19 30　B20 31

0.5 ro/ge　2.5 ro/bl　1.5 br　1.5 br

左后车门电缆导线束中的搭铁连接

T20c/5　T20c/11　207

0.5 ro/ge　2.5 ro/bl　0.35 br　0.35 br　2.5 br

5　258　263

B316 主导线束中的正极连接2（30a）

2.5 ro/bl

316

T20c/1

2.5 br

T20c-20芯黑色插头连接，左侧B柱

左侧B柱下部的搭铁点 77

239 240 241 242 243 244 245 246 247 248 249 250 251 252

7

12.0 ro

B300

6.0 ro

T20c - 20芯黑色插头连接，左侧B柱
T46a - 46芯插头连接，左侧CAN分离插头

J388 左后车门控制单元

B14 B15 B2 B3

0.35 or/br　0.35 or/gn　24　0.35 ge/gr

T20c/20　T20c/3　T20c/13

249

0.35 or/br　0.35 or/gn　0.35 ge/gn　0.35 br　0.35 ro/li　0.35 ro/br

T46a/12L　T46a/12H

G417 左后车门外把手接触传感器

F274　E371

左后车门外把手开关

左后车门外把手中央门锁按钮

0.35 br　0.35 br

250

左后车门电缆导线束中的搭铁连接2 350

253 254 255 256 257 258 259 260 261 262 263 264

9 8 7 ST1

SF9 30A　SF8 5A　SF7 20A

9a 8a 7a

舒适/便捷功能系统中央控制单元

J393

C3/30 C8/30 C4/30 B21/15 C7/31 C9/31

0.5 ro/gn　2.5 ro/bl　4.0 ro/bl　0.35 sw　1.5 br

406

B273

6.0 sw

2/87

J329 总线端15的供电继电器

1 ＊

SF 7 - 熔断丝架上的熔断丝7
SF 8 - 熔断丝架上的熔断丝8
SF 9 - 熔断丝架上的熔断丝9
368 - 主导线束中的搭铁连接3
B273 - 主导线束中的正极连接（15）
B300 - 主导线束中的正极连接4（30）
＊ - 驾驶人侧杂物箱后面的9座继电器托架

368

367 368 369 370 371 372 373 374 375 376 377 378

图2-23　奥迪A6L舒适CAN总线电路原理图(2)

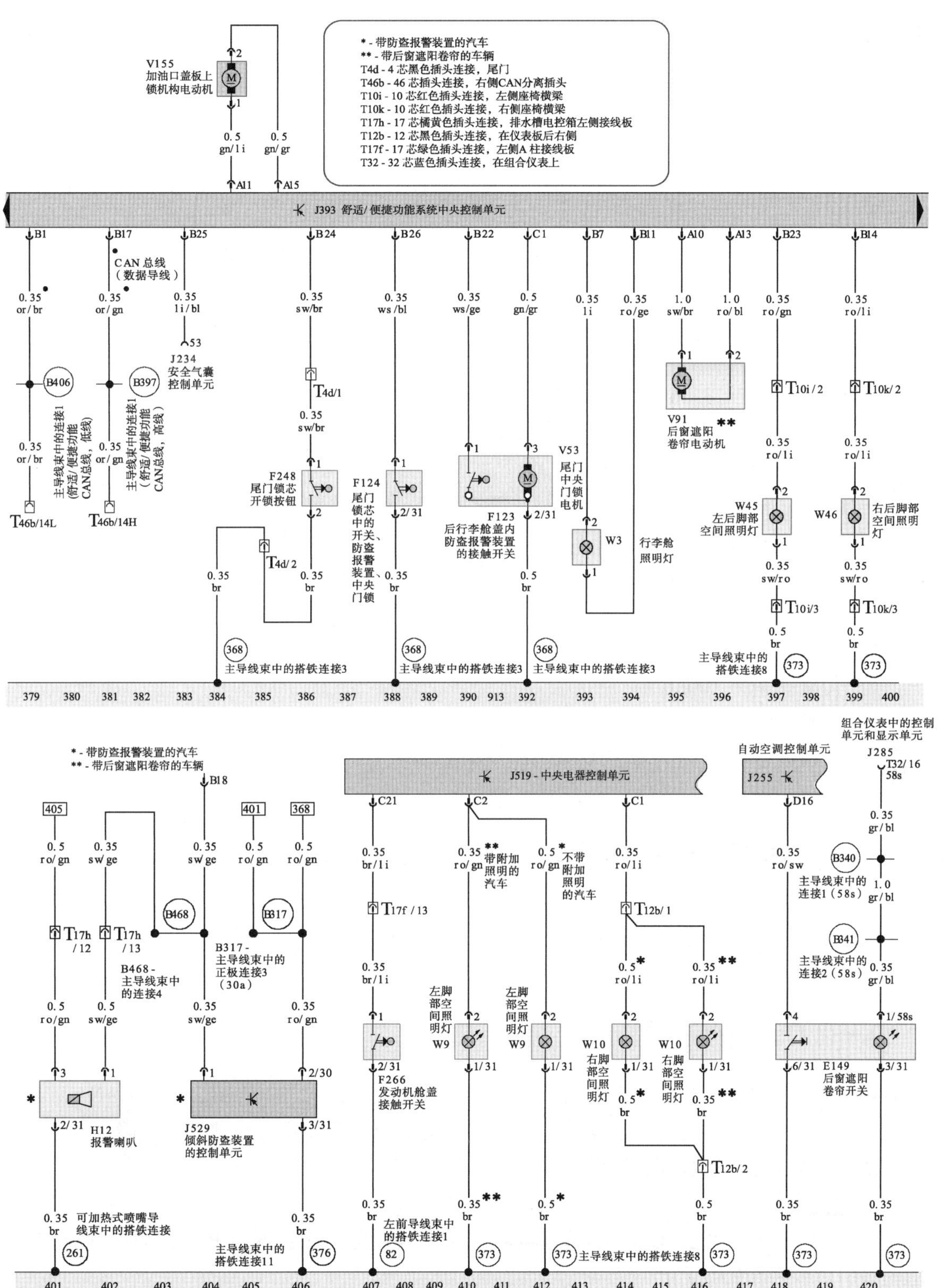

图 2-24 奥迪 A6L 舒适 CAN 总线电路原理图(3)

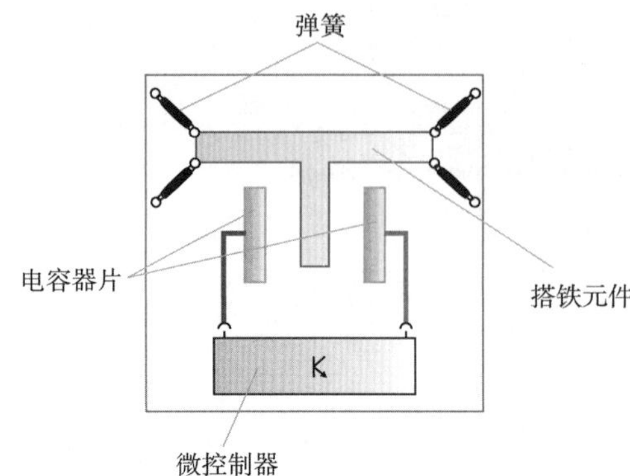

图2-25　水平/防盗系统控制单元内的传感器

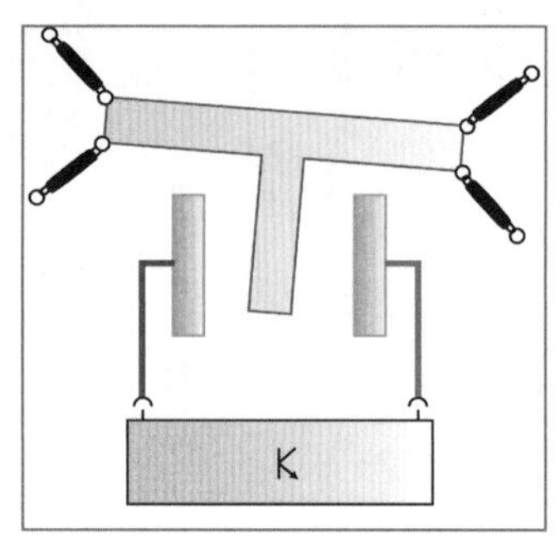

图2-26　搭铁元件发生的变化

4)车门控制单元J386、J387、J388和J389的任务

(1)读取相应车门上所有开关的信息并控制车门内电机、灯和加热器。

(2)替代主导功能:在舒适/便捷功能系统中央控制单元J393出现故障时,驾驶人车门控制单元J386就会承担控制中央门锁系统的功能。如果驾驶人车门控制单元发觉与舒适系统中央控制单元的通信中断,那么其他车门控制单元就直接使用驾驶人车门控制单元的信息。在这种情况下,使用遥控器和高级钥匙就打不开车门了。

3. 舒适CAN总线的特点

舒适CAN总线具有如下的特点。

(1)传输速率为100kb/s;

(2)级别为CAN/B;

(3)双绞线:高线为橙/绿色,低线为橙/棕色。

三　舒适CAN总线系统故障的波形分析

对于舒适CAN总线系统故障,可以用DSO进行测量,通过分析测试的波形,从而判断故障部位。下面以奥迪车系为例来进行讲述。

(一)DSO的设置

用DSO对舒适CAN总线进行测量,双通道模式连线如图2-27所示。两条CAN总线每一条线分别通过一个通道进行测量,通过DSO图形的分析可以很容易地发现故障。

DSO的设置:设置如图2-28所示。

详细说明如下:

1——通道A和通道B的零坐标线等高。通道A的零标记被通道B所掩盖。在读取数值时,可以将零线相互分开。

2——通道A显示CAN高线。

3——通道A电压单位值的设定。在0.02ms/Div时,DSO的显示可被较好地利用,这也便于电压值的读取。

4——通道 B 显示 CAN 低线。

5——通道 B 电压单位值的设定应与通道 A 相符，这便于电压电位的比较分析。

6——时间单位值应尽可能选取小一些。由于舒适系统 CAN 总线的比特周期较长（10μs），所以在 DSO 内可以显示 1 位（bit）。

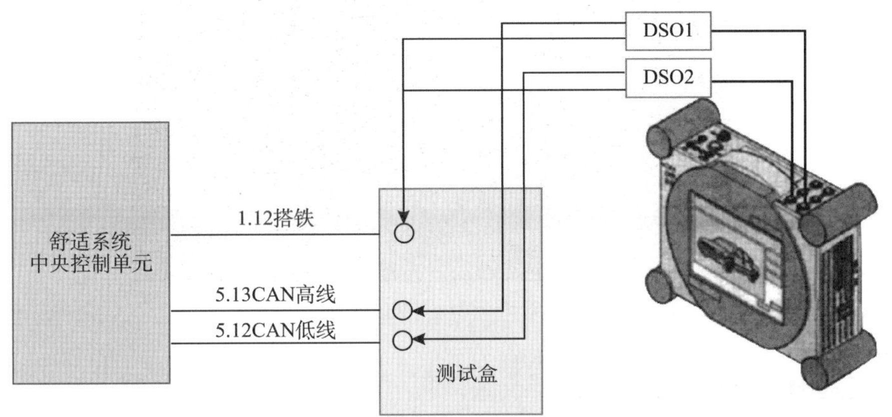

图 2-27　DSO 仪器双通道模式连线

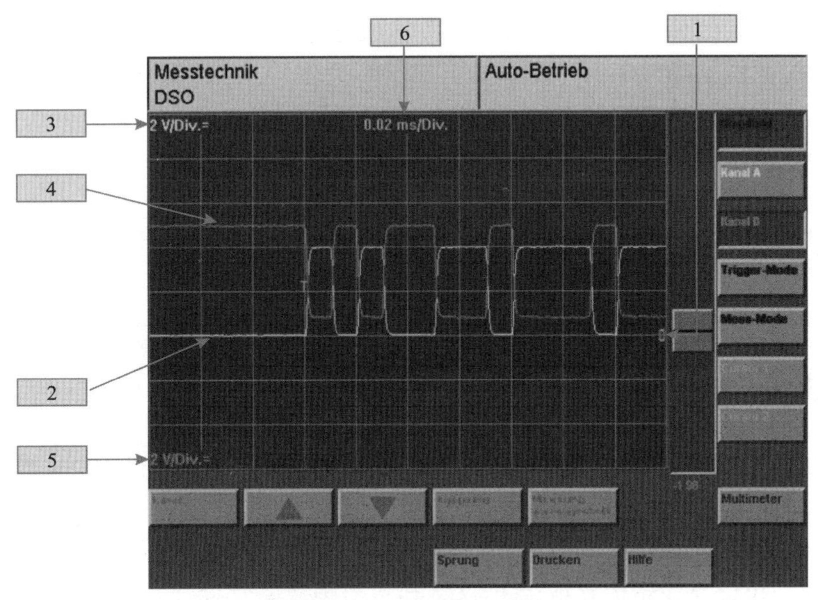

图 2-28　DSO 仪器的设置图

注意：舒适系统 CAN 总线电压电位与驱动系统 CAN 总线的显示有所不同。舒适系统 CAN 总线的 CAN 低线隐性电位高于 CAN 高线，CAN 高线的显性电位高于 CAN 低线。为了读取数值，建议将两条零线分开。

（二）信号说明

电压与电位说明如图 2-29 所示。

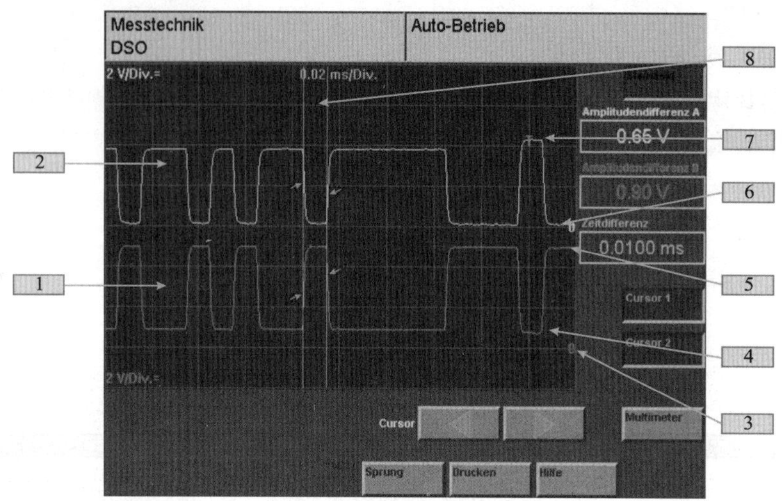

图2-29　电压与电位说明

详细说明如下：

1——通道B的CAN低线显示。

2——通道A的CAN高线显示。

3——通道B的零线。

4——CAN低线的显性电压向下没有达到零线坐标。

5——CAN低线的隐性电压。在总线不工作的状态下,5V的隐性电压电位切换到0V。

6——通道A的零线坐标和CAN高线的隐性电压电位。

7——CAN高线的显性电压电位。

8——1位(bit)的显示时间(10μs)。

电压电位关系如表2-2所示。

电压电位关系　　表2-2

电位	CAN高线对搭铁	CAN低线对搭铁	电位差
显性(0)	4V(>3.6V)	1V(<1.4V)	3V
隐性(1)	0V	5V	-5V

注意:电压电位必须达到最小的规定。

例如:CAN高线的显性电压电位至少达到3.6V,如果未达到区域要求,控制单元将不能准确地判定电压电位是逻辑值0或者1,这将导致出现故障存储或单线工作状态,在隐性电压电位,一个负值(0-5V=-5V)可以被精确地计算出来。

(三)舒适CAN总线故障波形分析

当故障存储记录为“舒适总线故障”时,用DSO进行测量,可以确定故障引发的原因并找到故障点。因为舒适总线具有单线工作能力,所以当出现故障时,用DSO可以确定两条CAN总线中哪一条有故障。

说明:在下面所示的故障波形图中,用通道A测量CAN高线的电压,用通道B测量CAN

低线的电压。

1. CAN 高线与 CAN 低线之间短路

波形说明:波形如图 2-30 所示,图中通道 A 和通道 B 的零线坐标重叠,通过设置可以看出 CAN 高线和 CAN 低线的电压电位是相同的。

故障分析:CAN 高线与 CAN 低线之间短路影响所有的舒适总线,舒适系统 CAN 总线因此单线工作,即:通信仅为一条线路的电压电位起作用,控制单元利用该电压电位搭铁值确定传输数据。

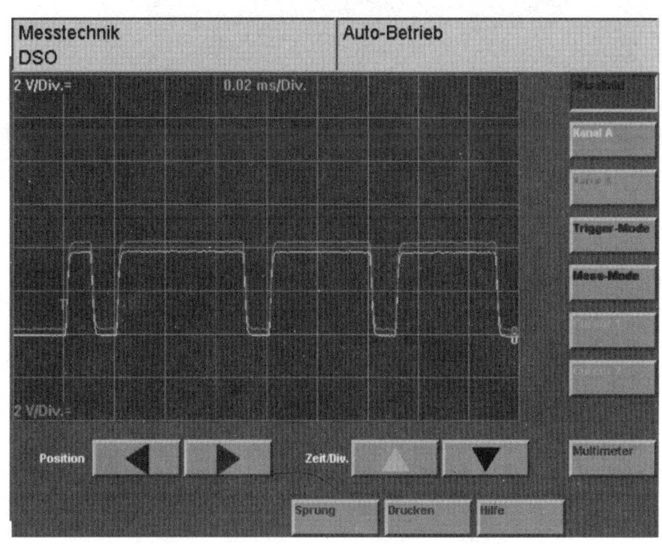

图 2-30　CAN 高线与 CAN 低线之间短路

2. 高线对正极短路

波形说明:波形如图 2-31 所示,CAN 高线的电压电位约为 12V 或蓄电池电压,CAN 低线的电压电位正常。

故障分析:高线对正极短路时,舒适系统 CAN 总线变为单线工作。

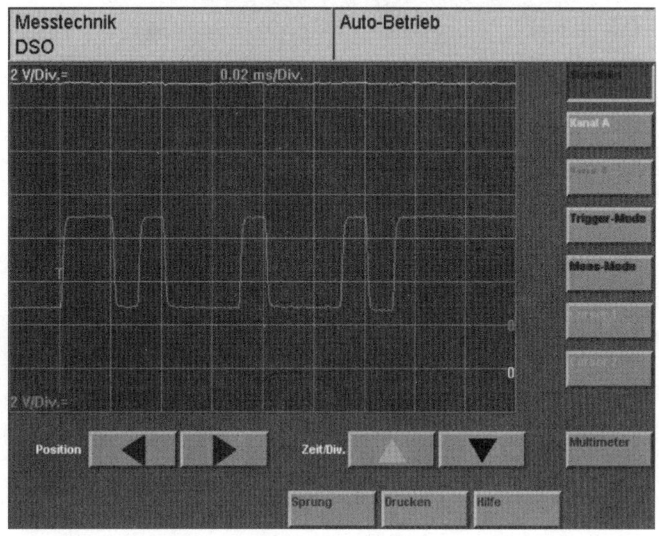

图 2-31　高线对正极短路

3. 高线对搭铁短路

波形说明:波形如图2-32所示,CAN高线的电压置于0V,CAN低线的电压电位正常。

故障分析:当高线对搭铁短路时,所有舒适系统CAN总线变为单线工作。从图中可以看出,该故障是由于高线对搭铁短路引起,这和高线断路的波形有所不同。

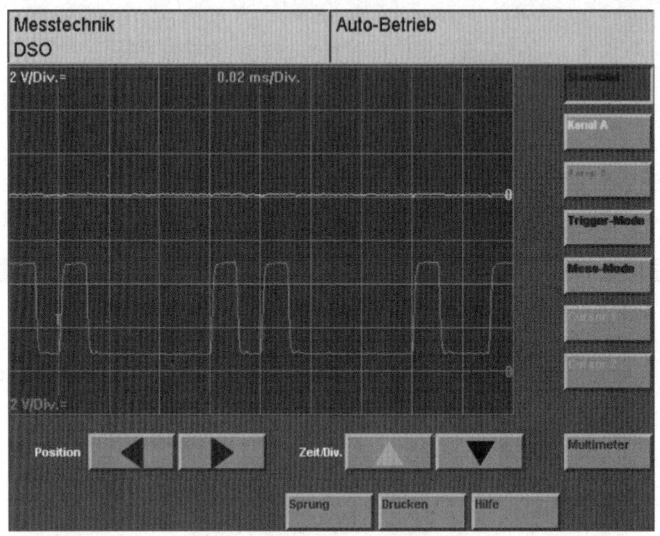

图2-32　高线对搭铁短路

4. CAN低线对正极短路

波形说明:波形如图2-33所示,CAN低线的电压约为12V或蓄电池电压,CAN高线的电压电位正常。

故障分析:CAN低线对正极短路时,舒适系统CAN总线变为单线工作。

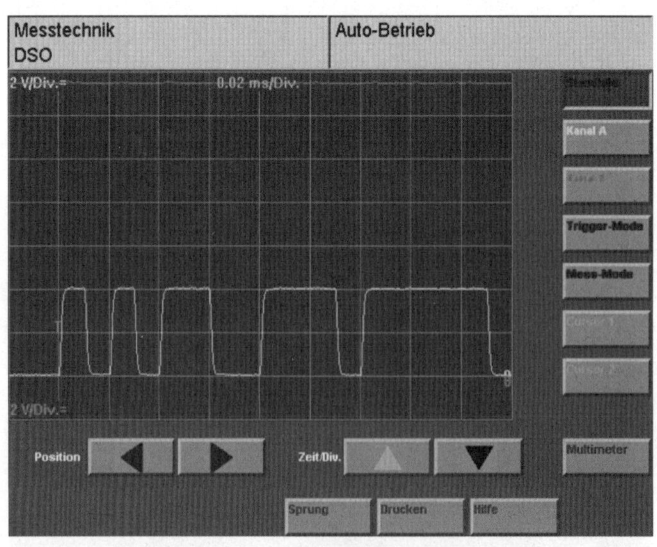

图2-33　CAN低线对正极短路

5. CAN低线对搭铁短路

波形说明:波形如图2-34所示,CAN低线的电压为0V,CAN高线的电压电位正常。

故障分析:CAN低线对搭铁短路时,舒适系统CAN总线变为单线工作。

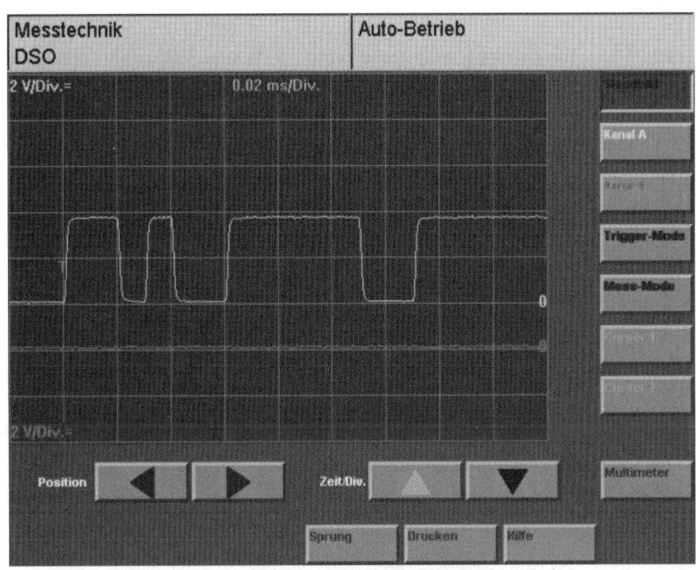

图2-34　CAN 低线对搭铁短路

该故障波形与 CAN 断路波形有此相似,注意分辨。

6. CAN 低线断路

波形说明:波形如图2-35所示,CAN 高线的电压电位正常,在 CAN 低线上为5V 隐性电压电位和1位(bit)长的1V 显性电压电位。

故障分析:当一个信息内容被正确地接收,则控制单元发送这个显性电压电位。图2-35所示是由很多发送控制单元组成的系统,第Ⅰ部分是信息的一部分。该信息被一个控制单元所发送,在Ⅱ时间点接收到正确的信息内容,则接收控制单元用一个显性的电压电位给予答复。在Ⅱ时间点,由于收到正确的信息,则所有控制单元都同时发送一个显性的电压电位,所以,该比特的电位差要大一些。

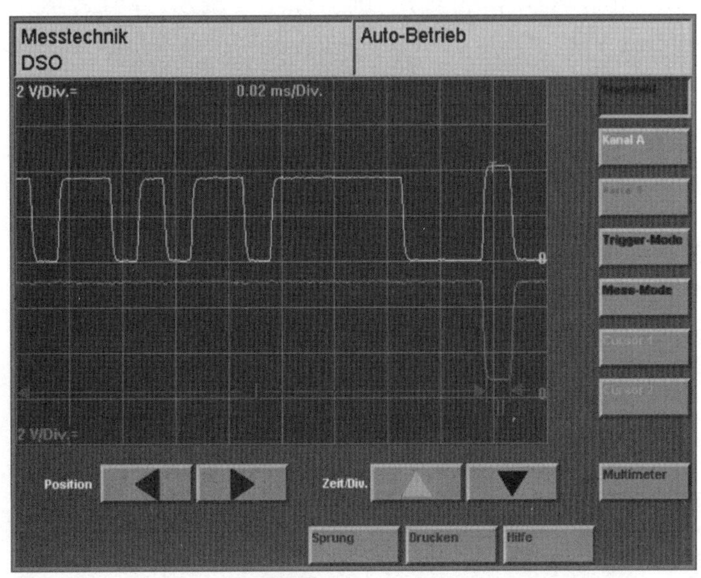

图2-35　CAN 低线断路

7. CAN 高线断路

波形说明:波形如图 2-36 所示,CAN 低线的电压电位正常,在 CAN 高线上为 0V 隐性电压电位和 1 位(bit)长的 4V 显性电压电位。

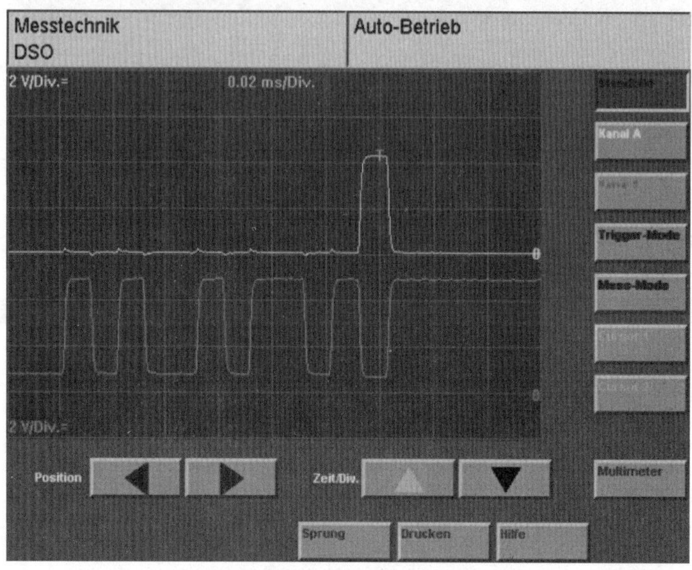

图 2-36　CAN 高线断路

实际维修中发现,由于线束的破损导致总线短路,破损的线束靠近接搭铁或正极,经常因受潮使该处产生连接电阻。下面所示的故障波形为有连接电阻情况的短路。

8. CAN 高线与搭铁之间通过连接电阻短路

波形说明:如图 2-37 所示,CAN 高线的显性电位移向接搭铁方向。

故障分析:从波形图上可以看出,CAN 高线的显性电压大约为 1V(正常时应为 4V 左右)。显性电压受连接电阻影响,电阻越小,则显性电压越小,在没有连接电阻的情况下短路,则该电压为 0V(图 2-32)。

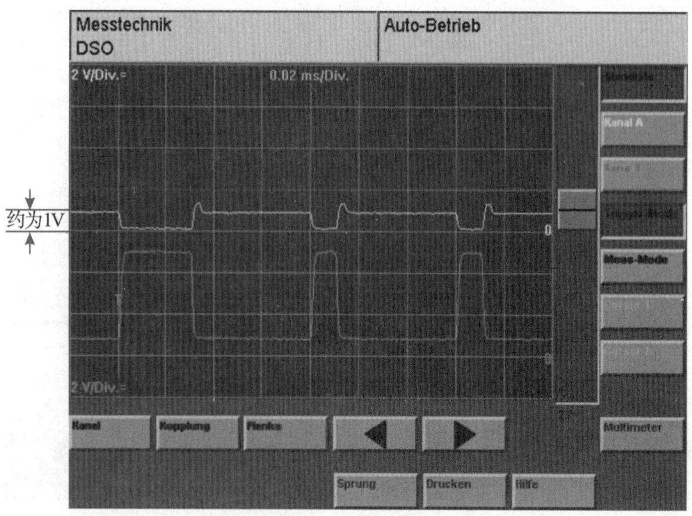

图 2-37　CAN 高线与搭铁之间通过连接电阻短路

9. CAN 高线与正极之间通过连接电阻短路

波形说明：CAN 高线的隐性电压电位移向正极方向。

故障分析：波形如图 2-38 所示，从波形图上可以看出，CAN 高线隐性电压电位约为 1.8V（正常时应约为 0V），该电压的变化是由于连接电阻引起的。电阻越小，则隐性电压电位越大，在没有连接电阻的情况下，该电压值应等于正极电压或蓄电池电压（图 2-31）。

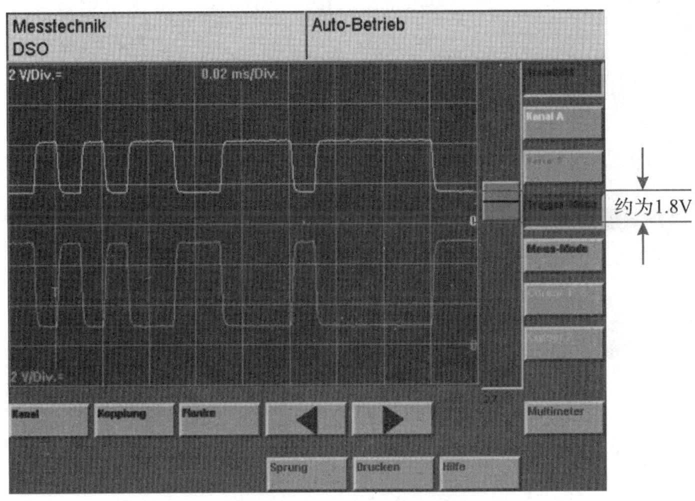

图 2-38　CAN 高线与正极之间通过连接电阻短路

10. CAN 高线与 CAN 低线之间通过连接电阻短路

波形说明：如图 2-39 所示，CAN 高线与 CAN 低线的隐性电压电位相互靠近。

故障分析：CAN 高线的隐性电压约为 1V（正常值为 0V），CAN 低线的显性电压约为 4V（正常值为 5V）。CAN 高线与 CAN 低线的显性电压电位正常。

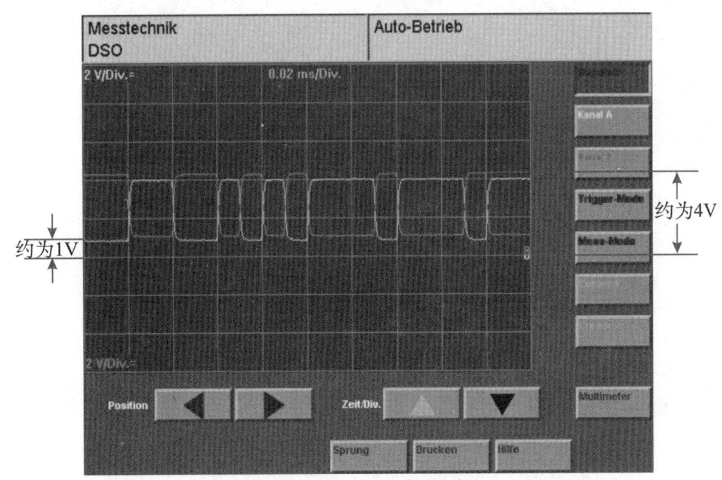

图 2-39　CAN 高线与 CAN 低线之间通过连接电阻短路

11. CAN 低线通过连接电阻对搭铁短路

波形说明：波形如图 2-40 所示，CAN 低线的隐性电压电位移向 0V 方向。

故障分析：从波形图上可以看出，CAN 低线隐性电压电位约为 3V（正常时应为 5V），该电压变化是由于连接电阻引起的。电阻越小，则隐性电压电位越小，在没有连接电阻的情况下,该电压为0V。

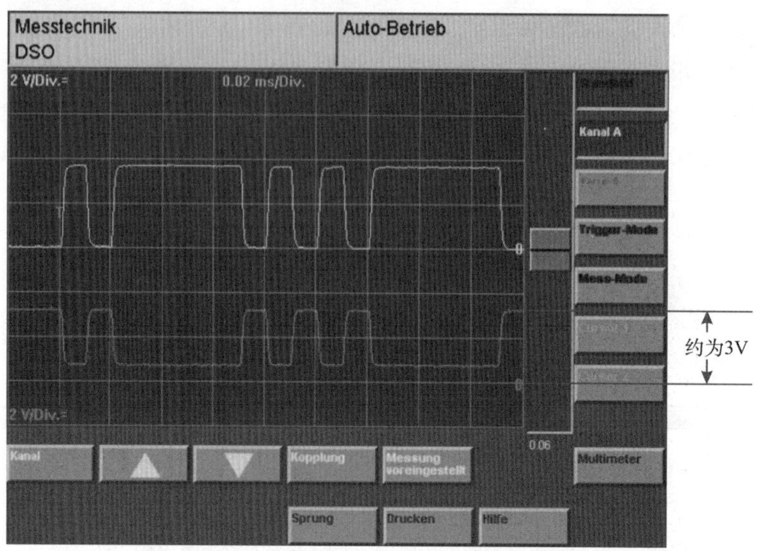

图2-40　CAN低线通过连接电阻对搭铁短路

12. CAN低线通过连接电阻对正极短路

波形说明:CAN低线的隐性电压电位移向正极方向。

故障分析:波形如图2-41所示,从波形图上可以看出,CAN低线隐性电压电位约为13V(正常时应约为5V),该电压的变化是由于连接电阻引起的。电阻越小,则隐性电压电位越大,在没有连接电阻的情况下,该电压值应等于正极电压或蓄电池电压(图2-33)。

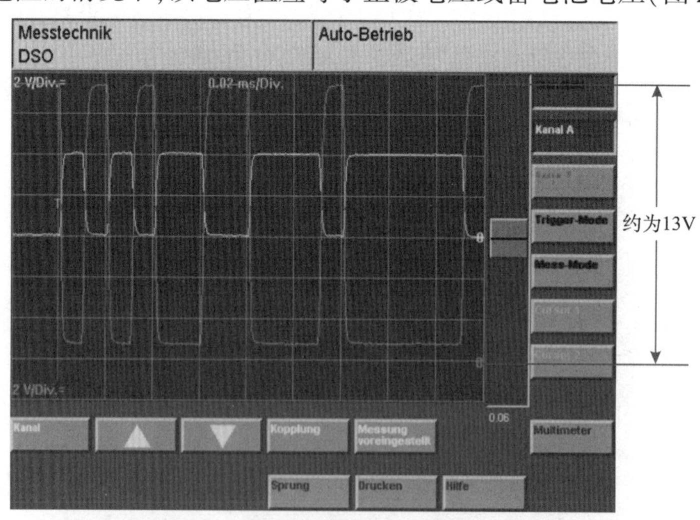

图2-41　CAN低线通过连接电阻对正极短路

四 舒适CAN总线系统的故障自诊断

帕萨特轿车舒适系统装备有故障存储器,自诊断接头位于中央控制台的延伸部分。控制单元 J393 识别出舒适系统(包括中央门锁系统、防盗报警电动车窗、无线电遥控和后视镜)的故障,并将其储存到存储器中。

利用 V. A. S5051 可对舒适系统中央控制单元进行执行元件自诊断。

在更换部件之前,清除故障码,执行功能检查,并再次读取故障码。

V. A. S5051 包含有自诊断、测量仪器、示波器、故障引导程序。详细说明参看相关资料。

1. 故障码的读取

(1)连接故障阅读仪 V. A. G1551,开始自诊断,显示器显示:

Rapid data transfer	HELP
Select function × ×	

快速数据传输	帮助
选择功能 × ×	

(2)按下 0 和 2 键(功能“读取故障码”的地址词为 02),显示器显示:

Rapid data transfer	Q
02 Interrogate fault memory	

快速数据传输	Q
02 读取故障码	

(3)按下打印键,并按 Q 键确认输入。显示器上显示出所储存的故障数目。

x fault recognized!

发现 *x* 个故障!

(4)存储的故障按先后顺序显示并打印。如果识别到故障,则排除故障,清除故障码,再次读取故障码。

(5)借助故障表排除所打印出的故障。“读测量数据组”和显示组说明可以作为辅助手段。测量数据组分为 15 个测量组。对每一个测量区域的划分可以从显示组概述中得到。

(6)如果显示“No fault recognized(未识别到故障)”,则按下▼键,程序回到开始位置。显示器显示:

Rapid data transfer	Q
Select function × ×	

快速数据传输	Q
选择功能 × ×	

(7)如果显示其他信息,按下 0 和 6 键结束输出,显示器显示:

Rapid data transfer	HELP
Enter address word × ×	

快速数据传输	帮助
输入地址词 × ×	

(8)关闭点火开关,断开 V. A. G1551 故障阅读仪的连接。

2. 故障码的清除

(1)连接故障阅读仪,开始自诊断,显示器显示:

Rapid data transfer	HELP
Select function × ×	

快速数据传输	帮助
选择功能 × ×	

(2)按下 0 和 5 键(功能“清除故障码”的地址词为 05),显示器显示:

Rapid data transfer	Q
05 Erase fault memory	

快速数据传输	Q
05 清除故障码	

(3)按下 Q 键并确认输入,显示器显示:

Rapid data transfer →
Fault memory is erased

快速数据传输 →
故障码已被清除

(4)按下▼键,显示器显示:

Rapid data transfer	HELP
Select function × ×	

快速数据传输	帮助
选择功能 × ×	

(5)如果显示器显示以下信息,则测试过程出现故障。

Warning
Fault memory was not interrogated!

警告
故障存储器不能正常工作!

(6)严格按照测试步骤进行,首先读取故障码,然后清除故障码。

(7)按下 0 和 6 键,结束输出,显示器显示:

Rapid data transfer	Q
06 End output	

快速数据传输	Q
06 结束输出	

(8)按下 Q 键,确认输入,显示器显示:

Rapid data transfer　　　　HELP Enter address word × ×

快速数据传输　　　　帮助 输入地址词 × ×

(9)关闭点火开关,断开 V. A. G1551 故障阅读仪的插头。

3. 故障码的具体内容

故障码如表 2-3 所示。车门控制单元也可能出现"没有通信"故障,对舒适系统功能没影响,不必采取措施。故障阅读仪输出:

01333 049 Door CU-J388 No communication

01333 049 门控制单元 – J388 没有通信

故障码一览表　　表 2-3

V. A. G1551 打印输出	故障原因	故障排除
00000 没有识别到故障	如果在修理后出现"没有识别到故障"信息,则诊断结束	
00668 车辆电源接线柱 30 信号太小	①蓄电池放电; ②导线或接头故障	①对蓄电池进行充电; ②根据电路图检查导线和接头
65535 控制单元故障	①导线或接头故障; ②控制单元故障	①根据电路图检查导线和接头; ②更换控制单元
00849 点火开关/起动机开关 D 上的 S 触点 未定义的开关位置	①接线柱 15 正常,S 触点故障; ②导线或接头故障	读测量数据组:显示组 010 显示区 1
00912 电动车窗开关 FL 驾驶员车门 E40 信号错误 对正极短路	①导线或接头故障; ②按钮安装错误,操作时阻塞; ③FL 和 E40 故障	①读测量数据组:显示组编号 002 显示区 1; ②检查按钮; ③检查 FL 和 E40
00913 电动车窗开关 FR 驾驶员车门 E81 信号错误 对正极短路	①导线或接头故障; ②按钮安装错误,操作时阻塞; ③FR 和 E81 故障	①读测量数据组:显示组编号 002 显示区 2; ②检查按钮; ③检查 FR 和 E81

续上表

V. A. G1551 打印输出	故障原因	故障排除
00914 电动车窗开关 RL 驾驶人车门 E53 信号错误 对正极短路	①导线或接头故障; ②按钮安装错误,操作时阻塞; ③RL 和 E53 故障	①读测量数据组:显示组编号 002 显示区 3; ②检查按钮; ③检查 RL 和 E53
00915 电动车窗开关 RR 驾驶人车门 E55 信号错误 对正极短路	①导线或接头故障; ②按钮安装错误,操作时阻塞; ③RR 和 E55 故障	①读测量数据组:显示组编号 002 显示区 4; ②检查按钮; ③检查 RR 和 E55
00928 驾驶人侧中央门锁锁止单元 F220 信号错误 设备安装错误	①导线或接头故障; ②驾驶人车门中央门锁没有电源; ③锁止机构和工作元件阻塞; ④驾驶人侧中央门锁锁止单元 F220 故障; ⑤安装了错误的锁止单元	①根据电路图检查导线和接头; ②检查驾驶人侧门控单元的电源或电源接头; ③检查锁止单元的机构和工作部件,并进行维修; ④更换驾驶人侧中央门锁锁止单元 F220; ⑤更换锁止单元
00929 副驾驶侧中央门锁锁止单元 F221 信号错误	①导线或接头故障; ②车门中央门锁没有电源; ③锁止单元机构和工作部件阻塞; ④副驾驶侧中央门锁锁止单元 F221 故障	①根据电路图检查导线和接头; ②检查到副驾驶侧门控单元或到车门三接头的电源; ③检查锁止单元部件及工作部件,并进行维修; ④更换副驾驶侧中央门锁锁止单元 F221
00930 左后中央门锁锁止单元 F222 信号错误	①导线或接头故障; ②左后车门中央门锁没有电源; ③锁止单元机构和工作部件阻塞; ④左后中央门锁锁止单元 F222 故障	①根据电路围检查导线和接头; ②检查到左后门控单元或到车门主接头的电源; ③检查锁止单元部件及工作部件,并进行维修; ④更换左后中央门锁链止单元 F222
00931 右后侧中央门锁锁止单元 F223 信号错误	①导线或接头故障; ②右后侧车门中央门锁没有电源; ③锁止单元机构和工作部件阻塞; ④右后乘客侧中央门锁锁止单元 F223 故障	①根据电路图检查导线和接头; ②检查到右后侧门控单元或到车门主接头的电源; ③检查锁止单元部件及工作部件,并进行维修; ④更换右后侧中央门锁锁止单元 F223

续上表

V. A. G1551 打印输出	故障原因	故障排除
00932 驾驶人侧电动车窗电动机 V147 信号错误	①导线或接头故障； ②驾驶人侧车窗没有电源； ③车窗举升机构工作部件阻塞（也可能是车窗在导轨中太紧）； ④驾驶人侧电动车窗电动机 V147 故障	①根据电路图检查导线和接头； ②检查到驾驶人侧门控单元或到车门主接头的电源； ③检查车窗举升机构部件，并进行维修； ④更换驾驶人侧电动车窗电动机 V147
00933 副驾驶侧电动车窗电动机 V148 信号错误	①导线或接头故障； ②前座乘客侧车窗没有电源； ③车窗举升机构工作部件阻塞（也可能是车窗在导轨中太紧）； ④副驾驶侧电动车窗电动机 V148 故障	①根据电路图检查导线和接头； ②检查到副驾驶侧门控单元或到车门主接头的电源； ③检查车窗举升机构部件，并进行维修； ④更换副驾驶侧电动车窗电动机 V148
00934 左后侧电动车窗电动机 V26	①导线或接头故障； ②左后侧车窗没有电源； ③车窗举升机构工作部件阻塞； ④左后侧电动车窗电动机 V26 故障	①根据电路图检查导线和接头； ②检查到左后侧门控单元或到车门主接头的蓄电池； ③检查车窗举升机构部件，并进行维修； ④更换左后侧电动车窗电动机 V26
00935 右后侧电动车窗电动机 V27	①导线或接头故障； ②右后侧车窗没有电源； ③车窗举升机构工作部件阻塞； ④右后侧电动车窗电动机 V27 故障	①根据电路图检查导线和接头； ②检查到右后侧门控单元或到车门主接头电源； ③检查车窗举升机构部件，并进行维修； ④更换右后侧电动车窗电动机 V27
00936 副驾驶侧电动车窗开关 E107［当按钮向一个方向按下超过 5s 或同时发出两个信号（开，关）时，作为错误识别］ 信号错误 对正极短路	①导线或接头故障； ②按钮安装不正确，操作时黏滞； ③副驾驶侧电动车窗开关 E107 故障	①读测量数据组：显示组编号 002 显示区 2； ②检查按钮； ③检查 E107
00937 左后电动车窗开关 E52［当按钮向一个方向按下超过 5s，或同时发出两个信号（开、关）时，作为错误识别］ 信号错误 对正极短路	①导线或接头故障； ②按钮安装不正确，操作时黏滞； ③左后电动车窗开关 E52 故障	①读测量数据组：显示组编号 008 显示区 1； ②检查按钮； ③检查 E52

续上表

V. A. G1551 打印输出	故障原因	故障排除
00938 右后电动车窗开关 E54 信号错误 对正极短路	①导线或接头故障; ②按钮安装不正确,操作时黏滞; ③右后电动车窗开关 E54 故障	①读测量数据组:显示组编号 007 显示区 1; ②检查按钮; ③检查 E54
00939 驾驶人后视镜调整电动机 V149	①导线或接头故障; ②驾驶人车门没有电源; ③驾驶人后视镜调整电动机 V149 故障	①根据电路图检查导线和接头; ②检查到驾驶人侧门控单元或到车门主接头的电源; ③更换驾驶人后视镜调整电动机 V149
00940 副驾驶侧后视镜调整电动机 V150	①导线或接头故障; ②副驾驶侧车门没有电源; ③副驾驶侧后视镜调整电动机 V150 故障	①根据电路图检查导线和接头; ②检查到副驾驶侧门控单元或到车门主接头的电源; ③更换副驾驶侧后视镜调整电动机 V150
00941 驾驶人外部后视镜调整电动机 V121	①导线或接头故障; ②驾驶人车门没有电源; ③驾驶人外部后视镜调整电动机 V121 故障	①根据电路图检查导线和接头; ②检查到驾驶人侧门控单元或到车门主接头的电源; ③更换驾驶人外部后视镜调整电动机 V121
00942 副驾驶侧外部后视镜调整电动机 V122	①导线或接头故障; ②副驾驶侧车门没有电源; ③副驾驶侧外部后视镜调整电动机	①根据电路图检查导线和接头; ②检查到副驾驶侧门控单元或到车门主接头的电源; ③更换副驾驶侧外部后视镜调整电动机 V122
00943 驾驶人侧外部后视镜加热器 Z4	①后视镜没有安装; ②导线或接头有故障; ③驾驶人及副驾驶侧车门没有电源供应	①读测量数据组:显示组 010 显示区 2; ②根据电路图检查导线和接头; ③检查门控单元或车门主接头的电源
00944 副驾驶侧外部后视镜加热器 Z5		
00945 撞击传感器 G190 对搭铁短路	导线或接头故障	根据电路图检查导线和接头,可以使用对安全气囊的执行元件诊断功能来检查输出
00946 内部灯 W 对搭铁短路	①导线或接头故障; ②内部灯或一个阅读灯故障	①根据电路图检查导线和接头; ②更换内部灯或损坏的阅读灯

续上表

V. A. G1551 打印输出	故障原因	故障排除
00947 尾门/行李舱盖遥控开关 E188 对搭铁短路	①导线或接头故障； ②尾门/行李舱盖遥控开关 E188	①根据电路图检查导线和接头； ②更换尾门/行李舱盖遥控开关 E188
00948 关闭滑动车顶信号 对正极短路	导线或接头故障	根据电路图检查导线和接头
00949 尾门/行李舱盖中央门锁锁止电动机 未定义的开关位置	①导线或接头故障； ②锁止机构部件阻塞； ③尾门/行李舱盖中央门锁电动机故障	①根据电路图检查导线和接头； ②检查锁止机构部件并进行维修； ③更换损坏的尾门/行李舱盖中央门锁电动机
00950 尾门/行李舱盖中央门锁开锁电动机 未定义的开关位置	①导线或接头故障； ②锁止机构部件阻塞； ③尾门/行李舱盖中央门锁电动机故障	①根据电路图检查导线和接头； ②检查锁止机构部件并进行维修； ③更换损坏的尾门/行李舱盖中央门锁电动机
00951 尾门/行李舱盖释放继电器 J398 对正极短路	导线或接头故障	根据电路图检查导线和接头
00952 驾驶人车门开启信号 对正极短路		
00953 内部灯 未定义的开关位置	①内部灯、阅读灯和行李舱等导线或接头故障； ②内部灯故障	①根据电路图检查导线和接头； ②更换内部灯
00955 钥匙 1 超过匹配限制	钥匙不匹配，钥匙操作超过 200 次的系统限制	读测量数据组：显示组 013 显示区 3
00956 钥匙 2 超过匹配限制	钥匙不匹配，钥匙操作超过 200 次的系统限制	读测量数据组：显示组 013，显示区 3
00957 钥匙 3 超过匹配限制		
00958 钥匙 4 超过匹配限制		

续上表

V. A. G1551 打印输出	故障原因	故障排除
00960 驾驶人侧中央门锁钥匙开关 信号错误 对搭铁短路 (如果操作超过5min,则记录为故障)	①导线或接头故障; ②锁芯阻塞	①读测量数据组:显示组003,显示区1; ②检查锁芯安装; ③按电路图检查导线和接头
00961 前座乘客中央门锁钥匙开关 信号错误 对搭铁短路		①读测量数据组:显示组006,显示区1; ②、③同上
01030 驾驶人侧中央门锁钥匙按钮(锁止) 信号错误 对搭铁短路		①读测量数据组:显示组编号003,显示区1; ②检查锁芯安装
01031 驾驶人侧中央门锁钥匙按钮(开锁) 信号错误 对搭铁短路	①导线或接头故障; ②锁芯阻塞	①读测量数据组:显示组编号003,显示区1; ②检查锁芯安装
01032 副驾驶侧中央门锁钥匙按钮(锁止) 信号错误 对搭铁短路		①读测量数据组:显示组编号006,显示区1; ②检查锁芯安装
01033 副驾驶侧中央门锁钥匙按钮(开锁) 信号错误 对搭铁短路	①导线或接头故障; ②锁芯阻塞	①读测量数据组:显示组编号006,显示区1; ②检查锁芯安装
01034 驾驶人侧电动车窗热保护激活	导线或接头故障,电动车窗黏滞或阻塞,电动车窗电动机黏滞	读测量数据组:显示组编号003M,显示区2
01035 副驾驶侧电动车窗热保护激活		

续上表

V. A. G1551 打印输出	故障原因	故障排除
01036 左后侧电动车窗热保护激活	导线或接头故障,电动车窗黏滞或阻塞,电动车窗电动机黏滞	读测量数据组:显示组编号 008,显示区 2
01037 右后侧电动车窗热保护激活		读测量数据组:显示组编号 007,显示区 2
01038 中央门锁热保护	导线或接头故障,门锁阻塞	读测量数据组:显示组编号 014 显示区 4
01044 控制单元 编码错误	①控制单元没有按照车辆系统正确地安装; ②所供应的控制单元没有经过编程或编程不完全	①更换控制单元; ②通知供应商所出现的问题
01131 转向信号激活 对搭铁短路 断路/对正极短路	①导线或接头故障; ②转向信号灯故障	①根据电路图检查导线和接头; ②更换转向信号灯
01134 报警喇叭 H12 未定义的开关位置	①导线或接头故障; ②熔断丝故障; ③报警喇叭 H12 故障	①根据电路图检查导线和接头,执行元件诊断; ②更换熔断丝; ③更换报警喇叭 H12
01135 内部监控传感器电路断路 传感器损坏	①导线或接头故障; ②内部监控传感器未安装; ③内部监控传感器故障	①根据电路图检查导线和接头,读测量数据组显示组编号 009 显示区 4; ②检查安装; ③更换内部监控传感器
01141 行李舱开锁开关 E165 信号错误	①导线或接头故障; ②行李舱开锁开关 E165	①根据电路图检查导线和接头; ②更换行李舱开锁开关 E165
01179 钥匙编码 编码错误	钥匙匹配(功能 10)没有正确执行	读测量数据组,显示组 013(匹配钥匙的数量将显示)
01328 舒适系统数据总线	①导线或接头故障; ②控制单元故障	①根据电路图检查导线和接头,导线正常,则断开所有的车门电源接头,然后连接,同时观察测量数据组; ②更换导致数据总线阻塞的控制单元,读测量数据组:显示组 012 显示区 1,更换相关的控制单元

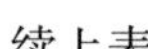

续上表

V. A. G1551 打印输出	故障原因	故障排除
01329 舒适系统数据总线处于紧急状态下	导线或接头故障	①根据电路图检查导线和接头,若导线正常,则断开所有的车门电源接头,然后连接,同时观察测量数据组; ②更换导致数据总线阻塞的控制单元,读测量数据组:显示组 012 显示区 1
01330 舒适系统的中央控制单元故障 没有通信	舒适系统的中央控制单元故障	更换舒适系统中央控制单元,清除故障码,执行功能检查
01331 驾驶人侧门控单元 J386 故障 没有通信	驾驶人侧门控单元 J386 故障	①更换驾驶人侧门控单元 J386,清除故障码,执行功能检查; ②读测量数据组:显示组 012 显示区 2,检查门控单元是否安装
01332 副驾驶侧门控单元 J387 故障 没有通信	副驾驶侧门控单元 J387 故障	①更换副驾驶侧门拉单元 J387,清除故障码,执行功能检查; ②读测量数据组:显示组 012 显示区 2,检查门控单元是否安装
01333 左后车门控单元 J388 故障 没有通信	左后车门控单元 J388 故障	①更换左后车门控单元 J388,清除故障码,执行功能检查; ②读测量数据组:显示组 012 显示区 3,检查门控单元是否安装
01334 右后车门控单元 J389 故障 没有通信	右后车门控单元 J389 故障	①更换右后车门控单元 J389,清除故障码,执行功能检查; ②读测量数据组:显示组 012 显示区 3,检查门控单元是否安装
01335 驾驶人座椅/后视镜控制单元(功能:控制单元存储座椅和后视镜的位置并能复位这些位置) 信号错误 无通信	①导线或接头故障; ②座椅记忆控制单元诊断(与车门控单元没有通信)	①根据电路图检查导线和接头,读测量数据组:显示组 012 显示区 4; ②座椅记忆装备了 K 线,可使用地址码 36 进行检查
01358 驾驶人侧内部锁止开关 E150 信号错误 对搭铁短路	导线或接头故障	①根据电路图检查导线和接头,读测量数据组; ②显示组 001 显示区 2

续上表

<table>
<tr><th>V. A. G1551 打印输出</th><th>故障原因</th><th>故障排除</th></tr>
<tr><td>01359
副驾驶侧内部锁止开关 E198
信号错误
对搭铁短路</td><td>导线或接头故障</td><td>①根据电路图检查导线和接头，读测量数据组；
②显示组 005 显示区 2</td></tr>
<tr><td>01362
尾门/行李舱盖开锁开关 F124
对搭铁短路</td><td rowspan="2">①导线或接头故障；
②锁工作或锁芯机构部件阻塞</td><td rowspan="2">①根据电路图检查导线和接头；
②检查锁的工作部件并进行必要的维修，更换锁芯，读测量数据组：显示组 010 显示区 3</td></tr>
<tr><td>01389
尾门/行李舱盖开锁开关 F124
信号错误
对搭铁短路</td></tr>
</table>

五　中央门锁和电动玻璃升降器不能正常工作原因与解决方法

下面以帕萨特 B51.8T 轿车为例做分析。

1）故障现象

帕萨特 B51.8T 轿车中控锁和电动玻璃升降器不能正常工作。点火开关无论开闭，都只有左前门的中控锁和电动玻璃升降器可以正常工作，其他车窗的电动玻璃升降器都不工作；但是如果按动其他门窗上控制该车窗的开关，各个门窗电动玻璃升降器均能正常工作。将车门关闭后，将车钥匙插入左前门的锁孔内，进行开锁和闭锁操作，也只有左前门的门锁能开闭；如果将钥匙在开锁或闭锁位置保持，也只有左前门的电动玻璃升降器可以上下工作。

2）故障分析

（1）该轿车的 4 个车门控制单元和中央舒适系统控制单元之间的信号是通过 CAN 总线传递的，舒适系统 CAN 总线通过 2 根相互绞合的信号线同时传递数据，一根为 CAN-H（橙/绿色），一根为 CAN-L（橙/棕色）。舒适系统所有的控制单元挂接在 2 根线路上进行数据交换和信号传递，如图 2-42 所示。

（2）位于组合仪表中的数据总线诊断接口也和数据总线随时保持通畅，检测总线的工作状态。为了使信号正确有效地传递，2 根线是绞在一起的，并且 2 根线路上所传递的脉冲信号相同，但是电位相反。

（3）如果各个车门控制单元与舒适系统中央控制单元之间 CAN 无法正常通信，就会导致左前车门控制单元至中控开关的信号无法正常传递到其他 3 个车门控制单元，并且所有的车门控制单元只能接收直接输入该控制单元的电动玻璃升降器开关信号。

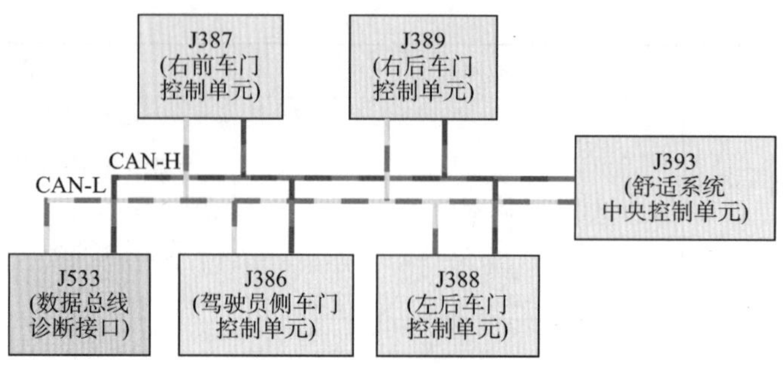

图2-42　舒适系统相关电路图

通过以上分析,初步认定该车的舒适系统有故障。

3)查找故障原因

(1)用V.A.S5052车辆诊断仪对舒适系统进行检查,连接好仪器并打开点火开关,进入舒适系统中央控制单元查询故障,仪器屏幕显示故障:与左前门窗控制单元J386没有通信;与右前门窗控制单元J387没有通信;与左后门窗控制单元388没有通信;与右后门窗控制单元J389没有通信;与CAN总线诊断接口J533没有通信;舒适系统数据总线单线运行模式;该控制单元不正确编码。

(2)为查看舒适系统编码值,重新进入舒适系统控制单元,查看该控制单元的版本信息,发现编码为00017,确实不正确。用V.A.S5052对舒适系统进行正确的00259编码,并清除所有故障记录,此时控制单元的不正确编码和CAN总线单线运行模式的故障记录已经清除,但是其他故障仍然无法清除。

(3)检查中央控制单元、各个车门控制单元与数据总线连接情况,通过V.A.S5052进入46-08-012,观察数据组测量值,4组数据用“1”或“0”数值分别代表驾驶人车门、右前车门、左后车门及右后车门控制单元与舒适系统中央控制单元CAN总线的连接状态,此时4组数据均为“0”,说明各个车门控制单元与总线通信有故障。

(4)对地板下舒适系统和有关舒适系统线束进行检查,重点对双绞的CAN总线进行整理。经过检查,没有发现故障点。估计是中央控制单元存在故障。

4)解决办法

拆下舒适系统中央控制单元(位于驾驶人侧座位地板下),更换一只新的控制单元。当连接好新的中央控制单元后,打开点火开关,操作中控锁开关和电动玻璃升降器开关,一切正常,故障排除。

思考与练习

1. 舒适CAN总线系统的通信速率一般是多少?它的信号电平是如何确定的?

2. 舒适CAN总线系统与动力CAN总线系统相比较有哪些区别?

3. 在帕萨特汽车上,舒适CAN总线系统连接了哪些控制单元?其优先权顺序是怎样的?

4. 如何检测舒适CAN总线系统的波形?其正常工作波形具有哪些特点?其故障波形有哪些?各具有什么特点?

5. 以一种常见车型为例,说明如何进行舒适CAN总线系统的故障自诊断。

学习任务 3

LIN 总线系统检测与修复

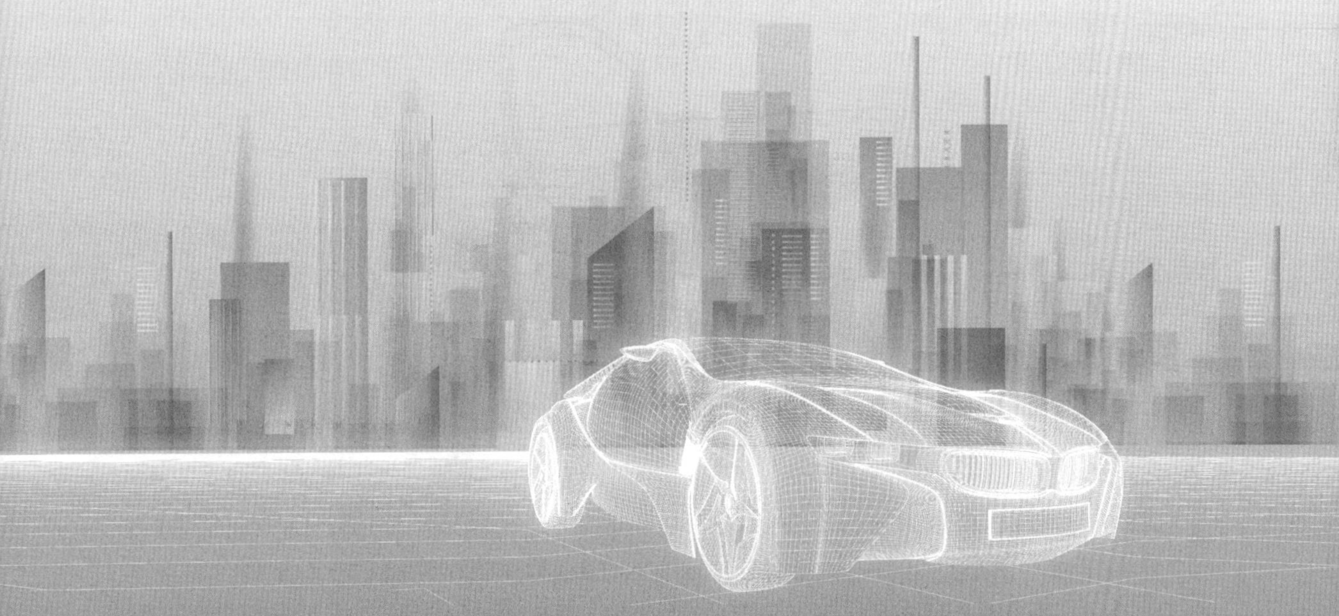

情境导入

一客户送来一辆 POLO 劲情 1.4L 轿车，汽车玻璃升降器不能正常工作，要求给予维修。

要完成这个工作任务，首先我们需要知道汽车 LIN 总线的结构与原理、LIN 总线的检修方法。下面就分步来完成本学习任务。

一 LIN 总线系统的结构与原理

1. LIN 的含义

局部连接网络(Local Interconnect Network,LIN)是一个汽车底层网络协议。LIN 的目标是为现有汽车网络(例如 CAN 总线)提供辅助功能,因此,LIN 总线是一种辅助的串行通信总线网络,多用于不需要 CAN 总线的带宽和多功能的场合。LIN 典型的应用是车上传感器和执行器的联网。按 SAE 的车上网络等级标准,LIN 属于汽车上的 A 级网络。

LIN 诞生的时间比较晚,在汽车上的应用还是刚刚起步。从某种意义上来讲,LIN 就是 CAN 的经济版通信网络,其可定位于低于 CAN 的通信层,示意图如图 3-1 所示。

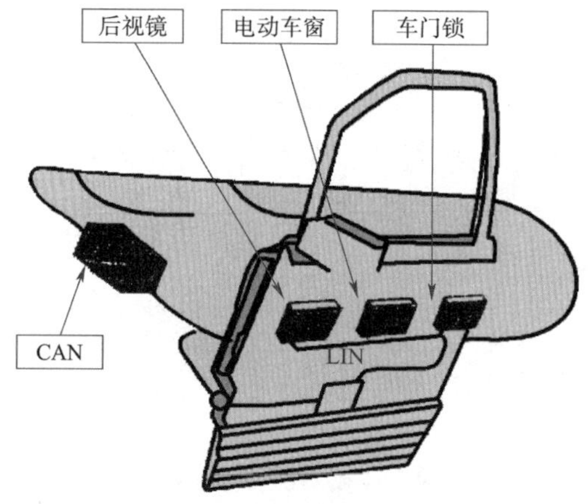

图 3-1　车门模块

2. LIN 的特点

LIN 协议是以广泛应用的 SCI(UART)为基础定义的。它支持与这类产品的连接。LIN 采用单主/多从带信息标识的广播式信息传输方式,网络节点根据在通信中的地位分为主节点和从节点。从节点的同步不需要固定的时间基准。LIN 物理层是根据汽车故障诊断系统标准 ISO 9141 拟定的 12V 单总线(Single-Wire 12VBus),满足汽车环境的 EMC、ESD 和抗噪声干扰要求。

LIN 总线的传输速率可达 20kb/s,通常一个 LIN 网络上节点数目小于 12 个,共有 64 个标识符。

LIN 系统的特点如下:

(1)单主/多从结构。

(2)基于 UART/SCI 接口的廉价硬件实现。

(3)从节点无振荡器的自同步功能。

(4)保证延时和信号传输的正确性。

(5)廉价的单总线结构。

(6)数据传输速度 20kb/s。

(7)一帧信息中数据长度为2、4或8B。

(8)系统配置灵活。

(9)带同步的广播式发送/接收方式。

(10)数据累加和校验(Data - Checksum)及错误检测功能。

(11)故障节点的检测功能。

(12)廉价的单片元器件。传送途径(按ISO 9141)为廉价的单线传送方式,最长可达40m。

3. LIN与CAN的比较

在车载网络中,LIN处于低端,与CAN以及其他B级或C级网络比较,它的传输速度低、结构简单、价格低廉;在汽车上,LIN与其他网络是互补的关系。由于汽车产品包括部件和整机,对价格和复杂性非常敏感,汽车网络低端系统使用LIN会显现出明显的必要性和优越性。

4. LIN的结构

LIN的网络结构如图3-2所示,网络由一个主节点和多个从节点构成,主节点可以执行主任务也可以执行从任务,从节点只能执行从任务。总线上的信息传送由主节点控制。

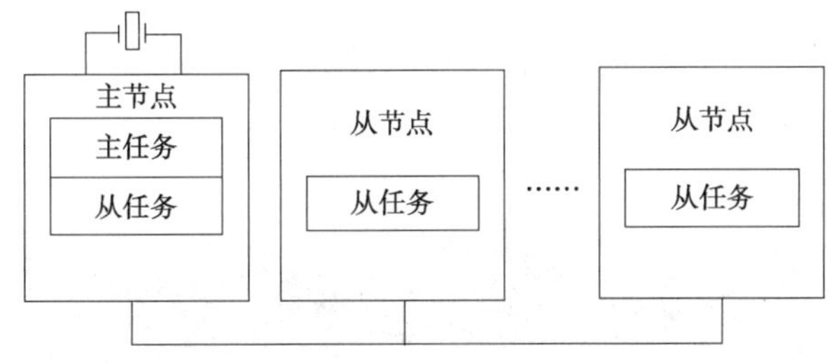

图3-2　LIN网络结构

5. LIN的协议

一个LIN网络由一个主节点、一个或多个从节点组成。该通信任务分为发送任务和接收任务,主节点则有一个主发送任务。一个LIN网络上的通信总是由主节点的主发送任务所发起的,主控制单元发送一个起始报文,该起始报文由同步断点、同步字节、消息标识符所组成。相应地,接受并且滤除消息标识符后,一个从任务被激活并且开始本消息的应答传输。该应答由2(或4和8)个字节数据和一个校验码所组成,起始报文和应答部分构成一个完整的报文帧。

LIN系统中可以采用多种方式进行数据交换,主要有以下三种:

(1)由主节点到一个或多个从节点;

(2)由一个从节点到主节点或其他的从节点;

(3)通信信号可以在从节点之间传播,而不经过主节点或者通过主节点广播消息到网络中的所有的从节点。

在LIN系统中,加入新节点时,不需要其他从节点作任何软件或硬件的改动。LIN和CAN一样,传送的信息带有一个标识符,它给出的是这个信息的意义或特征,而不是这个信息传送的地址。LIN系统总线的电气性能对网络结构有很大的影响。网络节点数不仅受标识符长度的限制,而且受总线物理特性的限制。在 LIN 系统中,建议节点数不要超过 16 个,否则网络阻抗降低,在最坏工作情况下会发生通信故障。LIN 系统每增加一个节点大约使网络阻抗降低 3%。

每个节点与总线的接口如图 3-3 所示。电源与 LIN 总线间二极管的作用是:当 U_{BAT} 为低时(本地节点断电或断路等)防止 LIN 总线驱动节点的电源线(这将大大增加总线负载)。

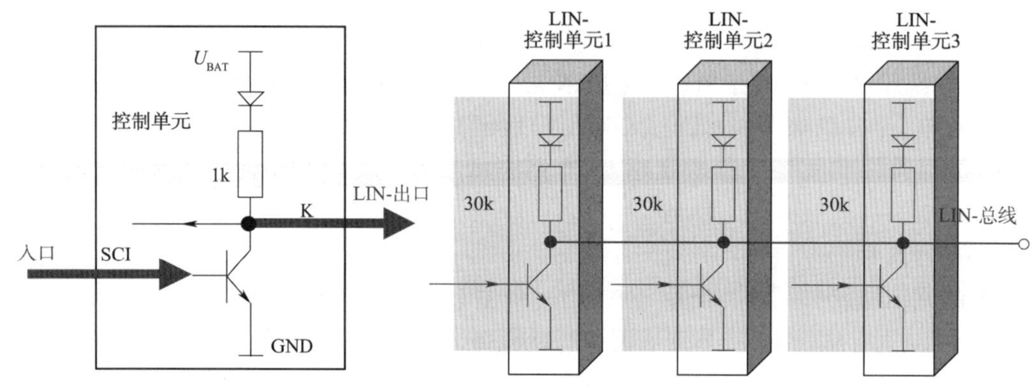

图 3-3　LIN 总线的接口

在示波器上看到的 LIN 网络线路电压记录如图 3-4 所示。

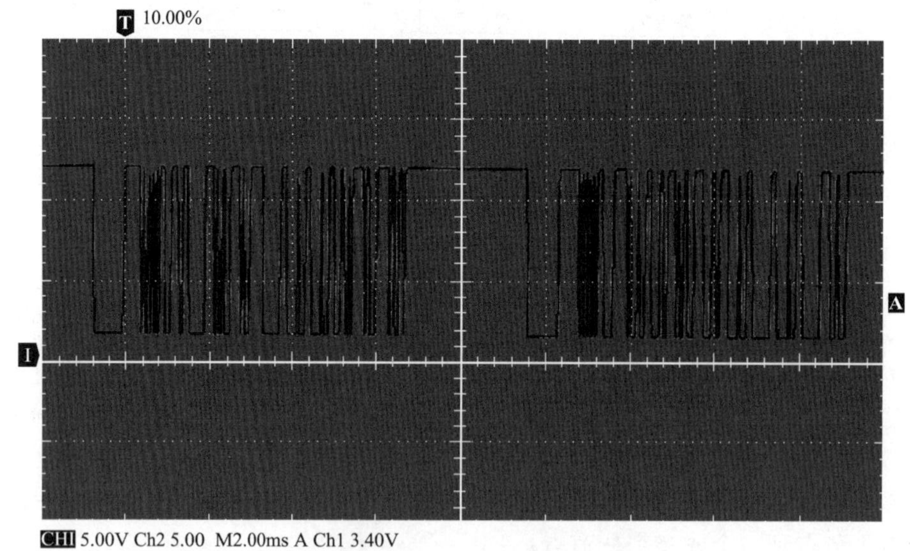

图 3-4　示波器上的 LIN 网络线路电压记录

LIN 系统支持休眠工作模式。当主节点向网络上发送一个休眠命令时,所有节点进入休眠状态,直到被唤醒之前总线上不会有任何活动。这时总线处于隐性状态,节点没有内部活动,驱动器处于接收状态。

二 LIN 总线在汽车上的运用

(一) LIN 总线在奥迪 A6L 轿车上的运用

1. 奥迪 A6L 轿车 LIN 线

在奥迪 A6L 轿车上,各个 LIN 总线系统之间的数据交换是由控制单元通过 CAN 数据总线实现的。

LIN 总线系统是单线式总线,底色是紫色,有标志色,该线的横截面面积为 $0.35mm^2$,无须屏蔽。该系统可让一个 LIN 主控制单元与最多 16 个 LIN 从控制单元进行数据交换。A6L 轿车 LIN 总线组成示意图如图 3-5 所示。

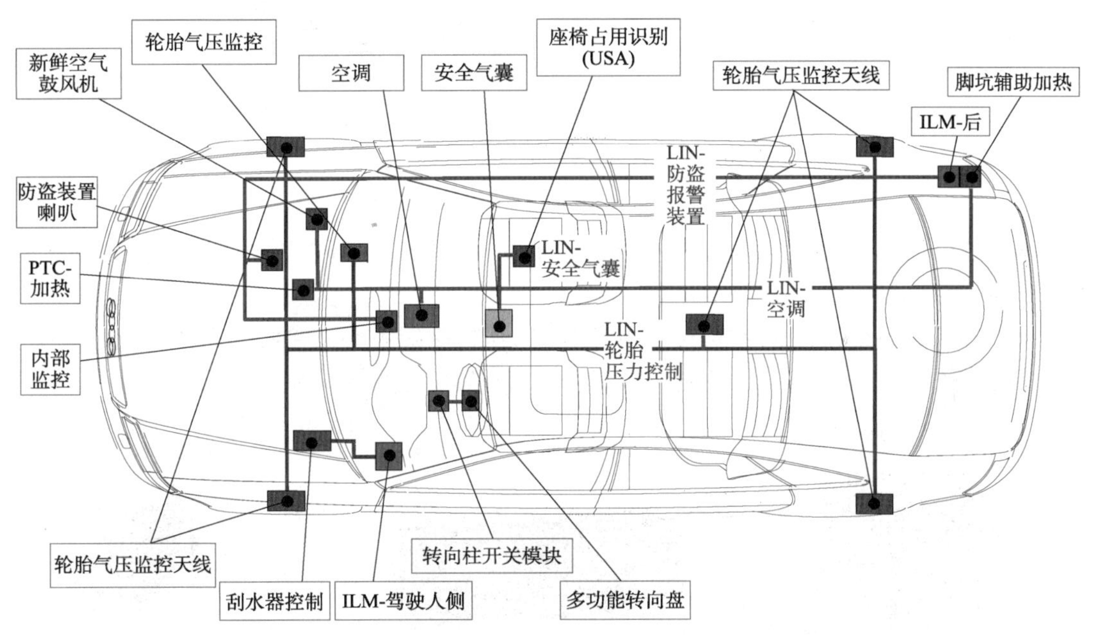

图 3-5 奥迪 A6L 轿车 LIN 总线组成示意图

2. LIN 总线主控制单元

LIN 总线主控制单元连接在 CAN 数据总线上,它执行 LIN 的主功能。其作用有:

(1) LIN 总线主控单元监控数据传递及其速率,发送信息标题;

(2) 主控制单元的软件内已设定了一个周期,这个周期用于决定何时将哪些信息发送到 LIN 数据总线上多少次;

(3) 该控制单元在 LIN 数据总线与 CAN 总线之间起沟通作用,它是 LIN 总线系统中唯一与 CAN 数据总线相连的控制单元;

(4) 通过 LIN 主控制单元进行与之相连的 LIN 从控制单元的自诊断。

奥迪 A6L 轿车 LIN 总线内部组成示意图如图 3-6 所示。其中有两个主控制单元,一个用于空调控制,另一个用于前部车顶模块。

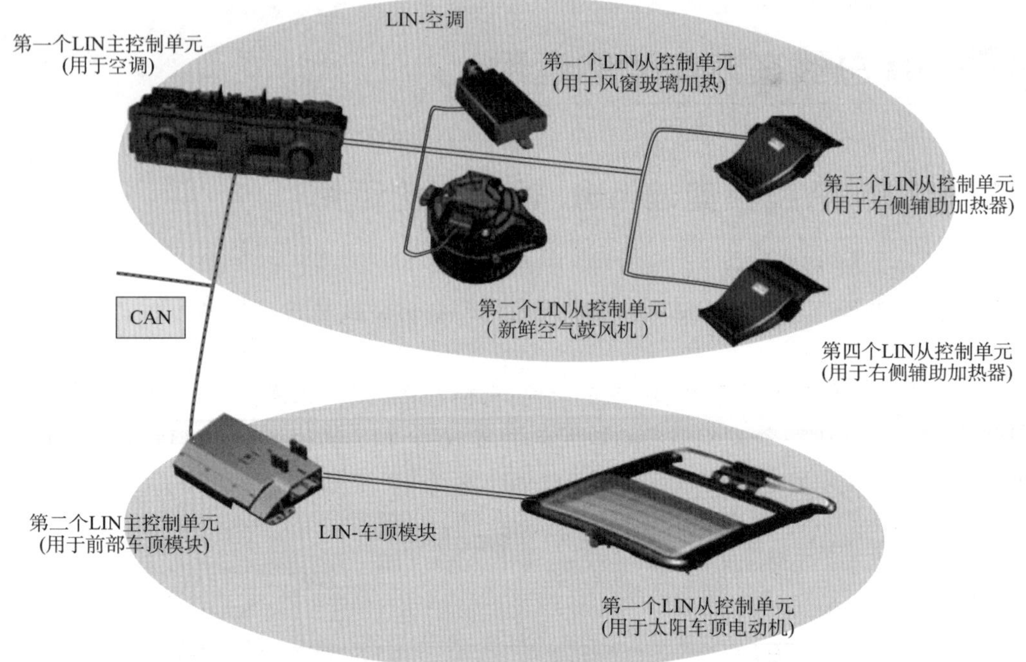

图 3-6 A6L 轿车 LIN 总线内部组成示意图

风窗玻璃加热器、新鲜空气鼓风机和两个辅助加热器是空调控制单元中的从控制单元;太阳车顶电动机是车顶模块中的从控制单元。

每个 LIN 总线最多可以连接 16 个从控制器,从控制器主要是接收或传送与主控制器查询或指定有关的数据,图 3-7 为奥迪 A6L 轿车 CAN、LIN 总线与从控制器示意图。

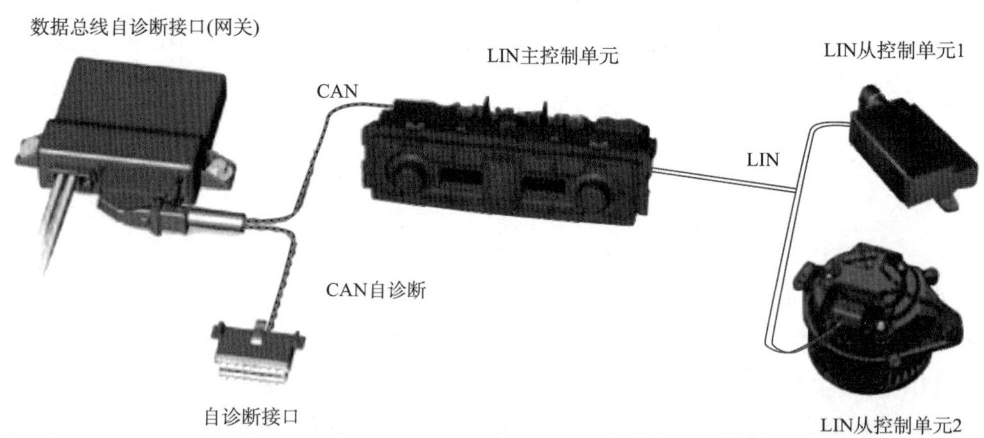

图 3-7 奥迪 A6L 轿车 CAN、LIN 总线与从控制器示意图

3. LIN 总线从控制单元

在 LIN 数据总线系统内,单个的控制单元(如新鲜空气鼓风机的)或传感器及执行元件(如水平传感器及防盗警报蜂鸣器)都可看作 LIN 从控制单元,如图 3-8 所示。

传感器内集成有一个电子装置,该装置对测量值进行分析。数值是作为数字信号通过 LIN 总线传递的。有些传感器和执行元件只使用 LIN 主控制单元插口上的一个针脚。

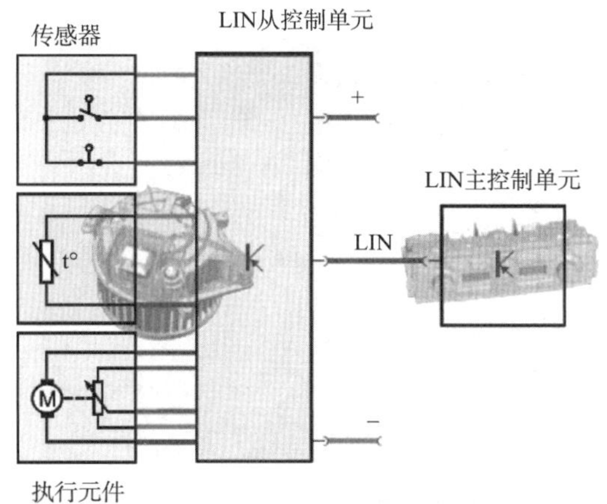

图 3-8　LIN 总线从控制器

LIN 执行元件都是智能型的电子或机电部件，这些部件通过 LIN 主控制单元的 LIN 数字信号接受任务。LIN 主控制单元通过集成的传感器来获知执行元件的实际状态，然后就可以进行规定状态和实际状态的对比了。

注意：只有当 LIN 主控单元发送出标题后，传感器和执行元件才会反应。

4. LIN 总线系统的数据传递与波形分析

数据传递速率为 1 ~ 20kb/s，在 LIN 控制单元的软件内已设定完毕，该速率最大能达到舒适 CAN 数据传递速率的 1/5，如图 3-9 所示。

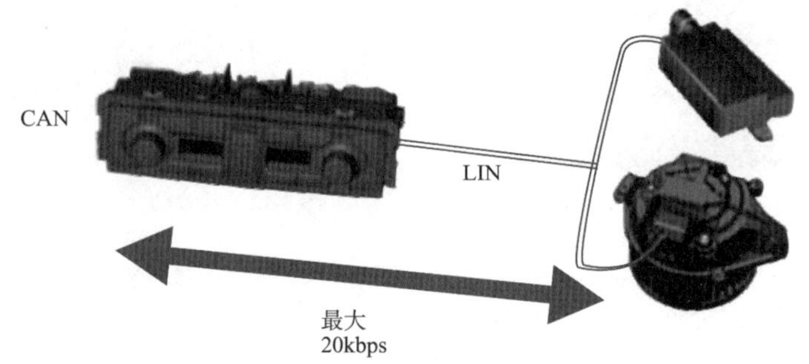

图 3-9　LIN 总线系统的数据传递

1）信号

信号波形如图 3-10 所示。

（1）隐性电平：如果无信息发送到 LIN 数据总线上或者发送到 LIN 数据总线上的是一个隐性位，那么数据总线导线上的电压就是蓄电池电压。

（2）显性电平：为了将显性位传到 LIN 数据总线上，发送控制单元内的收发报机数据总线导线搭铁。

注意：由于控制单元内的收发报机有不同的型号，所以表现出的显性电平是不一样的。

2）传递安全性

在隐性电平和显性电平的收发时，通过预先设定公差来保证数据传输的稳定性，如图 3-11 所示。为了能在有干扰辐射的情况下仍能收到有效的信号，接收的允许电压范围要宽一些，如图 3-12 所示。

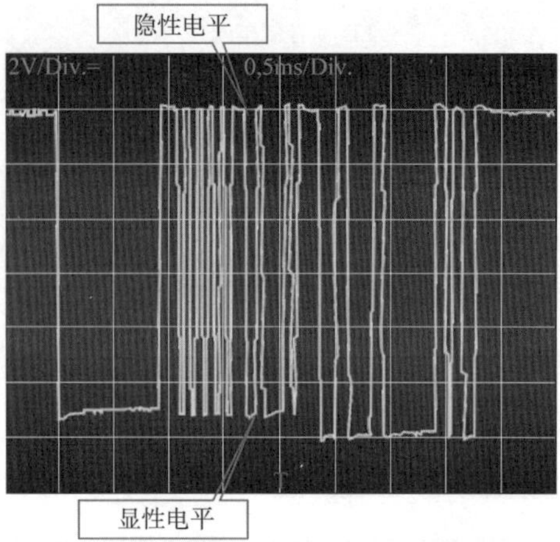

图 3-10　信号波形

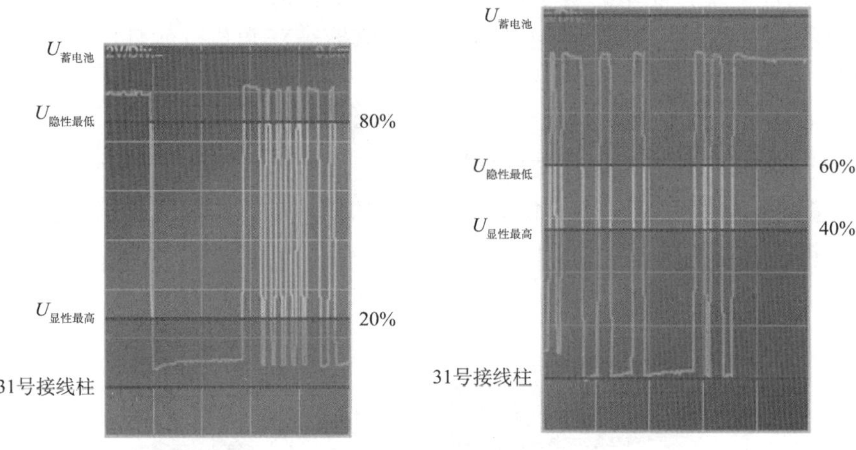

图 3-11　发送的允许电压范围　　图 3-12　接收的允许电压范围

3) 信息

信息波形如图 3-13 所示。

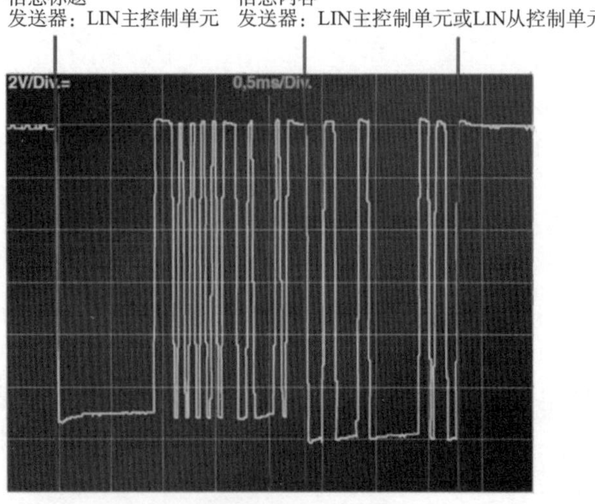

图 3-13　信息波形

(1)带有从控制单元回应的信息:LIN 主控制单元要求 LIN 从控制单元发送的信息内容内包含这样一些信息,如开关状态或测量值。该回应由 LIN 从控制单元来发送。

(2)带有主控制单元命令的信息:LIN 主控制单元通过标题内的标志符要求 LIN 从控制单元使用包含在回应内的数据。该回应由 LIN 主控制单元来发送。

4)信息标题

信息标题由 LIN 主控制单元按周期发送,信息标题分为四部分:同步暂停区、同步分界区、同步区、识别区,如图 3-14 所示。

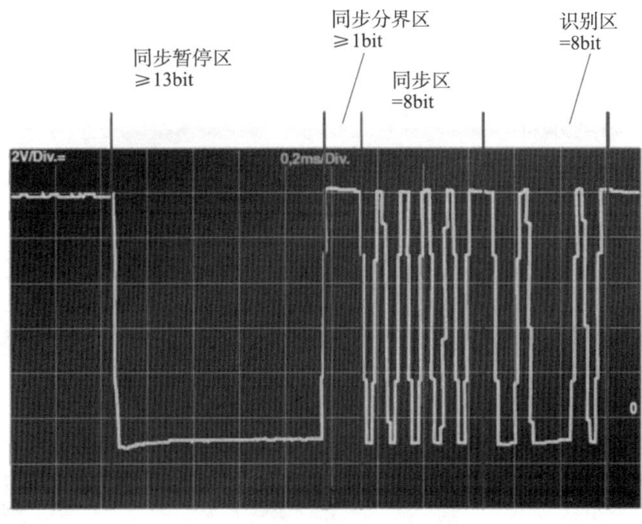

图 3-14　信息标题波形

(1)同步暂停区:同步暂停区的长度至少为 13 位(二进制的),它以显性电平发送。这样才能准确地通知所有的 LIN 从控制单元有关信息的起始点的情况。其他的信息是以最长为 9 位(二进制的)显性电平来一个接一个传递的。

(2)同步分界区:至少为一位(二进制的)长,且为隐性。

(3)同步区:由 0101010101 这个二进制位序构成,所有的 LIN 从控制单元通过这个二进制位序来与 LIN 主控制单元进行匹配(同步)。所有控制单元同步对于保证正确的数据交换是非常必要的。如果失去了同步性,那么按收到的信息中的某一数位值就会发生错误,该错误会导致数据传递错误。

(4)识别区:识别区的长度为 8 位(二进制的),头 6 位是回应信息识别码和数据区的个数。回应数据区的个数在 0 ~ 8 之间。后两位是校验位,用于检查数据传递是否有错误。当出现识别码传递错误时,校验可防止与错误的信息适配。

5)信息内容(回应)

对于带有从控制单元回应的信息,LIN 从控制单元会根据识别码给这个回应提供信息,如图 3-15 所示。

对于主控制单元带有数据请求的信息,LIN 主控制单元会提供回应。根据识别码的情况,相应的 LIN 从控制单元会使用这些数据去执行各种功能,如图 3-16 所示。

这个回应由 1 ~ 8 个数据区构成,每个数据区是 10 个二进制位,其中一位是显性起始位,一个是包含信息的字节和一个隐性停止位。起始位和停止位是用于再同步的,从而避免传递错误。波形如图3-17所示。

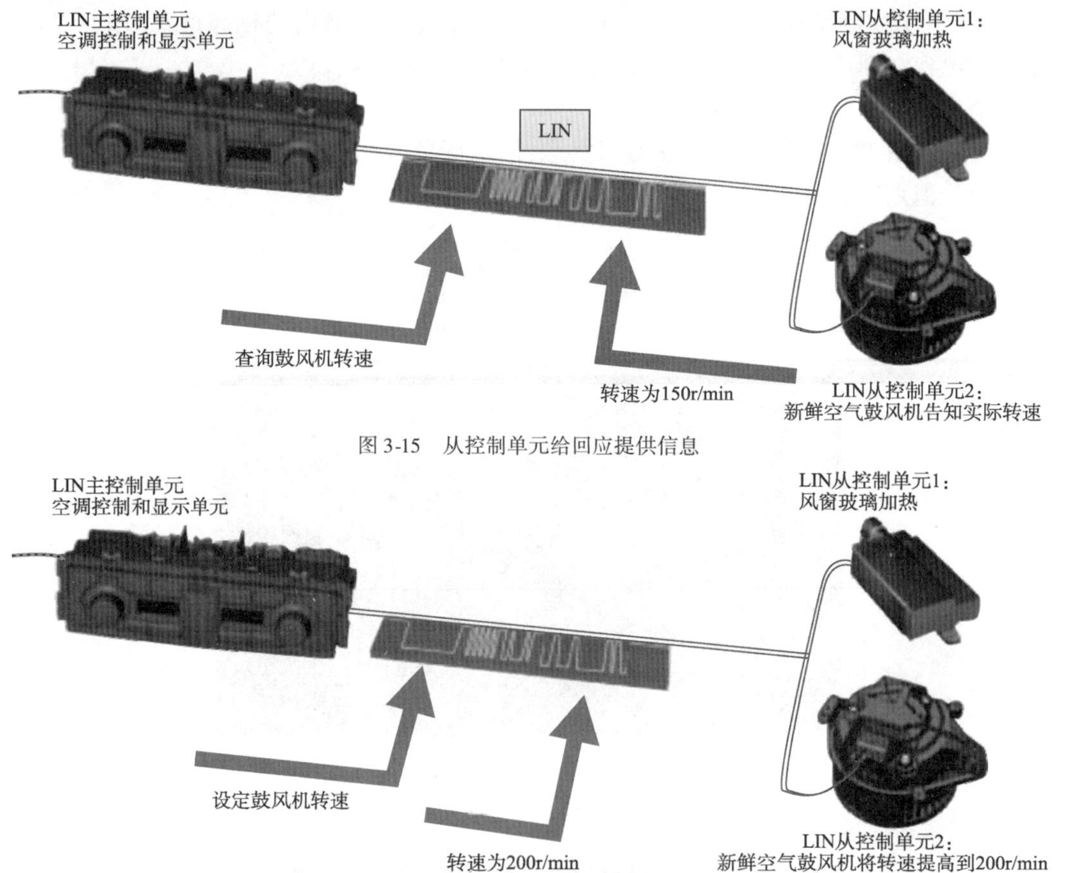

图3-15　从控制单元给回应提供信息

图3-16　从控制单元使用数据执行各种功能

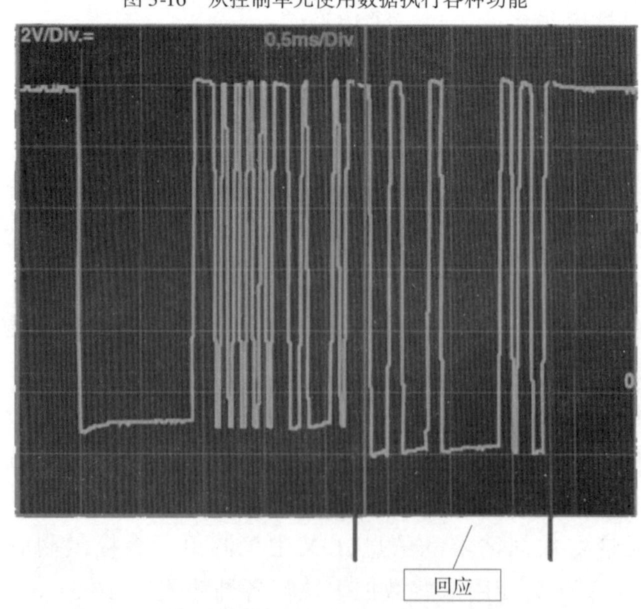

图3-17　有回应的信息波形

6)信息的顺序

LIN 主控制单元的软件内已设定了一个顺序,LIN 主控制单元就按这个顺序将信息标题发送至 LIN 总线上(如是主信息,发送的是回应)。常用的信息会多次传递。

LIN 主控制单元的环境条件可能会改变信息的顺序。如点火开关接通/关闭、自诊断已激活/未激活、停车灯接通/关闭。

为了减少 LIN 主控制单元部件的种类,主控制单元将装备车控制单元的信息标题发送到 LIN 总线上。如果没有安装专用设备控制单元,那么在示波器屏幕会出现没有回应的信息标题。但这并不影响系统的功能,如图 3-18 所示。

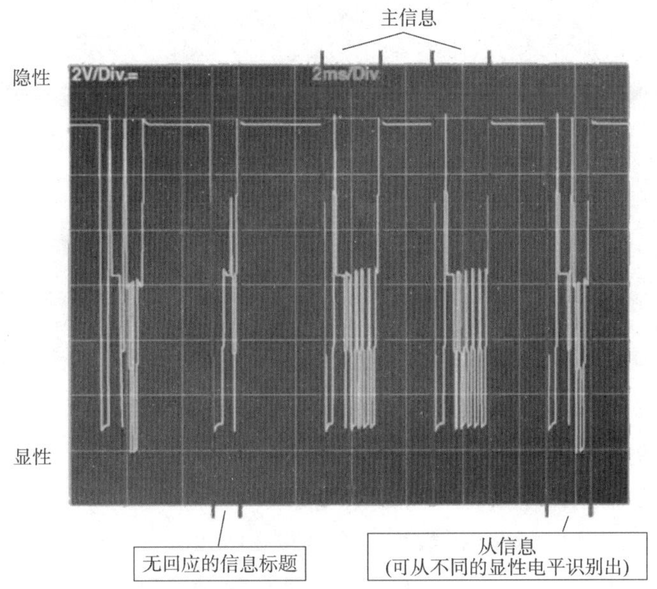

图 3-18 没有回应的信息波形

7)LIN 总线通过 200Ω 接触电阻对正极短路

LIN 总线通过 200Ω 接触电阻对正极短路的故障波形如图 3-19 所示。由图 3-19 所示的故障波形可以看出,当 LIN 总线通过 200Ω 的接触电阻对电源正极短路时,显性电压的最低值已经达到 5V 左右,超过了极限值。此时,LIN 总线已经无法正常工作。

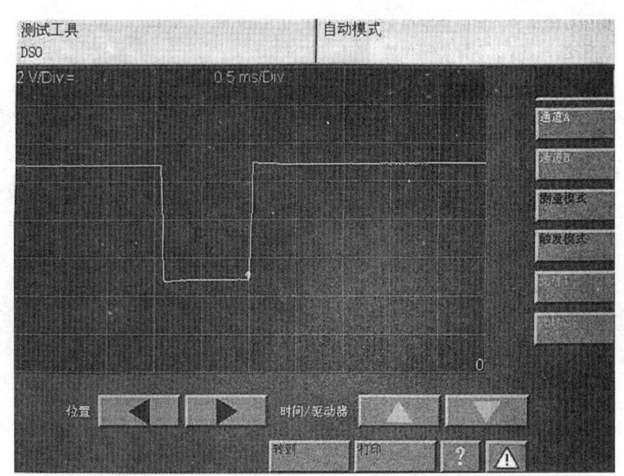

图 3-19 LIN 总线通过 200Ω 接触电阻对正极短路的故障波形(不可工作)

8)LIN 总线通过 300Ω 接触电阻对正极短路

LIN 总线通过 300Ω 接触电阻对电源正极短路的故障波形如图 3-20 所示。由图 3-20 的故障波形可以看出,当 LIN 总线通过 300Ω 的接触电阻对电源正极短路时,其显性电压的最低值为 1.75V 左右,最高值为 3.75V 左右,在允许范围内。此时,LIN 总线可以正常工作。

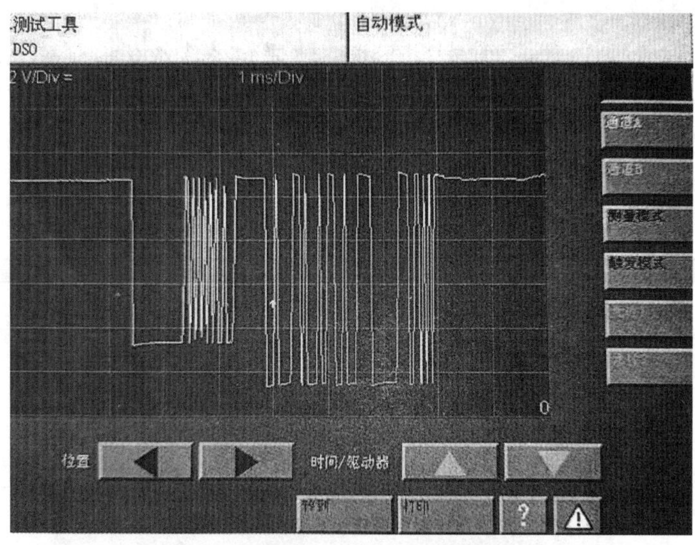

图 3-20 LIN 总线通过 300Ω 接触电阻对正极短路的故障波形(可以工作)

5. A6L 汽车防盗系统中的 LIN 总线系统

奥迪 A6L 汽车防盗系统中的 LIN 总线系统如图 3-21 所示。只有当 LIN 主控制单元发送出带有相应识别码的信息标题后,数据才会传到 LIN 总线。由于 LIN 主控制单元对所有信息进行全面监控,所以能够对车外的 LIN 导线进行控制。LIN 从控制单元只能回应,这样就不会通过 LIN 总线而打开车门了。这种布置就使得在车外安装 LIN 从控制单元(如在前保险杠内的车库门开启控制单元)成为可能。

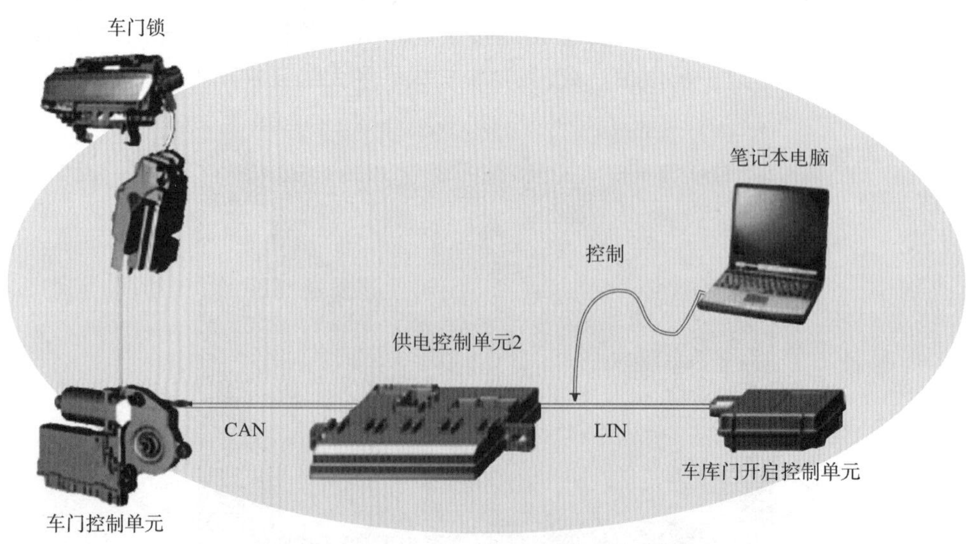

图 3-21 奥迪 A6L 防盗系统中的 LIN 总线系统

(二)LIN 总线在丰田卡罗拉轿车上的运用

在卡罗拉轿车上,多路通信系统(LIN)用来控制车身系统 ECU 之间的通信,主要包括车门系统 LIN 通信系统、认证系统 LIN 通信系统、空调 LIN 通信系统。各系统图如图 3-22 ~ 图 3-24 所示。

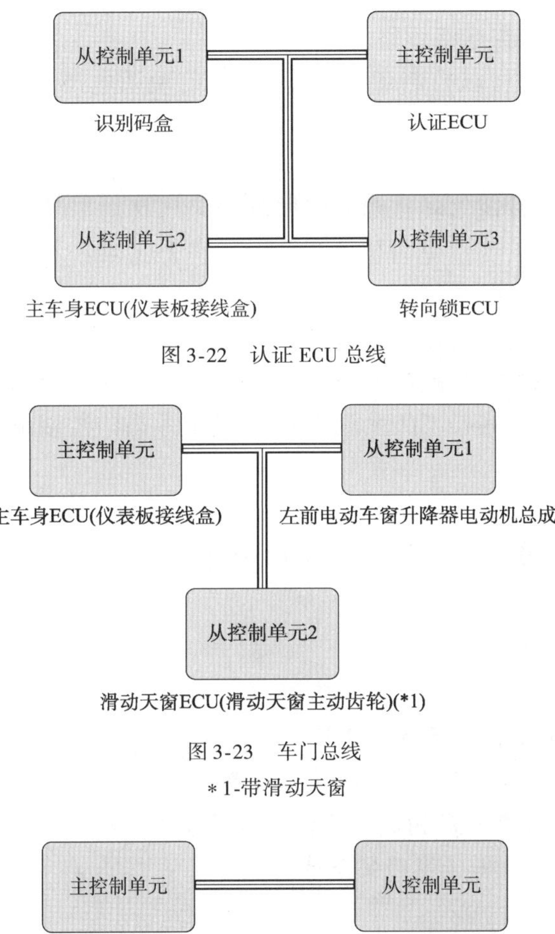

图 3-22 认证 ECU 总线

图 3-23 车门总线

＊1-带滑动天窗

图 3-24 空调总线

三 玻璃升降器不能正常工作维修案例

下面以 POLO 劲情 1.4L 手动挡轿车为例来做分析。

1)故障现象

一辆 POLO 劲情 1.4L 手动挡轿车,玻璃升降器不能正常工作。用左前门上的玻璃升降器组合开关不能控制其他 3 个车门玻璃,但是各个车门上的玻璃升降器开关却可以控制玻璃的升降。客户反映,此故障曾在几家修理厂检修过,都没能解决问题。

2)故障分析

该车型舒适系统与老款POLO有所不同。老款POLO的舒适系统采用CAN总线双线连接,如果有一根高位线或低位线断路,不会影响整个舒适系统的工作。而新款POLO舒适系统内部通信用的是LIN总线单线连接,如果LIN总线断路,舒适系统的控制信号将会受到影响。除此之外,新老款POLO各个车门的控制单元都是共用一个熔断丝提供正极电源。新款POLO各个车门相互之间及与舒适系统控制单元之间的信息交换,就是靠LIN-BUS总线,所以该车故障可能就出现在这条线路上面。

由于其他车门的开关可以控制各自玻璃的升降,说明电源没问题,故障应该出在总开关、线路或舒适系统控制单元上。

3)查找故障原因

用万用表测量线路,发现驾驶员侧车门控制单元与其他车门控制单元和舒适系统控制单元之间的LIN总线不通,测量电阻值为无穷大。而舒适系统及其他3个车门之间的LIN总线正常,判断故障就在这条通信线路上面。

顺着线路的布置方向检查,在左前车门与A柱连接插头处发现插头已经严重锈蚀。原来该车曾经安装过防盗报警器,破坏了插头上的防尘罩,造成密封不良。由于雨水或洗车等原因导致此处插头进水,时间长了产生氧化现象,造成左前门控制单元与舒适系统其他控制单元之间的通信中断。

4)解决办法

更换线束或者用专用的线束修理工具把损坏的接头修复。

思考与练习

1. LIN总线具有哪些特点?
2. 试将LIN总线与CAN总线进行比较。
3. LIN总线的主控制单元和从控制单元各有何功能?
4. 说明LIN总线的信息帧的构成。其信息传送方式有哪几种?
5. LIN总线如何保证数据传输的安全性?

学习任务 4

MOST 总线系统检测与修复

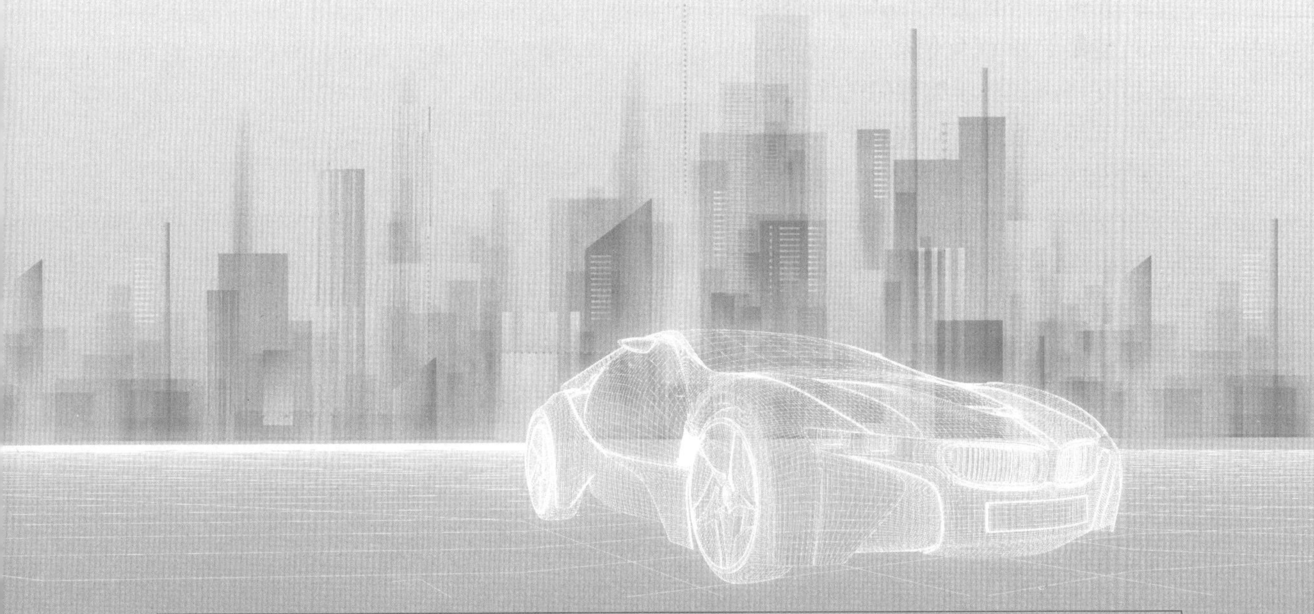

情境导入

一客户送来一辆奥迪 A6L 轿车，该汽车多媒体交互系统无法工作，要求给予维修。

要完成这个工作任务，我们首先需要知道汽车 MOST 总线的结构与原理、检修 MOST 总线的各种方法、MOST 导线的维修方法。下面就分步来完成本学习任务。

一 MOST 总线系统的结构与原理

MOST(Media Oriented Systems Transport)总线,是一种基于多媒体数据传输的网络系统。MOST 采用塑料光缆(POF)作为传输介质,可将音响设备、电视、全球定位系统及电话等设备相互连接起来,给用户带来了极大的便利。

MOST 网络可以不需要额外的主控计算机系统,结构灵活、性能可靠且易于扩展。MOST 网络光纤作为物理层的传输介质,可以连接视听设备、通信设备以及信息服务设备。MOST 网络支持"即插即用"方式,在网络上可以随时添加和去除设备。

MOST 具有以下基本特征:

(1)在保证低成本的条件下,可达到24.8Mb/s 的数据传输速度;

(2)无论是否有主控计算机都可以工作;

(3)使用 POF 优化信息传送质量;

(4)支持声音和压缩图像的实时处理;

(5)支持数据的同步和异步传输;

(6)发送/接收器嵌有虚拟网络管理系统;

(7)支持多种网络连接方式;

(8)提供 MOST 设备标准;

(9)具有方便简洁的应用系统界面。

通过采用 MOST,不仅可以减少连接各部件的线束的数量、降低噪声,而且可以减轻系统开发技术人员的负担,最终在用户处实现各种设备的集中控制。

(一)MOST 的数据类型

MOST 利用一个低价的光纤网络传输以下 3 种数据,如图 4-1 所示。

(1)同步数据:实时传送音频信号、视频信号等流动型数据。

(2)异步数据:传送访问网络及访问数据库等的数据包。

(3)控制数据:传送控制报文及控制整个网络的数据。

MOST 基于数字电话交换机等使用的"帧同步传送"技术,因此,通过简单的硬件就可以实现流动型数据的同步传送,只会产生完全可以预测到的最小限度的滞后。而与此相比,其他的网络协议对流动型数据的处理较为烦琐,在数据的滞后方面还存在问题。

从拓扑方式来看,MOST 基本上为一个环状拓扑。这种拓扑的优点是:在增加节点时,不需要手柄及开关,而且媒体(光纤)没有集中在某特定装置的附近,可以节省光纤。此外,MOST 一个优点是:光纤网络不会受到电磁辐射干扰与搭铁环的影响。

MOST 利用一根光纤,最多可以同时传送 15 个频道 CD 质量的非压缩音频数据。在一个局域网上,最多可以连接 64 个节点(装置)。

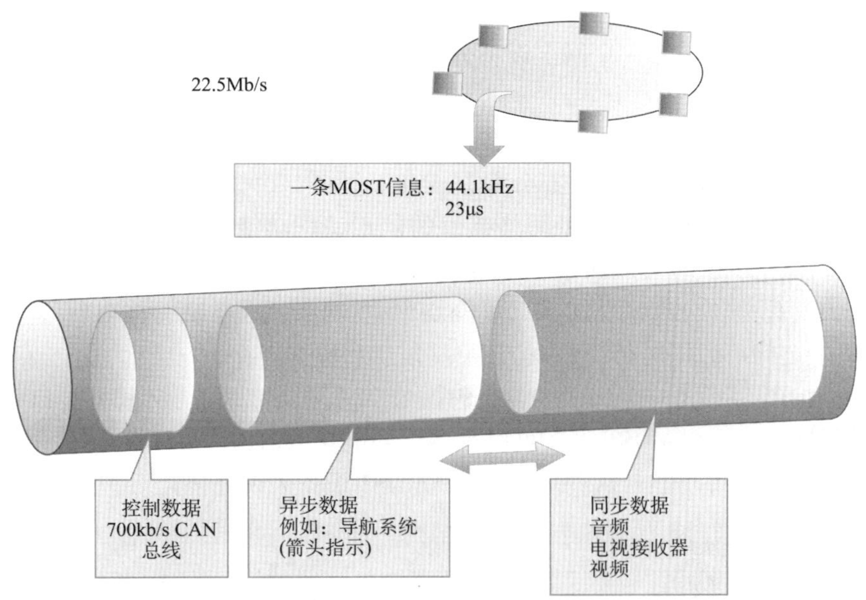

图 4-1　MOST 的数据(信息)组成

(二)MOST 基本结构

1. MOST 节点结构

MOST 标准的节点结构模型如图 4-2 所示。MOST 网络可以连接基于不同内部结构和内部实现技术的节点。它的拓扑结构可以是环行网也可以是星形网。MOST 网络上的设备分享不同的同步和异步数据传输通道,不同类型的数据具有不同的访问机制。

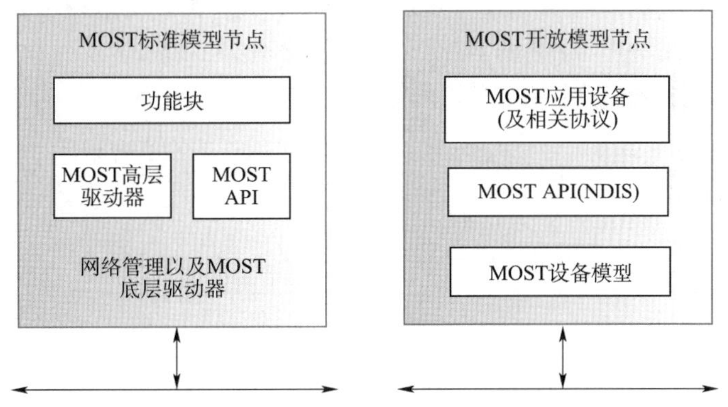

图 4-2　MOST 节点结构模型

MOST 网络有集中管理和非集中管理两种管理模式。集中管理模式中,管理功能由网络上的一个节点实施;当其他节点需要这些服务时,必须向这个节点申请。非集中管理模式中,网络管理分布在网络上的节点中,不需要这种中心管理。

一个 MOST 网络系统由以下三个方面决定:

(1)MOST 连接机制;

(2)MOST 系统服务;

(3)MOST 设备。

MOST 网络启动时,为每一个网上设备分配一个地址;数据传输时,通过同步位流实现各节点的同步。

2. MOST 设备

连接到 MOST 上的任何应用层部分都是 MOST 设备。由于 MOST 设备是建立在 MOST 系统服务层上的,它可以应用 MOST 网络提供的信息访问功能以及位流传送的同步频道和数据报文异步传送功能,也可以向系统申请用于实时数据传送的带宽,同时还可以以报文形式访问网络和发送/接收控制数据。MOST 网络中,在网络管理系统的控制下,这些设备可以协同工作,它们之间可以同时传送数据流、控制信息和数据报文。

如图 4-3 所示,逻辑上一个 MOST 设备包括节点应用功能块、网络服务接口、发送/接收器以及物理层接口。一个 MOST 设备可以有多个功能块,如使用 CD,需要有“播放”“停止”以及“设置播放时间”等功能。这些功能,对于 MOST 设备来说外部是可访问的。

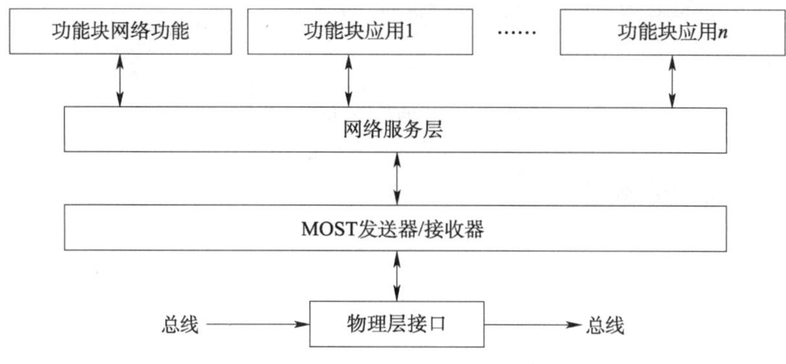

图 4-3　MOST 设备的逻辑结构

典型 MOST 设备的硬件结构如图 4-4 所示。其中 RX 表示输入信号,TX 表示发送信号,Ctrl 表示控制信号。在一些简单的设备中,可以没有微控制器部分,由 MOST 功能模块 MOST 发送/接收器直接把应用系统连到网络上。

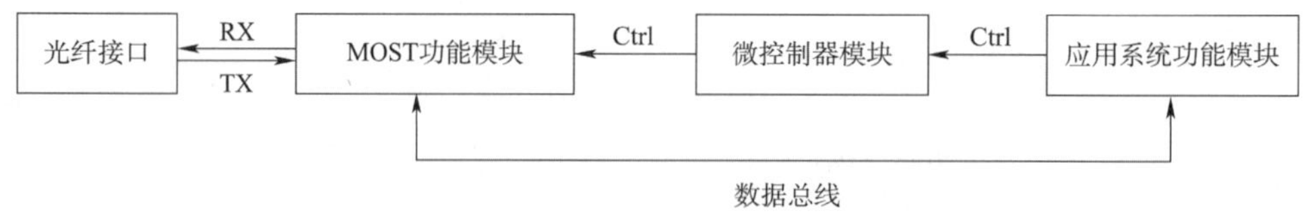

图 4-4　MOST 设备的硬件结构

 二 MOST 在奥迪 A6L 汽车上的应用

在奥迪 A6L 汽车上,MOST 用于很多信息及娱乐多媒体服务,如图 4-5 所示。图 4-6 为奥迪 A6L 汽车 MOST 组成示意图。

MOST 总线允许的数据传送率可达 22.5Mb/s,比 CAN 总线系统的传送率高(CAN 的最高数据传送率为 1Mb/s),而立体声的数字式电视信号需要约 6Mb/s 的传送率。因此,只能用

CAN 总线系统来传送控制信号,如图 4-7 所示。光学 MOST 总线可以在相关的部件之间以数字的形式交换数据。MOST 总线除了使用较少导线和质量较轻之外,光波传送具有极高的数据传送率和高级别的抗干扰性能。

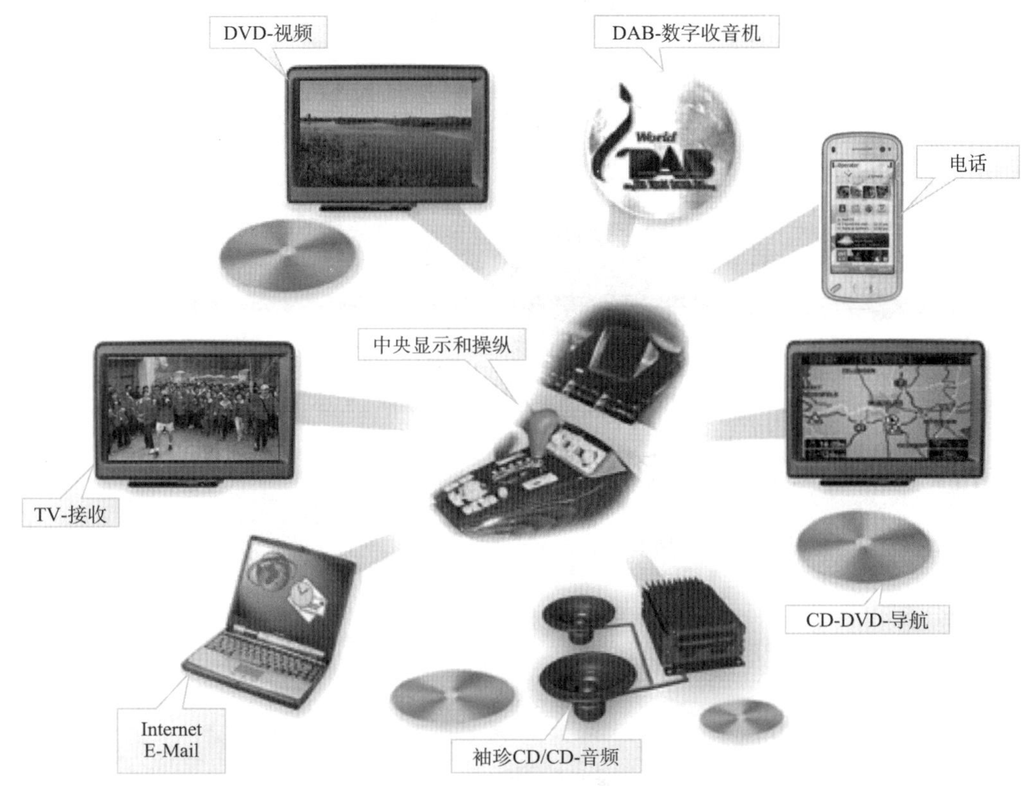

图 4-5　奥迪 A6L 汽车信息及娱乐多媒体服务系统

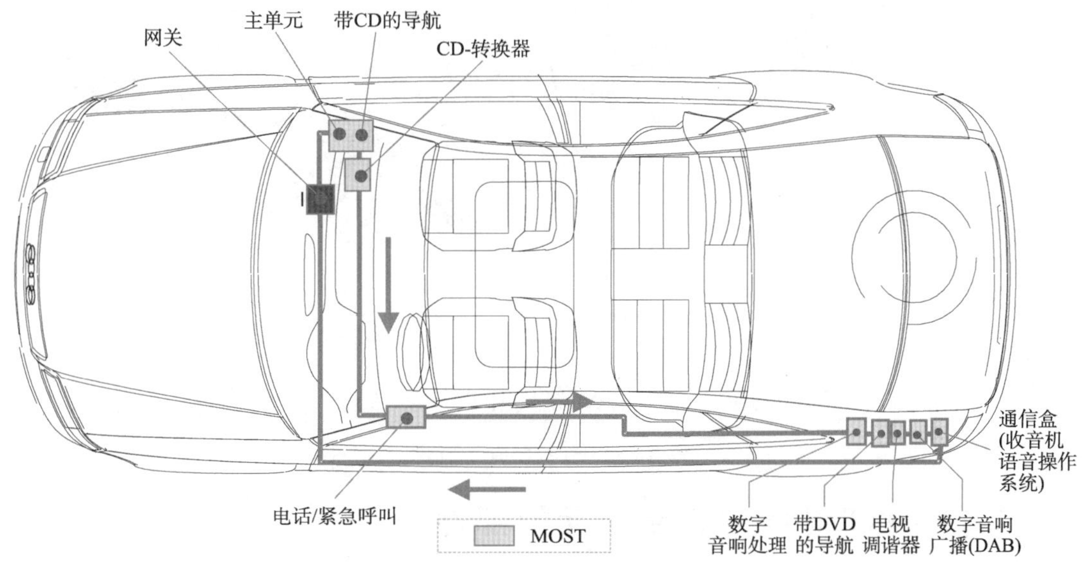

图 4-6　奥迪 A6L 汽车 MOST 组成示意图

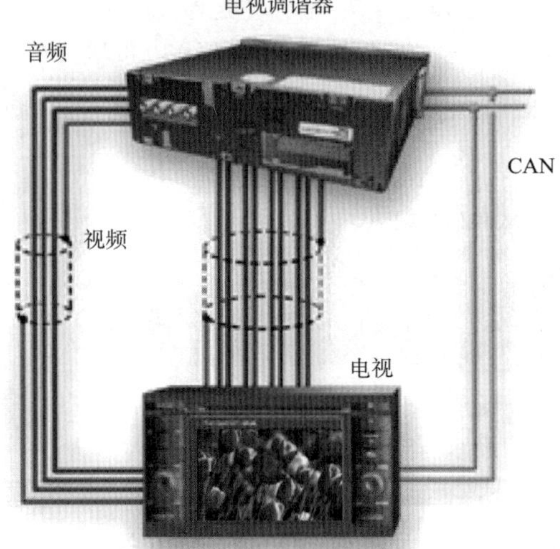

图4-7　奥迪A6L汽车中的数字式电视信号传送

(一) MOST的控制单元

MOST控制单元结构如图4-8所示。

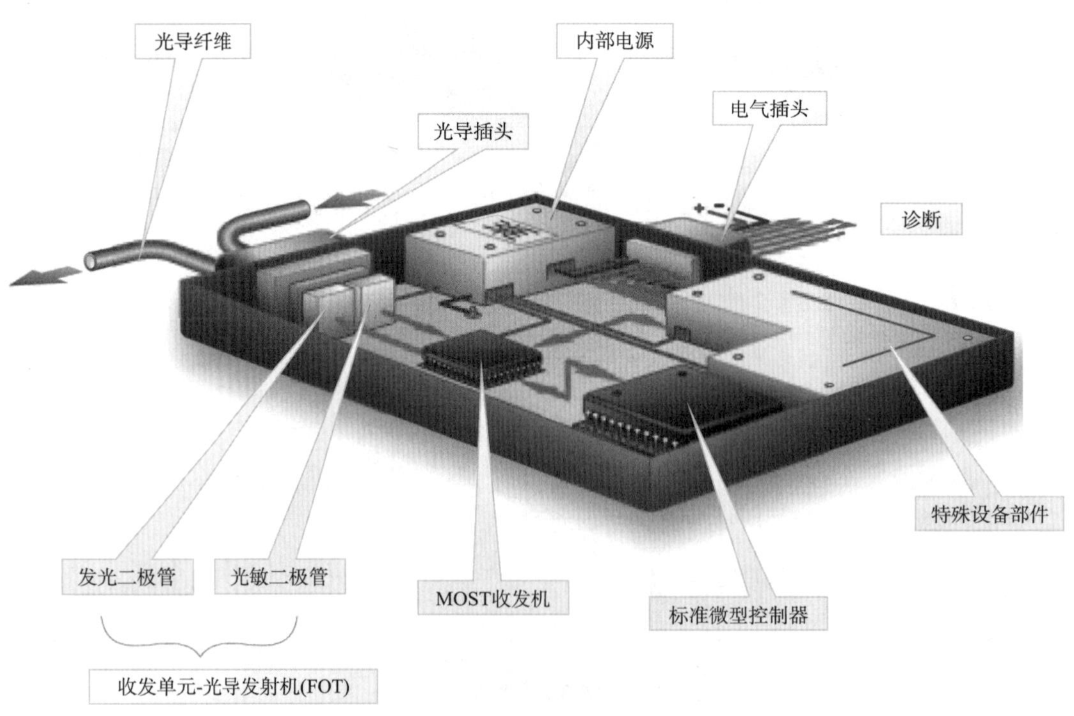

图4-8　MOST控制单元结构图

(二) MOST总线中控制单元的部件

1. 光导纤维和光导插头

如图4-9所示,通过这个光导插头,光信号进入控制单元或产生的光信号被传送到下一个总线用户。

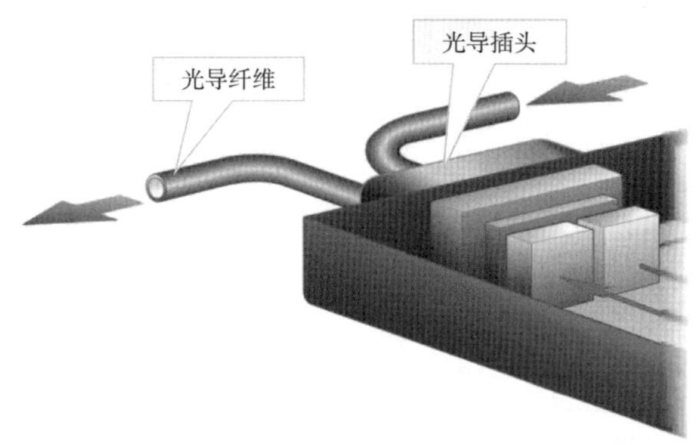

图 4-9　光导纤维和光导插头

2. 电气插头

电气插头连接电源、环状故障诊断和输入与输出信号。

3. 内部电源

内部电源系统把通过电气插头供给控制单元的电源分配给各个部件。这一方式可以临时断开供给控制单元中个别部件的电源，从而减小闭路电流。

4. 收发单元——光导发射机（FOT）

光导发射机的核心部件是一个光电二极管和一个发光二极管。射入的光信号被光电二极管转换成电压信号，之后电压信号传送至 MOST 发射接收机。发光二极管的作用是把 MOST 发射接收机的电压信号转换成光信号，产生的光波波长为 650nm，是可见红光。数据通过光波调制传送。调制后的光由光导纤维传到下一个控制单元。

光电二极管能够把光波转换成为电压信号。汽车领域中实际应用的光电器件结构如图 4-10 所示。光电二极管内有一个 P—N 结，光可以照射到这个 P—N 结上。

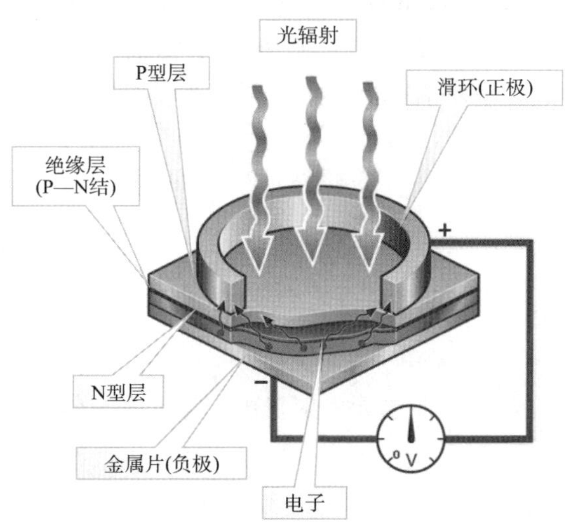

图 4-10　光电器件结构图

如果光或红外线辐射照到 P—N 结上,就会产生自由电子和空穴,从而形成一个穿越 P—N 结的电流,也就是说:作用到光电二极管上的光越强,流过光电二极管的电流就越大,这个过程称为光电效应。

在反方向上,光敏二极管与一个电阻器串联。如果由于照射光强度增大,流过光电二极管的电流增大,那么电阻上的压降也就增大了,于是光信号就被转换成电压信号了,如图 4-11 所示。

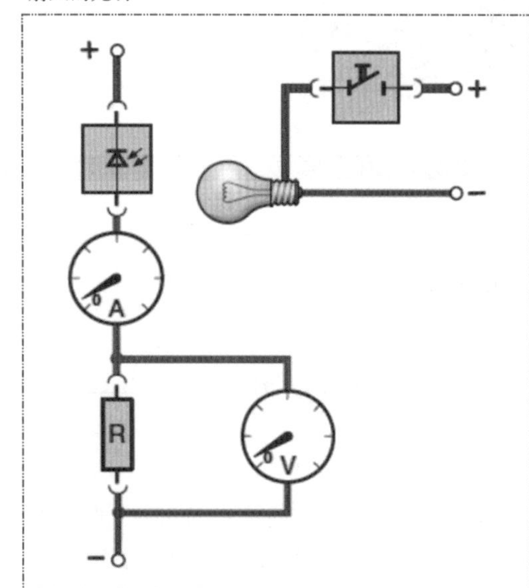

射入的光强

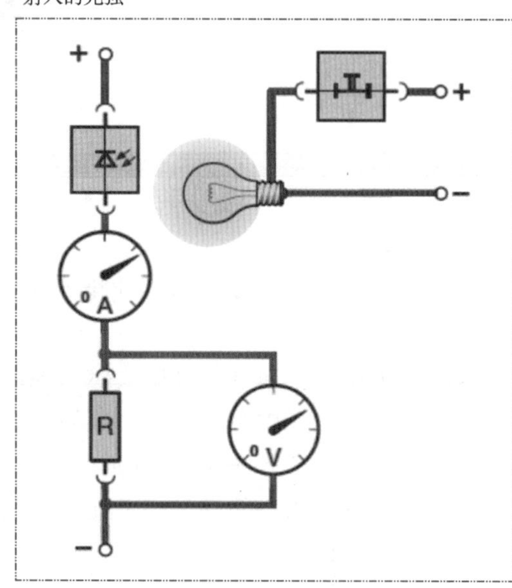

图 4-11　光电转换

5. MOST 发射接收机

MOST 发射接收机由发射机和接收机两个部件组成。发射机把要发送的信息作为电压信号传至光导发射机,而接收机接收来自发射机的电压信号,并把所需的数据传送至控制单元的“标准微型控制器(CPU)”。来自其他控制单元的无用信息由发射接收机传送,而不是将数据传到 CPU 上,这些信息被发送至下一个控制单元。

6. 标准微型控制器(CPU)

标准微型控制器(CPU)是控制单元的核心元件,它的内部有一个微处理器,用于操纵控制单元的所有基本功能。

7. 专用部件

专用部件用于控制某些专用功能,例如 CD 播放机和收音机调谐器。

8. 光导纤维(POF)

光导纤维的任务是将在某一控制单元发射机内产生的光波传送到另一控制单元的接收器,如图 4-12 所示。

1)光导纤维的结构

光导纤维由几层材料组成,如图 4-13 所示。

纤芯是光导纤维的中心部分,是用有机玻璃制成的。纤芯内的光根据全反射原理几乎可以无损失地传导。

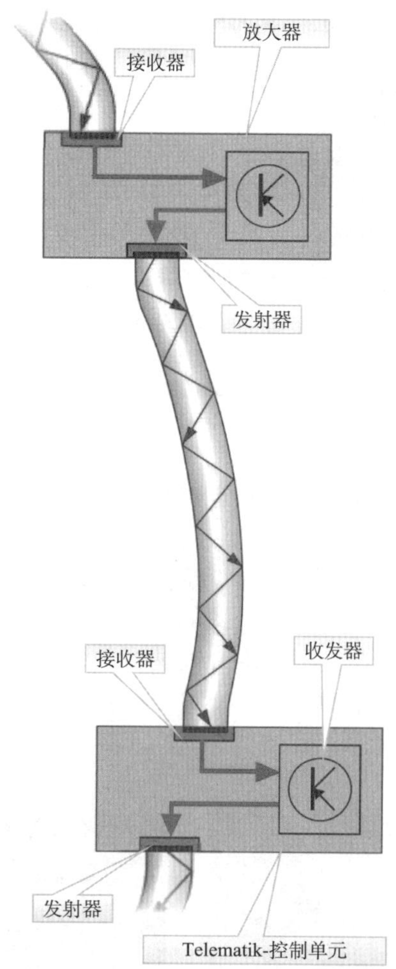

图 4-12　光波在光导纤维中的传送

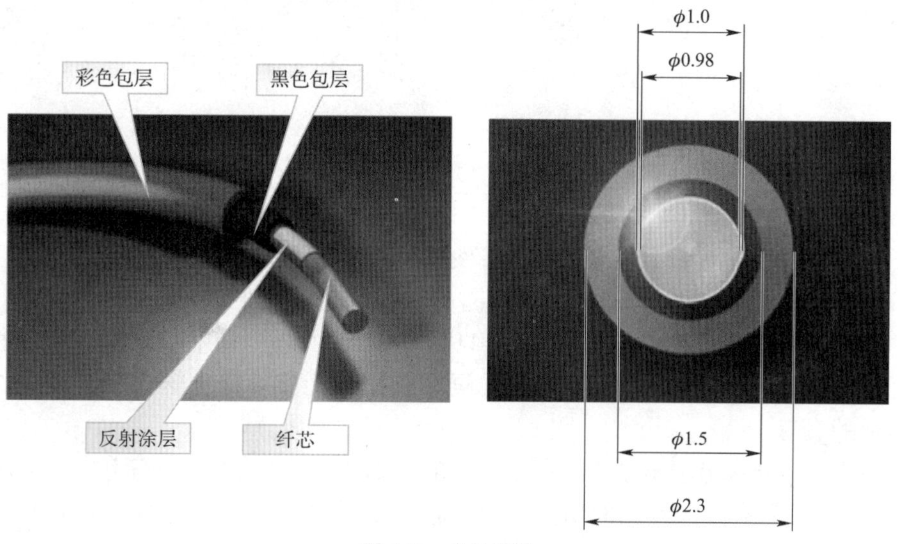

图 4-13　光导纤维

透光的涂层是由氟聚合物制成,它包在纤芯周围,对全反射起关键作用。

黑色包层由尼龙制成,用于防止外部光照射。彩色包层具有识别、保护及隔温作用。

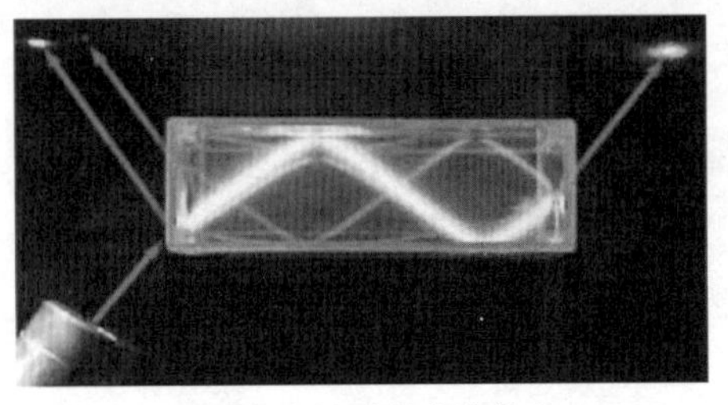

图4-14　光波的直线传送

2)光导纤维中光波的传送

(1)直的光导纤维。

光导纤维以直线方式在内芯线中传导部分光波,如图4-14所示。

大多数光波被以“之”字形图案传送,其结果是在内芯线的表面产生了全反射。

(2)弯曲的光导纤维。

发生在内芯线覆盖层边缘的全反射使得光波被反射,从而被传导通过弯曲处,如图4-15所示。

(3)全反射。

如果一束光线以较小的角度射在折射率分别较高和较低材料之间的边界层上,光束就会被完全地反射,也就是说发生了全反射。

在一根光导纤维中,内芯线的折射率比它的覆盖层高,因此内芯线的内部会发生全反射。这一作用取决于从内部射到边界的光波的角度。如果这个角度太陡峭,光波就会折射出内芯线,并产生很高的损耗。如果光导纤维被过度弯曲或扭绞,就会发生这种情况,如图4-16所示。故光导纤维的弯曲半径必须大于25mm。

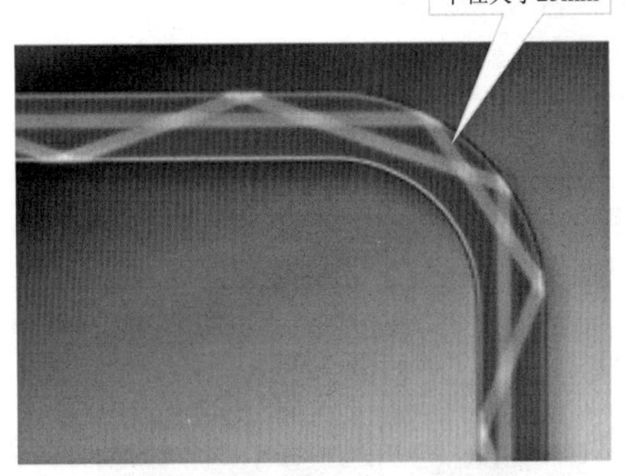

图4-15　光波在弯曲光导纤维中的传导

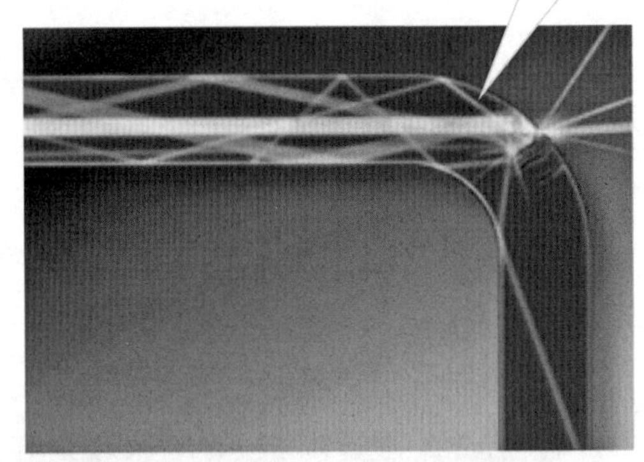

图4-16　光波在过度弯曲的光导纤维中的传导

9. 插头

为了能将光导纤维连接到控制单元上,使用了一种专用插头。插座接头上有一个信号方向箭头(图4-17、图4-18),它表示输入方向(通向接收器),插头壳体与控制单元连接。通过内核的正面实现了光线到控制单元内发射机/接收器的传输。在生产光纤导线时,为了在插头外壳上固定光纤导线,就要在光纤导线尾端利用激光技术焊上塑料套管或者在尾端卡上黄铜质地的套管。

为了最大限度地减小传送损失,光导纤维的端面必须光滑、垂直和清洁(图4-19所示为实际光纤端面)。只有使用专用的切割工具才能达到上述要求。切割面上的污垢和刮痕会产生很高的损耗(衰减)。通过内芯线的端面,光被传送到控制单元中的发射机/接收机。

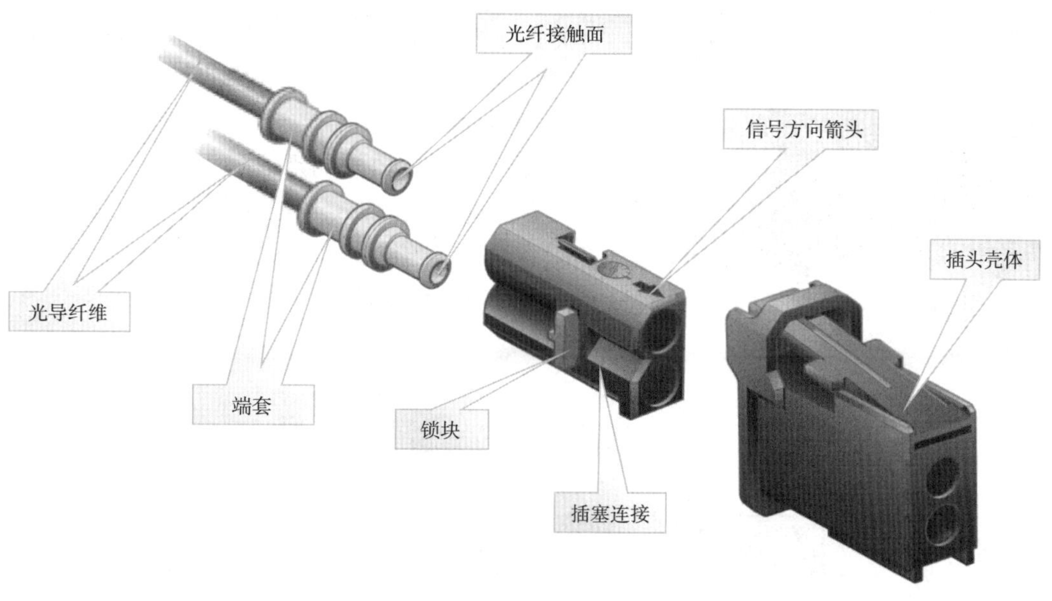

图 4-17　光纤的插头

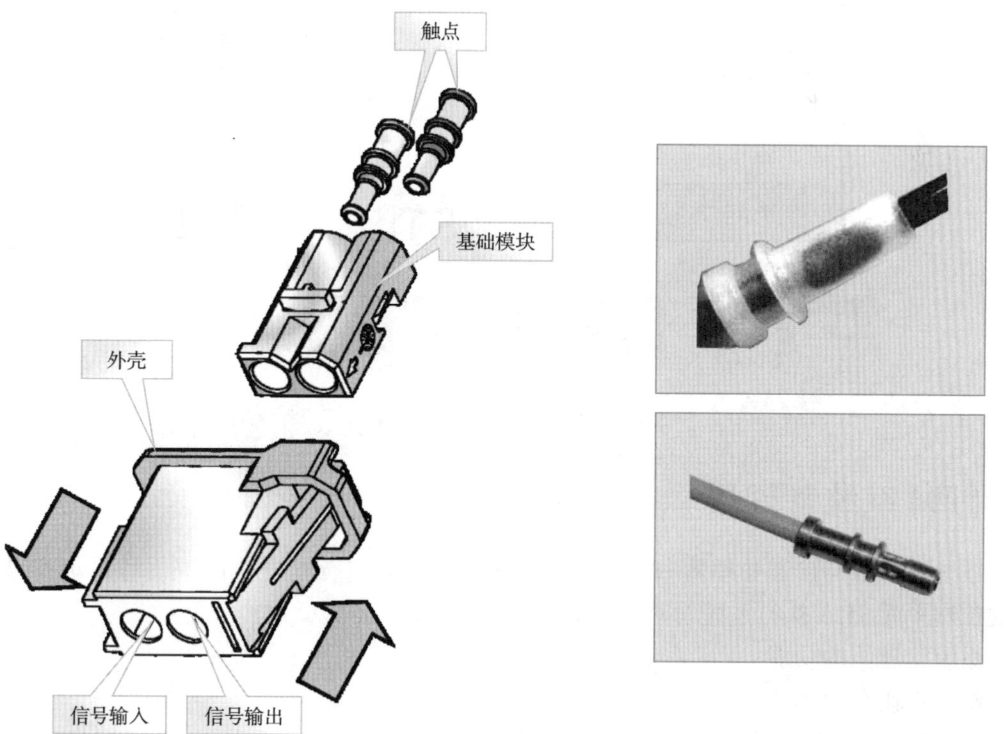

图 4-18　光纤的连接

图4-19　实际光纤端面

(三)MOST 总线的环形结构

MOST 总线系统的显著特点是它的环形结构,如图4-20所示。控制单元通过一根光导纤维把数据传送至环形结构中的下一个控制单元。这个过程一直持续到数据返回至最初发出数据的那个控制单元。由此,形成了一个闭合的环路。MOST 总线系统的诊断是借助于数据总线的诊断接口和诊断 CAN 进行的。

奥迪 A6L 汽车信息娱乐系统位置分布如图4-21所示。

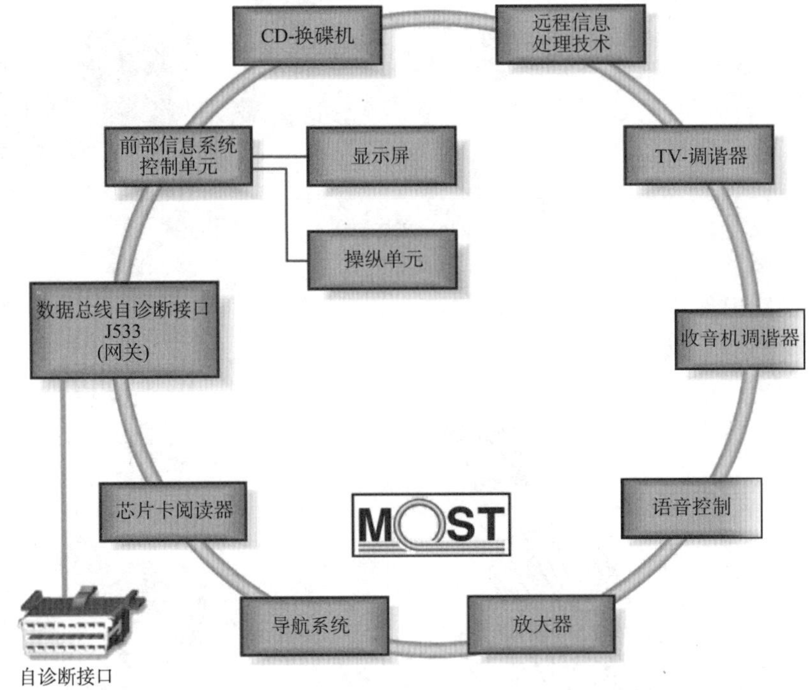

图4-20　MOST 总线的环形结构

(四)系统管理器

系统管理器与诊断管理器一起负责对 MOST 总线的系统管理。前部信息显示和操作单元的控制单元 J523 执行系统管理器的功能。

系统管理器的功能:

(1)控制系统状态;

(2)传送 MOST 总线的信息;

(3)管理传送容量。

图4-21　奥迪A6L汽车信息娱乐系统位置分布图

（五）MOST总线系统状态

1.睡眠模式

如图4-22所示，此时MOST总线中没有数据交换，设备被切换至备用模式，只有系统管理器发出光学起始脉冲后，才被激活。闭路电流下降至最小值。

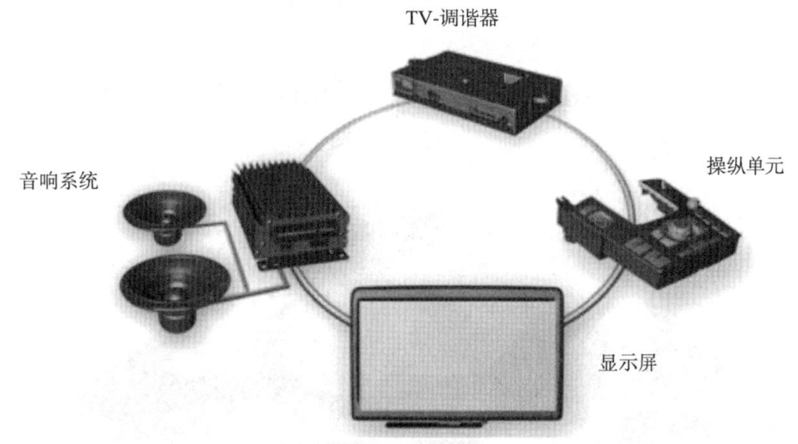

图4-22　睡眠模式

睡眠模式激活的条件：

（1）MOST总线中的所有控制单元都准备就绪，可切换至睡眠模式。

（2）其他总线系统没有通过网关提出任何要求。

(3)自诊断系统未被激活。

在上述条件下,MOST总线系统可以通过下列方式切换至睡眠模式:

(1)如果起动机或蓄电池放电,蓄电池管理器通过网关进行切换。

(2)通过自诊断仪器激活“传输模式”。

2. 备用模式

备用模式下,没有来自其他用户需要执行功能的请求,也就是说,系统给出已被关闭的印象,实际上MOST总线系统仍在后台工作着,但所有的输出媒介(显示屏、音频放大器等)都不工作或不发声,如图4-23所示。

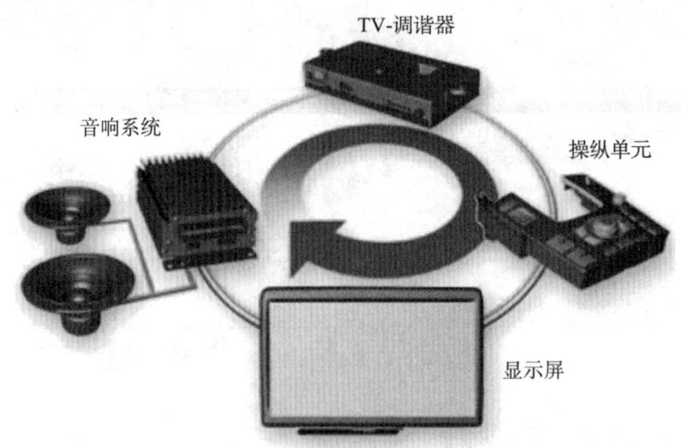

图4-23　备用模式

此模式在启动和系统持续运行时被激活。

备用模式的激活前提条件:

(1)由其他数据总线通过网关激活,例如,驾驶人车门的关闭或开启,点火开关接通。

(2)由MOST总线中的控制单元激活,例打入的电话。

3. 通电工作模式

如图4-24所示,控制单元被完全激活。数据在MOST总线上进行交换。用户可以使用所有的功能。

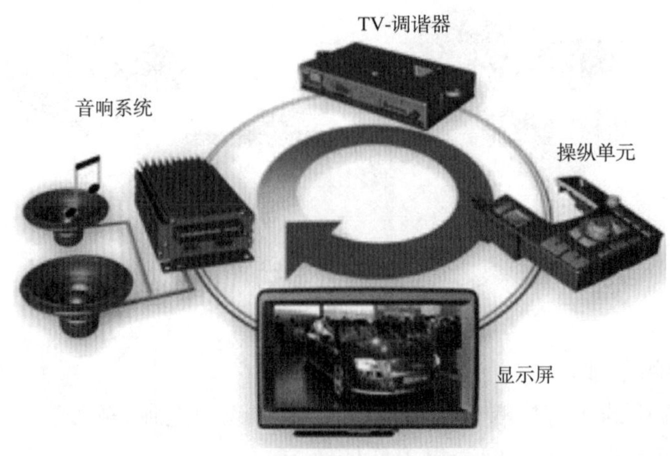

图4-24　通电工作模式

通电工作模式的前提条件：

(1)MOST 总线系统处于备用模式。

(2)由其他数据总线通过网关激活，例如：S 触点，显示屏工作。

(3)通过用户的功能选择来激活，例如：通过多媒体操作单元 E380。

(六)信息帧

系统管理器以 44.1kHz 的脉冲频率从环状总线上向下一个控制单元发送信息帧。

1. 脉冲频率

由于使用了固定的时间光栅，脉冲频率允许传递同步数据。同步数据通常被用来传送这样的一些信息，例如，声音和动态图像(视频)信息必须以相同的时间间隔来发送。44.1kHz 的固定脉冲频率与数字式音频装置(CD、DVD 播放器、DAB 无线电)的传送频率相同，这样就可以将这些装置连接到 MOST 总线上了。

2. 信息帧的结构

信息帧的大小是 64 字节，按照图 4-25 所示划分。

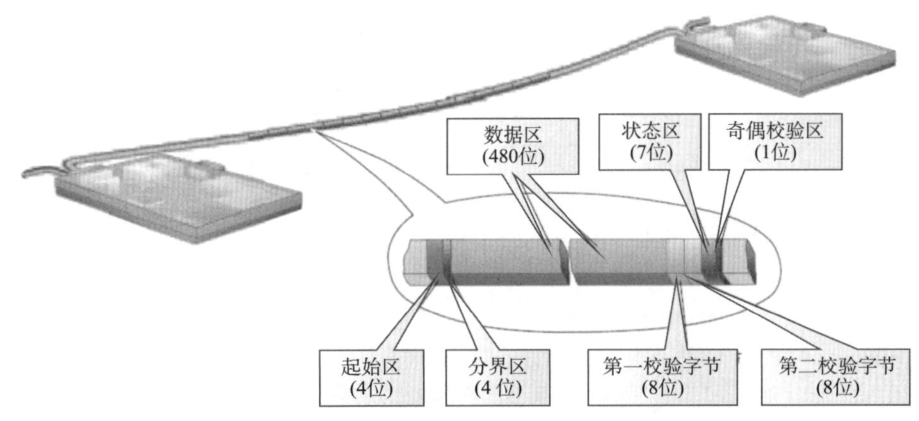

图 4-25　信息帧

3. 信息帧区域

1)起始区

起始区标志着信息帧的开始。每一段信息帧都有一个单独的起始区。

2)分界区

分界区用于区分起始区和紧跟着的数据区。

3)数据区

MOST 总线利用数据区最多可将 60 字节的有效数据发送到控制单元。有两种不同的数据类型：

(1)作为同步数据形式的音频与视频。

(2)作为异步数据形式的图像，用于计算目的的信息和文字信息。数据区的分配是可变的，数据区同步数据的大小在 24 ~ 60 字节之间。同步数据的传送具有优先权，如图 4-26 所示。

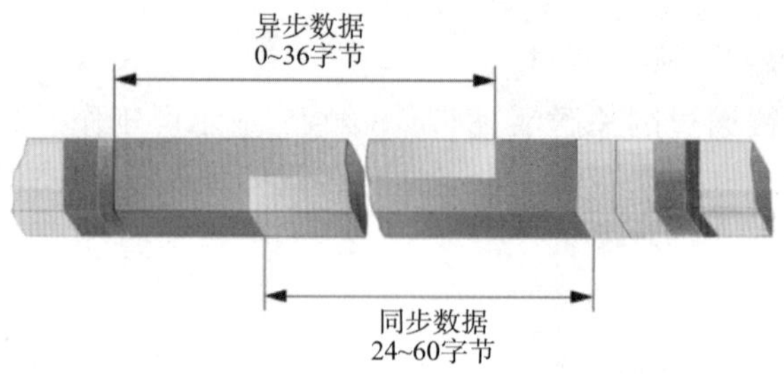

图4-26　数据区

根据发射机/接收机地址(标识符)和可利用的异步数据量,异步数据被输入并且被以4字节信息包的形式传送到接收机。

4)校验字节

两个校验字节被用来传送信息(图4-27),例如:

(1)发射机和接收机的地址(标识符)。

(2)至接收机的控制命令(例如,放大器设置音量大小)。

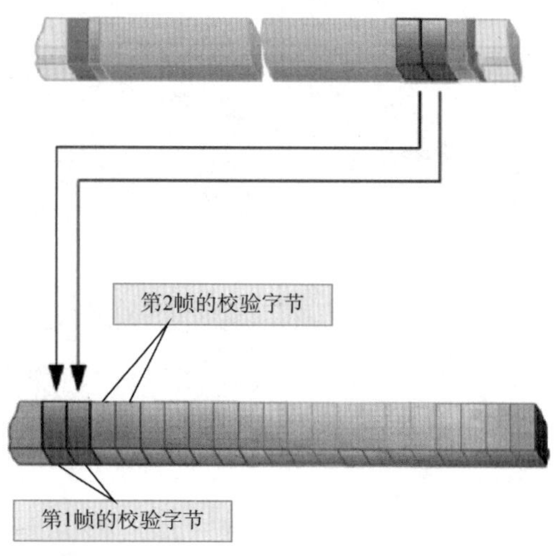

图4-27　校验字节

一个信息组中有16个信息帧,每一个信息帧有2个校验字节,一个信息组中的校验字节在控制单元内汇成一个校验信息帧。因此,一个校验信息帧有32个字节(0~31字节)。校验信息帧内包含有地址、控制和诊断数据,这些数据由发射机传送到接收机,称为根据地址进行的数据传递。校验信息帧的格式如表4-1所示。

校验信息帧的格式表　　表4-1

字节	0~3	4~5	6~7	8~25	26~27	28~29	30~31
功能	仲裁段	目的地址	源地址	控制数据	CRC	发送状态	(保留)

例如:

发射机,前部信息显示和操作单元的控制单元。

接收机,放大器。

控制信号，音量大小。

5）状态区

信息帧的状态区包含用于接收机发送信息帧的信息。

6）奇偶校验区

奇偶区被用来最终检查数据的完整性。该区的内容将决定是否需要重复一次发送过程。

（七）MOST 总线的功能流程

1. 系统启动（唤醒）

如果 MOST 总线处于睡眠模式，那么首先需要通过唤醒程序将系统切换至备用模式。

如果一个控制单元（系统管理器除外）唤醒了 MOST 总线，那么该控制单元就会向下一个控制单元发射一种专门调制的光（称为伺服光）。

环状总线上的下一个控制单元通过在睡眠模式下工作的光电二极管来接收这个伺服光并将此光继续下传，如图 4-28 所示。

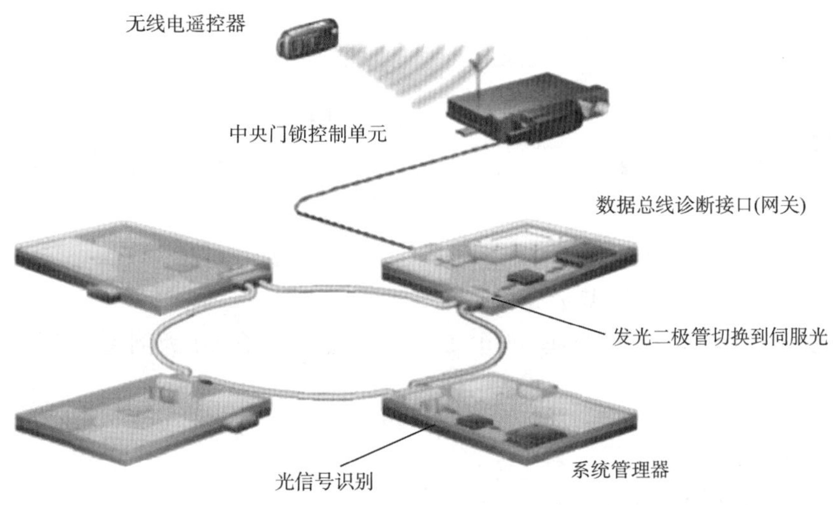

图 4-28　伺服光的传送

该过程一直进行到系统管理器为止，系统管理器根据传来的伺服光来识别是否有系统启动的请求。

然后系统管理器向下一个控制单元发送一种专门调制的光（称为主光），这个主光由所有的控制单元继续传递，光导发射机（FOT）接收到主光后，系统管理器就可识别出环形总线已经封闭，可以开始发送信息帧了，如图 4-29 所示。

首批信息帧要求 MOST 总线上的控制单元提供标识符。系统管理器根据标识符向环形总线上的所有控制单元发送实时顺序（实际配置），这使得面向地址的数据传递成为可能。

诊断管理器将报告上来的控制单元（实际配置）与一个所安装的控制单元存储表（规定配置）进行比较。如果实际配置与规定配置不相符，诊断管理器存储相应的故障。至此整个唤醒过程结束，可以开始数据传送了，如图 4-30 所示。

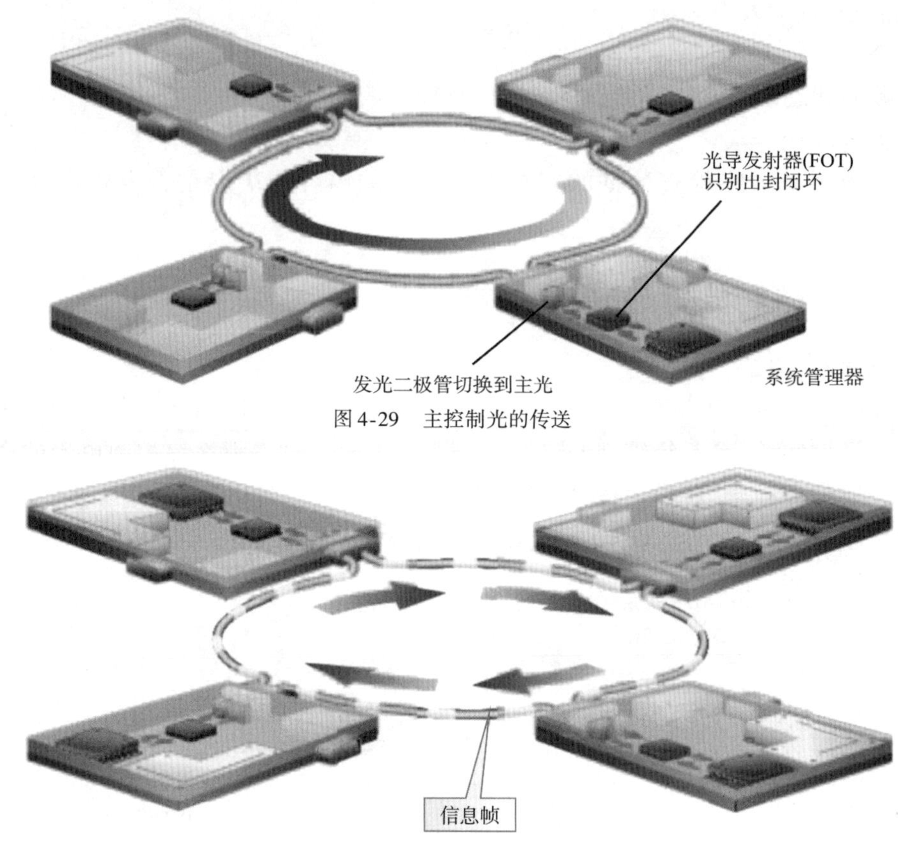

图4-29　主控制光的传送

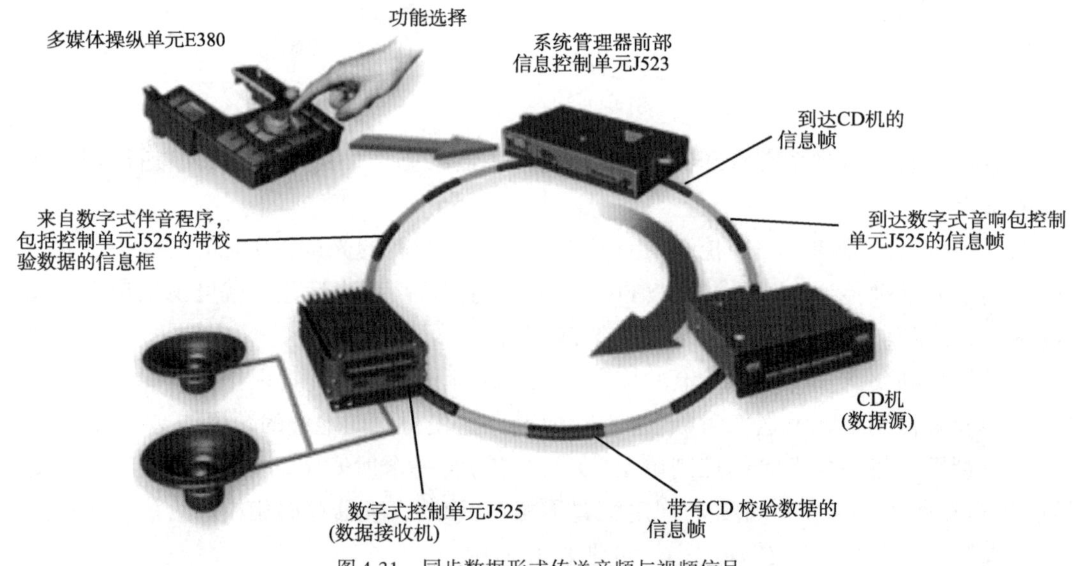

图4-30　系统管理器发送信息帧

2. 音频与视频作为同步数据的传送

为了方便理解,这里我们以奥迪 A8 车 03 型车上播放音乐 CD 为例来进行说明,如图 4-31 所示。

图4-31　同步数据形式传送音频与视频信号

用户通过多媒体操纵单元 E380 和信息显示屏 J685 来选择 CD 上的曲目。操纵单元 E380 通过一根数据线将控制信号传送至前部信息控制单元 J523 的系统管理器中。然后,系统管理器在连续不断传送的信息帧内加入一个带有以下校验数据的信息组(=16 信息帧)插入。

发射机地址:

前信息显示和操作单元的控制单元 J523,环形结构中的位置 3。

数据源的接收机地址:

CD 机,环形位置 3(取决于装备情况)。

控制命令:

(1)播放第 10 个曲目。

(2)分配传送通道。

CD 机(数据源)确定数据区中有哪些字节可以用来传送它的数据。然后,它插入一个带校验数据的数据组。

数据源的发射机地址:CD 机,环形结构中的位置(取决于装备情况)。

系统管理器的接收机地址:前部信息控制单元 J523,环形结构中的位置 1。

控制命令:把 CD 的数据传送至通道 01、02、03、04(立体声)。

3. 同步传送的数据管理

如图 4-32 所示,前部信息控制单元 J523 使用下列带校验数据的数据组。

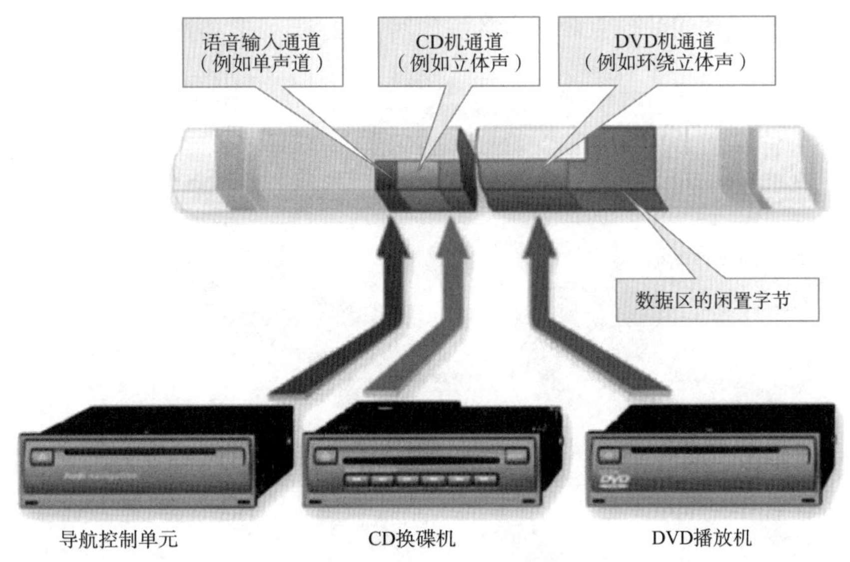

图 4-32 同步传送的数据管理

发射机地址:

前部信息控制单元 J523,环形结构中的位置 1。

接收机地址:

数字式控制单元 J525,环形结构中的位置取决于装备。

控制命令:

(1)读出数据通道 01、02、03、04,并通过扬声器播放出来。

(2)当前的音响效果设定,例如,音量、前后音量平衡、左右音量平衡、低音、高音和中音。

(3)关闭静音切换。向数字式控制单元J525(数据接收机)发出播放出音乐的指令。CD上的数据被保留在数据区内,直到信息帧通过环形总线又到达CD机(即数据源)为止。这时,这些数据被新的数据替代并且重新开始新的循环。这样可以使得MOST总线中的所有输出装置(声响包、耳机)都可使用同步数据。另外,系统管理器通过发送相应的校验数据来确定哪个装置在使用数据。

传送通道:

音频与视频传送需要每个数据区中的几个字节。数据源会根据信号类型预定一些字节,这些已被预定的字节就称为通道,一个通道包含一个字节的数据。

传递通道的数量:

传递通道的数量如表4-2所示,这些存储的通道可以同时传送几个数据源的同步数据。

传递通道的数量表 表4-2

信号	通道/字节
单声道	2
立体声	4
环绕立体声	12

4.异步数据形式的传送

用异步数据形式传送的信息和功能数据如图4-33所示,其传送数据如下:

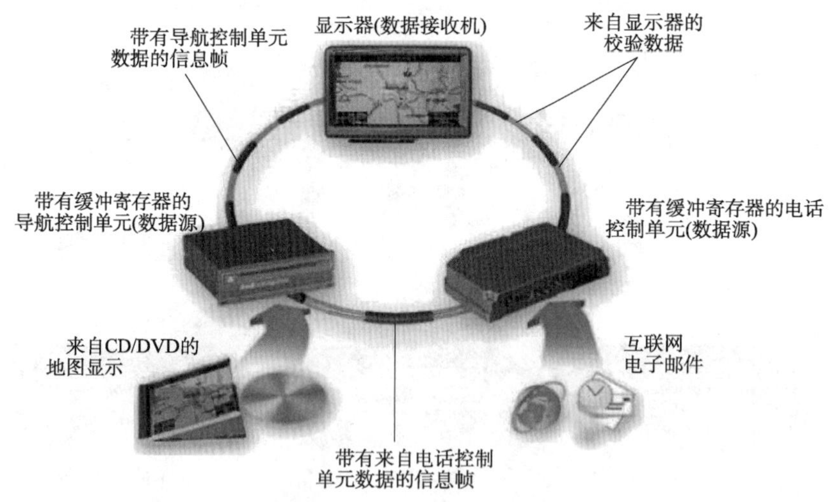

图4-33 用异步数据形式传送的信息和功能数据

(1)导航系统地图显示。

(2)导航计算。

(3)互联网站点。

(4)电子邮件。

它们都是以异步数据的形式传送的。异步数据源是以不规则的时间间隔来发送这些数据的。为此每个数据源将其异步数据存储到缓冲寄存器内。然后数据源开始等待,直至接收到带有接收机地址的信息组。数据源将数据记录到该信息组数据区的空闲字节内。记录是以每4个字节为一个数据包的形式进行的。接收机读取数据区中的数据包并处理这些信息。

异步数据停留在数据区,直到信息组又到达数据源。数据源从数据区提取数据,在合适的时候用新数据取代这些数据。

三 MOST 总线系统的故障诊断

1. 诊断管理器

除系统管理器外,MOST 总线还有一个诊断管理器(奥迪 A6L 汽车上是数据总线诊断接口 J533),如图 4-34 所示。该管理器执行环形中断诊断,并会将 MOST 总线上的控制单元诊断数据传给诊断控制单元。

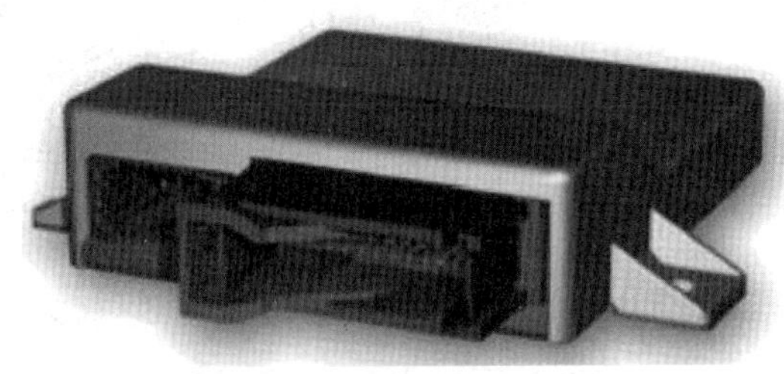

图 4-34　诊断管理器

2. 系统故障

由于采用了环形结构,MOST 总线上某一位置处数据传送的中断就被称为环形结构中断。

环形结构中断的后果:

(1)不能播放音频与视频。

(2)不能用多媒体操作单元进行控制和调整。

(3)诊断管理器的故障存储器中存储故障信息("光导数据总线中断")。

引起环形结构中断的可能原因是:

(1)链路故障:光导纤维中断。

(2)电源故障:发射机或接收机控制单元的电源发生故障。

(3)节点故障:发射机或接收机控制单元发生故障。

3. 环形结构的故障诊断

由于环形结构中断,就不能在 MOST 总线中进行数据传送了,所以要借助于诊断导线来执行环形结构的故障诊断。可以通过中央接线连接装置将诊断导线连接至 MOST 总线中的每一个控制单元,如图 4-35 所示。环形结构中的中断位置必须执行环形结构的故障诊断来确定,环形结构故障诊断是诊断管理器执行的最终控制诊断的一部分。

启动环形结构的故障诊断后,诊断管理器通过诊断线向每个控制单元传送一个脉冲。这个脉冲使得所有控制单元借助于它们在 FOT 中的发射单元发出光信号。在此过程中,所有控制单元检查:

(1)它们的电源和内部的电气功能。

(2)接收来自环形结构中前一个控制单元的光信号。

每一个 MOST 总线的控制单元在软件规定的时间长度内作出应答。环状结构故障诊断的开始和控制单元应答的时限使得诊断管理器能够识别出是否已经作出了应答。环形结构故障诊断启动后,MOST 总线的控制单元传送出以下两条信息。

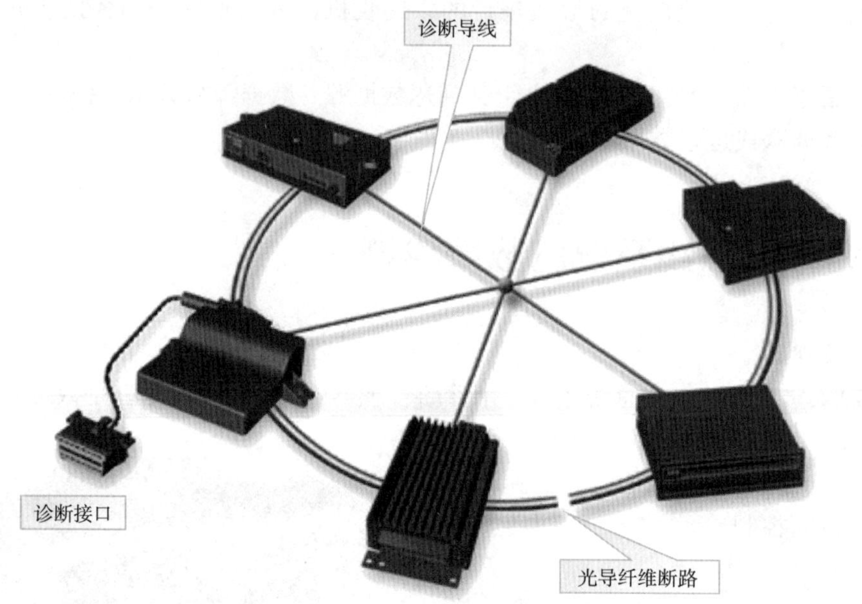

图 4-35 利用诊断导线执行的故障诊断

(1)控制单元的电气系统正常,即:控制单元的电气功能正常(例如,电源正常)。

(2)控制单元的光导系统正常,它的光敏二极管接收到环形结构中前一个控制单元的光信号。

这些信息告诉诊断管理器:

(1)系统中是否存在电气故障(电源故障)。

(2)哪两个控制单元之间的光学数据传送中断了。

根据检测结果,须对故障部件进行进一步检测,应先测其供电、搭铁;如正常,再检查光纤插头是否正常;最后再怀疑控制单元故障。

判定控制单元是否存在故障的方法是:

利用光学备用控制单元 VAS6186 来替换出现故障的控制单元,再观察 MOST-BUS 系统是否恢复正常。若此时系统正常,则表明该控制单元已损坏。

4. 衰减增加时环形结构的故障诊断

环形结构的故障诊断只能检测数据传送的中断。诊断管理器的执行元件诊断还包括一项功能,就是通过降低光功率来进行环形结构的故障诊断,用于识别信号衰减的增加。

功率下降时的环形故障诊断的过程与上面描述的基本相同,如图 4-36 所示。但是,控制单元用衰减度为 3dB 的方式,即光功率减少一半,打开它们在 FOT 中的发光二极管。如果光导纤维的衰减增加了,则到达接收机的光信号的强度就会不够强,接收机就会发出“光学问题”的信号。这时,诊断管理器就会识别出故障位置并在诊断测试仪的引导性故障查询中存储一条相应的故障信息。

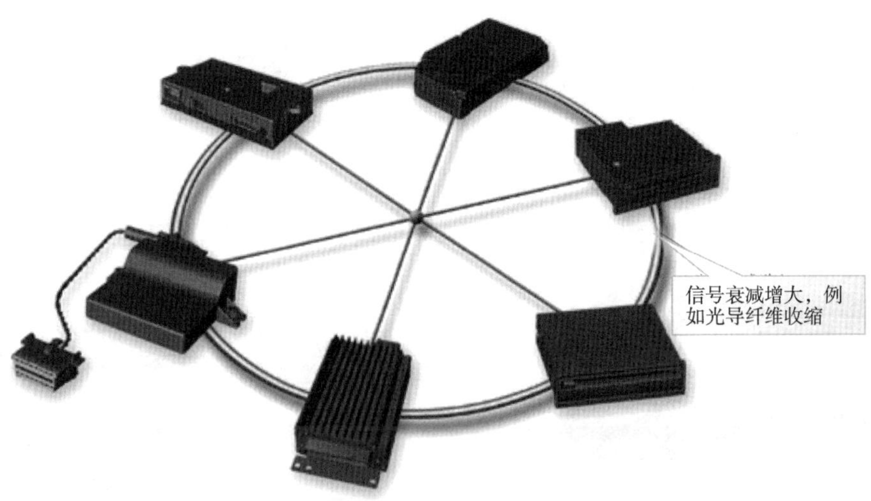

图4-36　衰减增加时环状结构的故障诊断

四 MOST导线维修

1. 维修注意事项

(1)光纤保护帽只有在安装时才能直接被卸下。

(2)开口的光纤插头不允许触摸,不能被灰尘、油污或其他液体弄脏。

(3)任何形式的损坏或线束不整时应立即换新的。

(4)光纤或空气管路只允许由受过专业培训的人员修理。

(5)所有损坏的插头要申报并做好记录。

(6)线束只能按说明图安装和连接。

(7)未装的长线束打上活结。

(8)线束不能从外部的破口处硬拉硬拽,只能从内向外推出。

(9)插头和缆线不允许在地上拖拉。

(10)不能踩在插头或导线上。

(11)线束任一位置不允许折叠。

(12)只有在必要的情况下才能断开控制单元插头和导线插头。

(13)在断开控制单元插头和导线插头前,应确保数据总线处于睡眠模式。在重新连接时,一定要读出并删除所有控制单元故障存储器里的故障,如有必要可进行调整。

2. 光纤导线常见故障

(1)光导纤维的曲率半径过小,如图4-37a)所示。

如果光导纤维弯曲(折叠)的半径小于5mm,那么在纤芯的拐点处就会产生模糊(不透明,与折叠的有机玻璃相似),这时必须更换纤维。

(2)光导纤维的包层损坏,如图4-37b)所示。

(3)端面刮伤,如图4-37c)所示。

(4)端面脏污,如图4-37d)所示。

(5)端面错位(插头壳体碎裂),如图4-37e)所示。

(6)端面未对正(角度不对),如图4-37f)所示。

(7)光导纤维的端面与控制单元的接触面之间有空隙(插头壳体碎裂或未定位),如图4-37g)所示。

(8)端套变形,如图4-37h)所示。

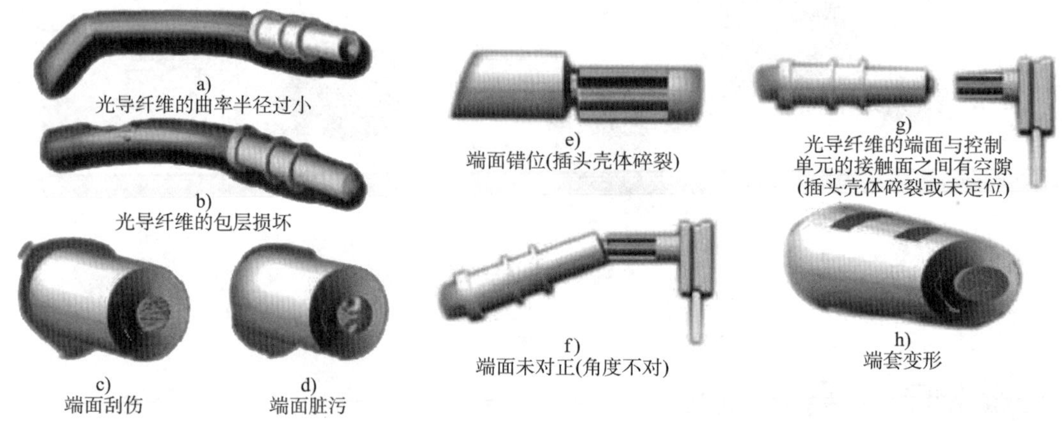

图4-37　光纤导线常见故障

3. 光导纤维的防弯折装置

在铺设光导纤维时,应安装防弯折装置(波形管),如图4-38所示,波形管弯曲应避免半径不足,最小弯曲半径应大于25mm。

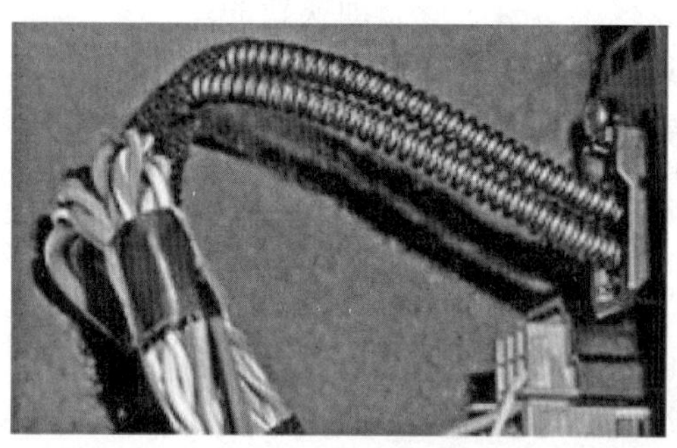

图4-38　波形管弯曲应避免半径不足

五 多媒体交互系统无法工作的原因与解决方法

下面以奥迪A6L 3.0L汽车为例进行分析。

1)故障现象

一汽奥迪A6L 3.0L汽车,充好电后只要关闭点火开关一段时间,多媒体交互(MMI)系统再打开时就无法工作。

2）故障分析

（1）连接故障诊断仪 V. A. S5052，对车辆各个控制单元进行故障查询，除电源管理器控制单元中存储有电流关闭级 1、电流关闭级 2 的故障码外，其他控制单元中的故障存储都存有含义为“电压低”这个偶发性故障码。将所有控制单元中的偶发性故障码清除后，打开 MMI 系统，可以正常工作，测量车辆静态放电电流为 56mA，比正常数值偏大超过 20mA。

（2）连接故障诊断仪 V. A. S5052，对该车网关安装列表进行故障诊断，在网关的安装列表中，显示信号无法到达与光纤环路相连接的各个控制单元。数据总线的诊断接口即网关 J533 控制单元中有光纤环路断路的故障记录。

根据该车光纤系统（MOST-BUS 媒体系统数据交换总线）的结构可知（图 4-39），如果系统无法开机说明光纤系统中的个别控制单元无法正常工作，或各控制单元间的光纤出现了断路、破损等情况，使光纤环路不能形成回路。

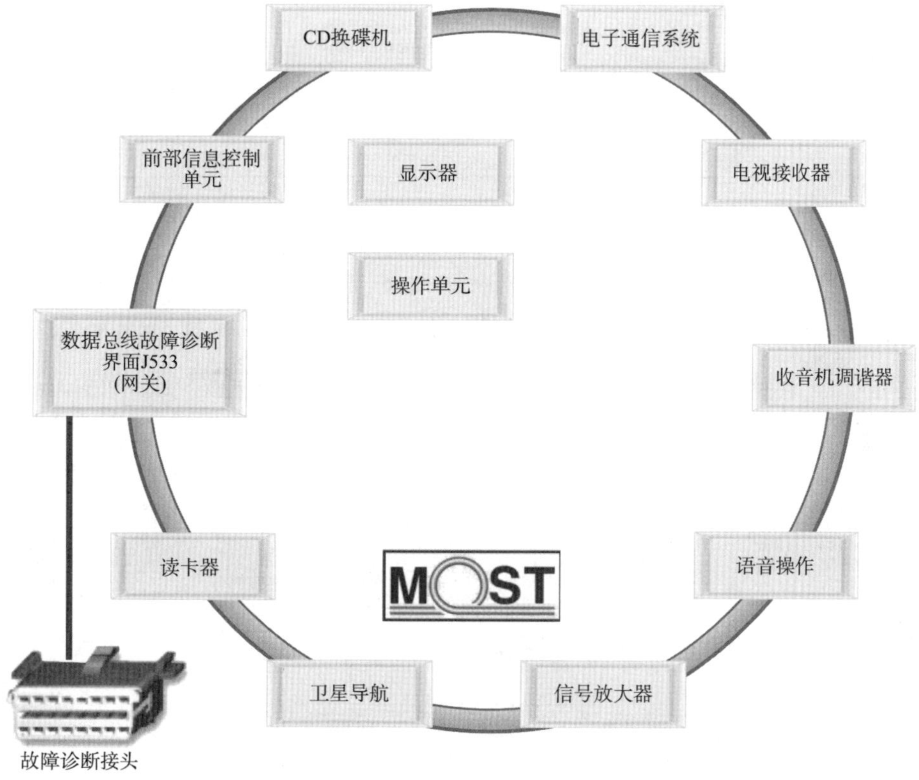

图 4-39　MOST-BUS 结构

（3）利用 V. A. S5052 的功能导航模块对网关 J533 进行光纤环路断路诊断，发现光纤环路故障诊断和光波衰减 3dB 断环诊断均无法进行，说明故障在光纤系统。

在奥迪车辆的信息系统中装备了大量的现代信息娱乐媒体，为此信息娱乐系统中采用光纤传导技术构成的 MOST-BUS（媒体系统数据交换总线）网络结构进行信息数据传输。在光纤环路系统中，信息显示控制单元 J523、数据总线诊断接口（网关）J533、电话的发射接收器 R36、导航控制单元 J401、电视调谐器 R78、收音机控制单元 R、音响控制单元 J525 及 CD 转换盒 R41 通过光纤组成一个封闭的环形结构，电路原理如图 4-40 所示，各控制单元通过光纤(LWL)以相同的方向在环路中发送数据到相邻的下一个控制单元。在 MOST-BUS 中,各控制单元的内部结构由光波导体、光纤插头、发光二极管、光电二极管、MOST(媒体系统数据对换)传输接收机、仪器内部的电源、标准的微型控制单元、电气插座连接和仪器特殊部件等组成。在每个控制单元中,各有1个光纤导体(FOT 发射单元)来负责光波的传递。

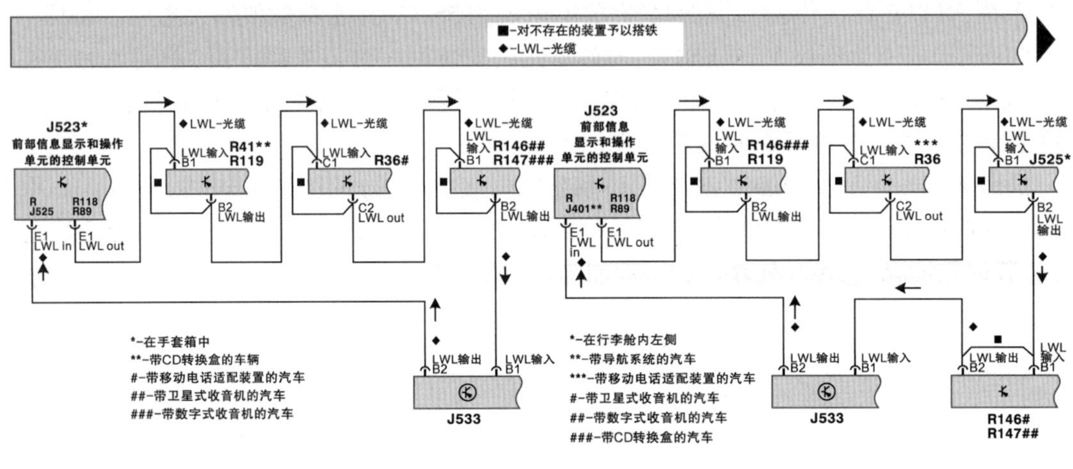

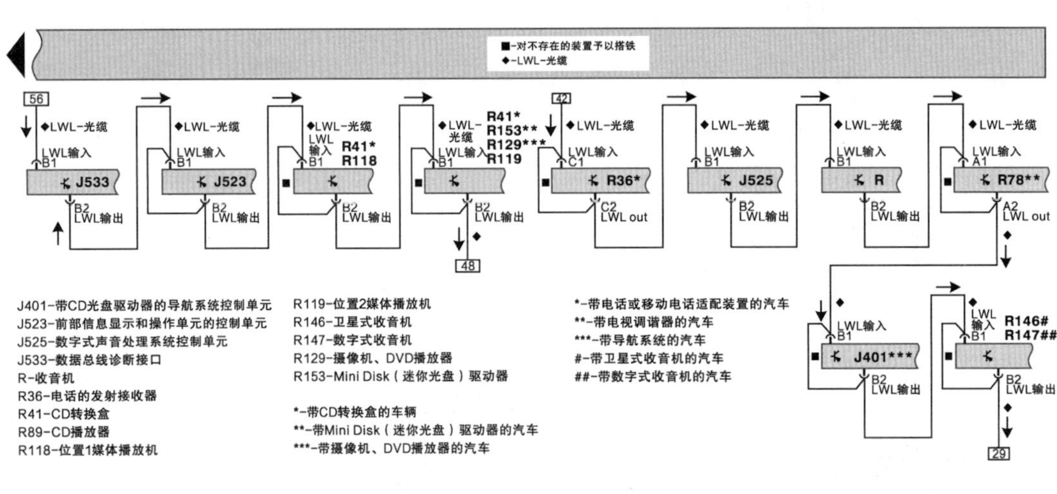

图4-40 奥迪 A6L 3.0L 汽车信息娱乐系统数据总线电路图

(4)经分析认为,故障是由于在 MOST-BUS 中的某一个控制单元无法正常工作导致光波信号不能正常传输,造成了整个系统无法打开。使用 V.A.S 5052 对该车进行光纤环路断开故障诊断和光波衰减 3dB 断环诊断均无法执行,这说明在 MOST-BUS 中其系统诊断导线上有故障。

根据 MOST-BUS 系统和其环路断开诊断线路的布局结构来分析,造成诊断导线故障的可能原因有:

(1)环路断开诊断线路中存在对搭铁短路。

(2)有故障的控制单元导致环路断开诊断线路搭铁。

(3)在环路断开诊断线路中存在对正极短路。

3)查找故障原因

测量环路断开诊断线路。由于环路中断诊断导线是以星形结构布置的,所以可以在任何控制单元处测量拔下的控制单元插头处的电压。

(1)使用 V. A. S5052 对该车进行环路中诊断导线的测量。先从行李舱的左后衬板内断开音响控制单元 J525,测量其电器插头上的环路中断诊断导线的电压,发现环路中诊断导线与搭铁线之间的电压为 13.5V(标准值 5V),说明在环路中断诊断导线中存在对正极短路的故障。

其故障原因有:环路中断诊断导线本身存在线路故障;MOST-BUS 中的某一个控制单元内部存在与正极短路的故障。

(2)对 MOST BUS 中的各个控制单元逐一断开,再测量环路中断诊断导线的电压。当断开前部信息控制单元 J523 时,发现环路中诊断导线的电压降低到了 5V,从而说明正是由于前部信息控制单元 J523 控制单元内部元件有对正极短路的故障,从而进一步导致 MMI 系统无法工作,以及出现光纤环路断开故障诊断和光波衰减 3dB 断(路)环诊断均无法执行的故障现象。

4)解决办法

更换前部信息控制单元 J523 后,故障消失,MMI 系统恢复正常工作。再次检查车辆静态放电电流为 20mA,在标准范围内。

5)维修小结

由于 J523 控制单元内部元件有对正极偶然短路故障,造成诊断导线对正极短路,从而出现 MMI 系统有时无法工作,MMI 系统无法进入休眠状态,致使车辆静态放电电流增加。

思考与练习

1. MOST 总线具有哪些特征?

2. MOST 的通信速率是多少? MOST 采用何种传输介质? MOST 采用光波通信有何突出优点?

3. MOST 控制单元由哪些部件构成? 各部件的功能是什么?

4. 发光二极管和光电二极管的工作原理及功能分别是什么?

5. 光导纤维是根据什么原理来传递光信号的? 发生全反射需要满足哪几个条件? 为什么光导纤维的弯曲半径不能太小?

6. MOST 总线系统的状态有哪几种模式?

7. 简述 MOST 信息帧的组成及各部分的功能。

8. 如何进行 MOST 总线系统的故障诊断?

9. MOST 光纤导线常见故障有哪些? 进行维修时要注意哪些事项?

学习任务 5

FlexRay 总线系统检测与修复

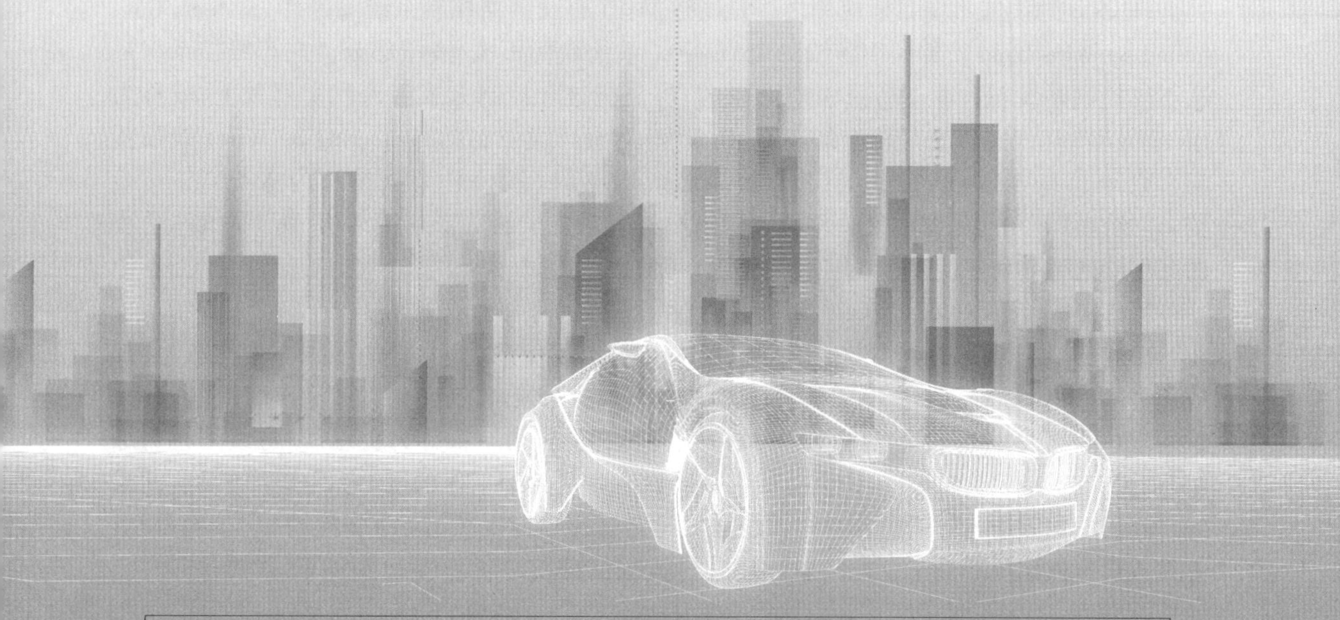

情境导入

某客户驶来一辆奥迪 A6 轿车，其全速自适应巡航（ACC）功能失效，要求给予维修。

要完成这个工作任务，首先我们需要知道汽车 FlexRay 总线的结构与原理、检修 FlexRay 总线的各种方法。下面就分步来完成本学习任务。

一 FlexRay 总线系统的结构与原理

1. FlexRay 总线的产生及应用领域

随着汽车电子控制技术向智能化方向发展,智能网联汽车、无人驾驶汽车的兴起,通过CAN总线、LIN总线联网来接收、发送并处理大量的数据已经难以满足要求,尤其是不能满足分布式控制系统对通信时间离散性及延迟的要求。在这种背景下,传输速率更高、容错功能更强、基于时间触发、传输延迟小且固定的新型数据总线——FlexRay总线应运而生。

采用FlexRay总线是为了满足对汽车控制单元联网结构的更高要求,特别是为了实现更快的数据传输速率、更强的实时控制和更高的容错运算。使用FlexRay总线之后才可以满足驾驶动态控制、车距控制和图像处理等功能的高质量需求。

FlexRay总线的重要目标应用之一是线控操作(有线链路控制系统的操作,Systems Controlled by Wire Links),即利用容错的电气/电子系统取代机械/液压部分。汽车线控系统是从飞机控制系统(Fly-by-Wire)引申而来的,将飞机这种控制方式引入汽车驾驶上,就称为Drive-by-Wire(线控驾驶),相应的还有:Brake-by-Wire(线控制动)、Steering-by-Wire(线控转向)、Throttle-by-Wire(线控节气门)、Suspension-by-Wire(线控悬架),统称为X-by-Wire(线控)。这些创新功能的基础是一种能够满足严格容错要求的宽带总线结构,而FlexRay总线的高传输速率和良好的容错性使其具有该方面的应用潜力。

2. FlexRay 总线的基本特点

FlexRay数据总线系统首次是在Audi A8车型上使用的,奥迪其他多种系列汽车,也都应用了FlexRay数据总线。FlexRay数据总线是双线式总线系统,其数据传输速度是10Mb/s。这两根总线导线,一根标为正总线(导线颜色为粉红色),另一根标为负总线(导线颜色为绿色),如图5-1所示。FlexRay数据总线在单线状态时是无法工作的,因为工作中要对这两条线之间的电位差进行分析。该总线系统的数据传送采用定时方式(时间控制)。其优点是:开发人员可以准确获知某个控制单元何时将数据信息发送到总线上,这些数据信息何时到达接收者处。

FlexRay网络的特点如下。

(1)双线式总线系统。

(2)时间控制式数据传输(时间触发)。

(3)数据传输率:最高可达10Mb/s。

(4)数据传输有三个信号状态:

Idle(空闲)。

Data 0(数据0)。

Data 1(数据1)。

(5)“主动”星形拓扑结构。

(6)实时控制。

(7)可实现分散调节并可用于与安全相关的系统。

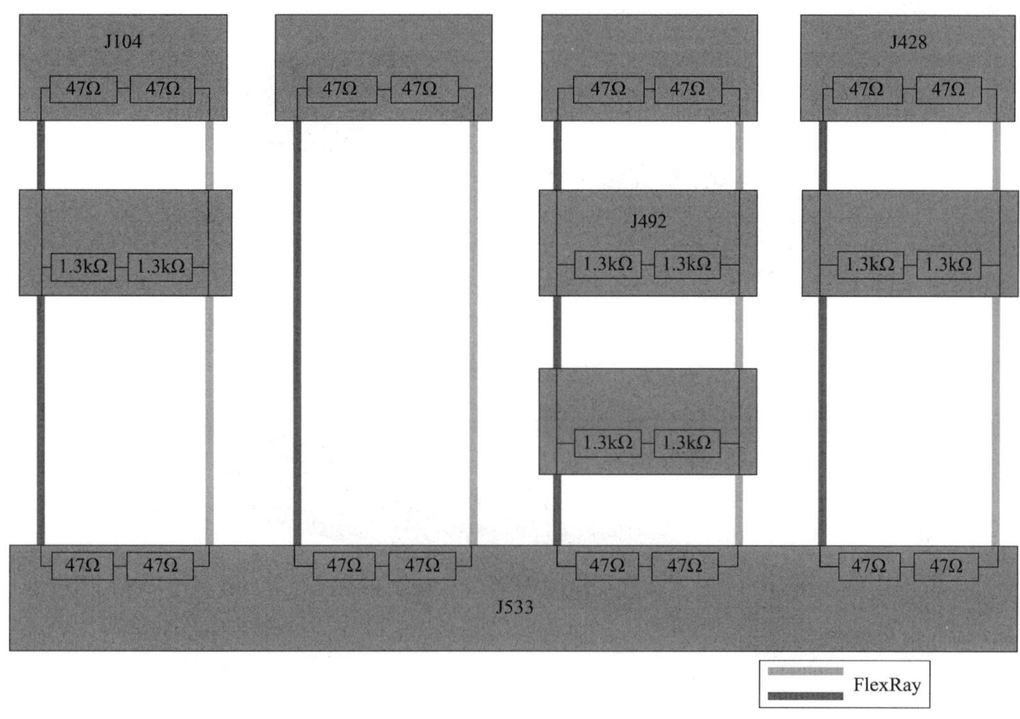

图5-1 FlexRay数据总线

3. FlexRay网络的基本原理

(1)通信周期。

在FlexRay总线上,信息通过“通信周期”(Communication Cycles)传输(图5-2)。通信周期不断循环,一个通信周期持续5ms。

通信周期的组成:静态段、动态段、网络空闲时间(空载)。

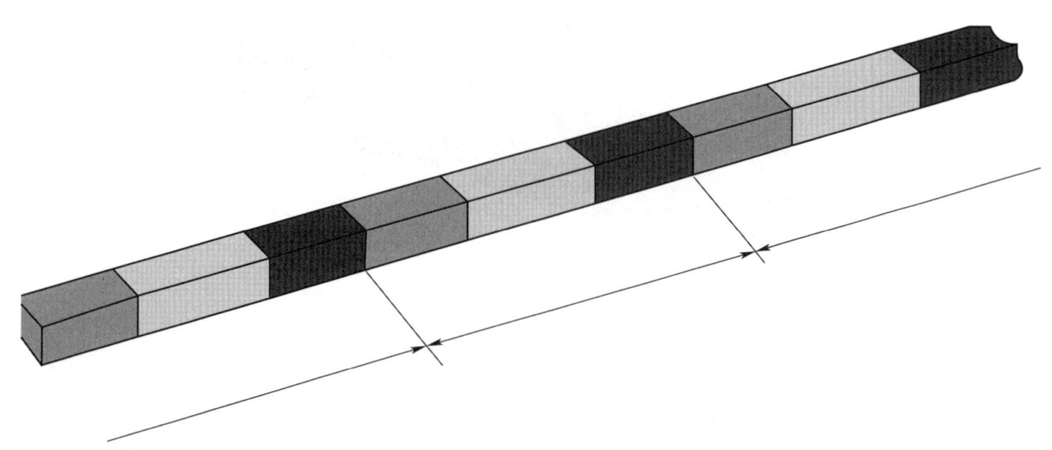

图5-2 FlexRay通信周期

①静态段。

静态段在总线用户之间传递信息(图5-3)。为了传输数据,静态段被分为62个时隙,即“时间槽”。一个静态时隙只能发送到一个特定的总线用户中,但是,所有总线用户可以接收所有静态时隙,也包括那些与它没有确定关系的时隙。

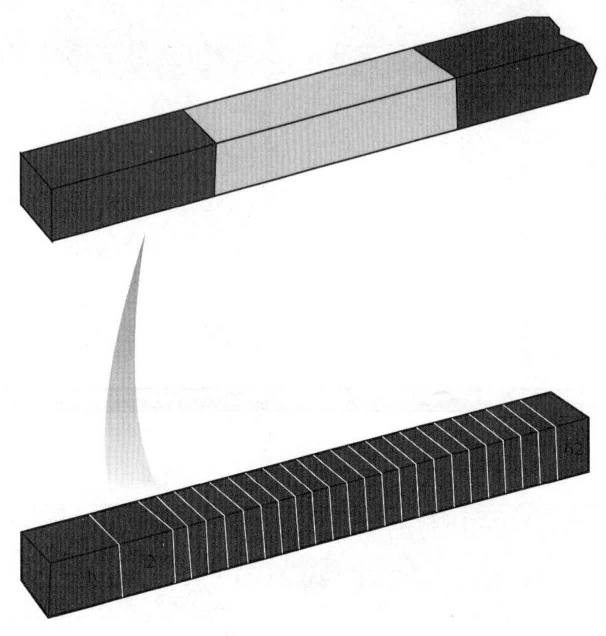

图5-3　静态段

所有静态时隙的长度都相等,都是42字节,时隙的顺序固定不变。在接连不断的通信周期中,各个静态段传输不同内容的信息。一般情况下,无论所有时隙是否都承载信息,整个时隙结构都会被传输。在奥迪车型上,总线用户还会持续发送"Update Bit"。

②动态段。

动态段被分成若干"最小时隙(Minislot)",所有总线用户都会接收动态段。动态段是通信周期中为了能够传输事件触发的数据而预留的位置(图5-4)。

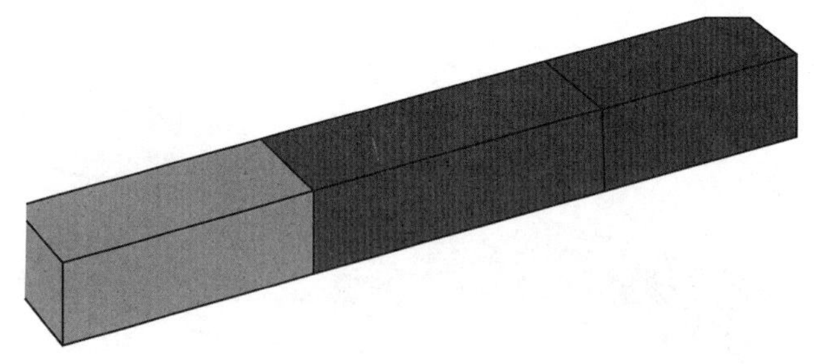

图5-4　动态段

③网络空闲时间。

网络空闲时间就是"网络静止时间"(图5-5)。在这段时间内,FlexRay总线上没有信息在传输。数据总线诊断接口J533需要这段时间同步FlexRay总线上数据传输的过程。所有总线用户利用网络空闲时间使内部时钟与全球时基同步。

(2)FlexRay网络的功能流程。

①唤醒。

如果FlexRay总线处于休眠模式,系统会先通过唤醒过程使FlexRay变成待机模式。即激活所有接线端30的用户，FlexRay 总线也无法主动进行通信。

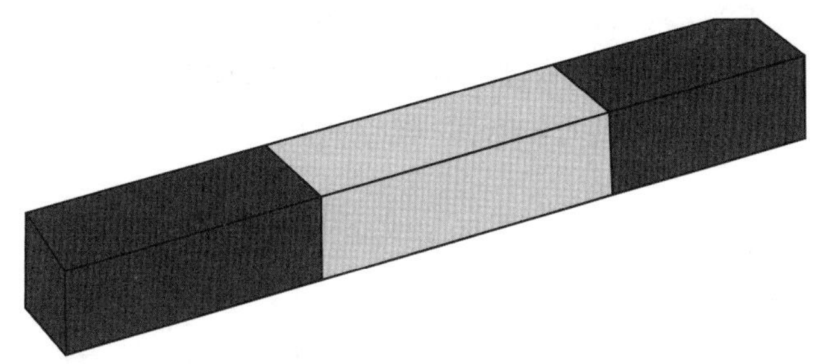

图5-5　网络空闲时间

唤醒时，唤醒控制单元在 FlexRay 总线上发送“唤醒符号”。在发送前总是要延时确定 FlexRay 总线上是否真的没有通信，所有控制单元是否真的都处于休眠状态。

②启动阶段。

启动后，FlexRay 总线才能真正地进行通信。启动，指的就是网络的启动，只能由“冷态启动”控制单元完成。第一个向 FlexRay 总线发送信息的“冷态启动”控制单元开始启动过程。“冷态启动”和同步控制单元将会启动网络，并建立同步。

“冷态启动”和同步控制单元有：

a. 数据总线诊断接口 J533。

b. ABS 控制单元 J104。

c. 电子传感器控制单元 J849。

然而，“非冷态启动”控制单元则不会启动 FlexRay 总线，对建立同步也没有帮助。只有当两个以上其他总线用户在 FlexRay 总线上发送信息后，非冷态启动控制单元才可以发送信息。非冷态启动控制单元有：

a. 车距控制装置控制单元 J428。

b. 车距控制装置控制单元2 J850。

c. 图像处理控制单元 J851。

d. 四轮驱动系统控制单元 J492。

e. 水平高度调节系统控制单元 J197(无法启动网络，但是对同步有帮助)。

③初始化阶段。

引导启动过程的冷态启动控制单元1以本身未经修正的时基开始传输数据。冷态启动自动控制单元2与冷态启动控制单元1的数据流建立同步。仅当两个以上冷态启动控制单元开始通信后，非冷态启动控制单元才与 FlexRay 总线建立同步。

④信号状态。

FlexRay 总线的两条导线，分别是“Busplus”(正总线)和“Busminus”(负总线)。两条导线上的电平在最低值1.5V 和最高值3.5V 之间变换。

FlexRay 的信号状态有三种，如图5-6所示。

a. “空闲”。两导线的电平都为2.5V。

b. “Data 0”。Busplus 上低电平，Busminus 上高电平。

c. “Data 1”。Busplus 上高电平，Busminus 上低电平。

1bit 占 100ns 带宽。传输时间与导线长度以及总线驱动器的传输用时有关。接收器通过两个信号的差别确定本来的比特状态。典型的数值是 1.8 ~ 2.0V 的压差。发送器附近必须至少 1200mV 的压差,接收器处的直接最小压差为 800mV。如果在 640 ~ 2660μs 之内总线上没有变化,FlexRay 总线自动进入休眠模式(空闲)。

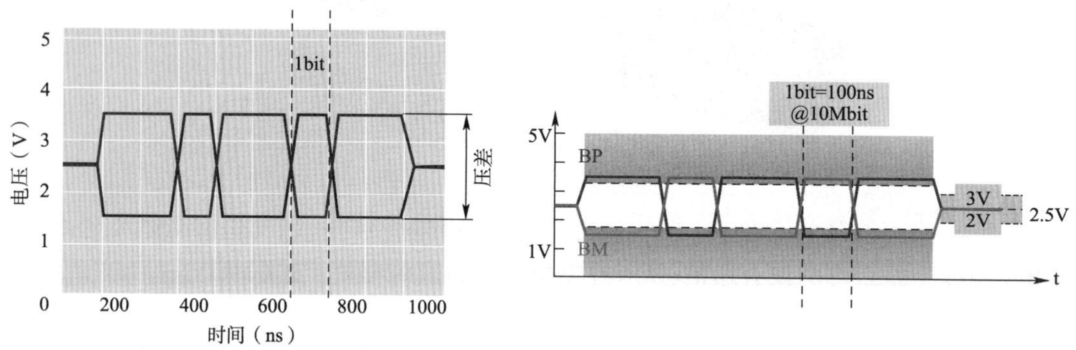

图 5-6 FlexRay 的信号状态

⑤FlexRay 总线与 CAN 总线的比较。

FlexRay 总线与 CAN 总线的比较见表 5-1。

FlexRay 总线与 CAN 总线的比较 表 5-1

特性	CAN 数据总线	FlexRay 总线
布线	双绞线	双绞线
信号状态	“0”:显式;“1”:隐式	“空闲”;“Data 0”;“Data 1”数据
数据传输率	500kb/s	10Mb/s
访问方式	事件触发	时间触发
拓扑结构	总线,被动星形	点对点,主动星形,Daisy Chain1
优先设定	先发送优先级别比较高的信息	无,数据在固定的时间点发送
确认信号	接收器确认接收到有效的数据帧	发送器不会获得数据帧是否正确传输的信息
故障日志	在网络中能用故障日志标记故障和错误	每个接收器自行检测接收到的数据帧是否正确
帧数据长度	有效数据最长 8 字节	有效数据最长 256 字节
传输	按需要传输	传输数据帧的时间点确定
	可以使用 CAN 总线的时间点由负载决定	传输持续时间确定
	CAN 总线可能超负载	即使不需要,也保留时间槽
到达时间	不可知	可知

二 FlexRay 总线系统在汽车上的应用

1. FlexRay 总线在奥迪 A8L(D4)车型中的应用

FlexRay 总线在奥迪 A8L(D4)车型中的应用如图 5-7 所示。

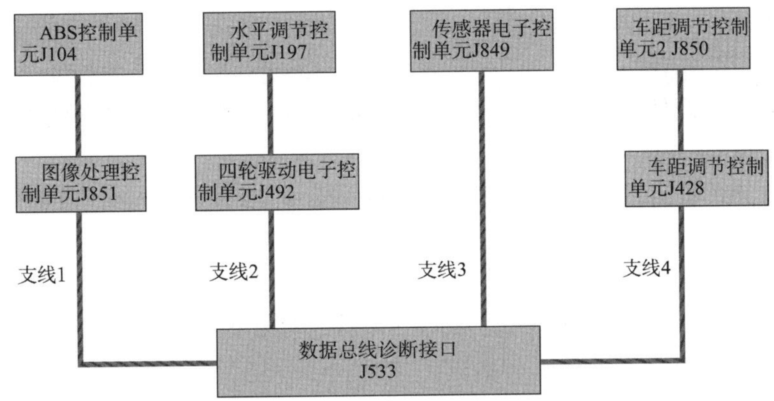

图 5-7　FlexRay 总线在奥迪 A8L(D4)车型中的应用

其连接的控制单元包括:数据总线诊断接口 J533(控制器);图像处理控制单元 J851;ABS 控制单元 J104;四轮驱动电子控制单元 J492;水平调节控制单元 J197;传感器电子控制单元 J849;车距调节控制单元 J428;车距调节控制单元 2 J850。

在奥迪 A8L(D4)车型中,每条支路上最多连接两个控制单元。其中,主动星形连接器以及支路上的"末端控制单元"中接低电阻(内电阻较低),而"中间控制单元"则接高电阻(内电阻较高)。

"终端控制单元"的终端电阻很低(约 90Ω);"中间控制单元"的电阻很高(约 2.6kΩ);"中间控制单元"不会阻碍信号的传递。

(1)一条 FlexRay 支路上的"中间控制单元"通过四个芯脚与 FlexRay 总线连接,其中两个用来将总线信号"转送"给下一个控制单元;另外两个用于直接与 FlexRay 总线通信。

(2)"末端控制单元",例如,ABS 控制单元 J104,只有两个芯脚。

2. FlexRay 总线电路图及功能流程

奥迪 A8L(D4)车型中 FlexRay 总线电路图如图 5-8 所示。

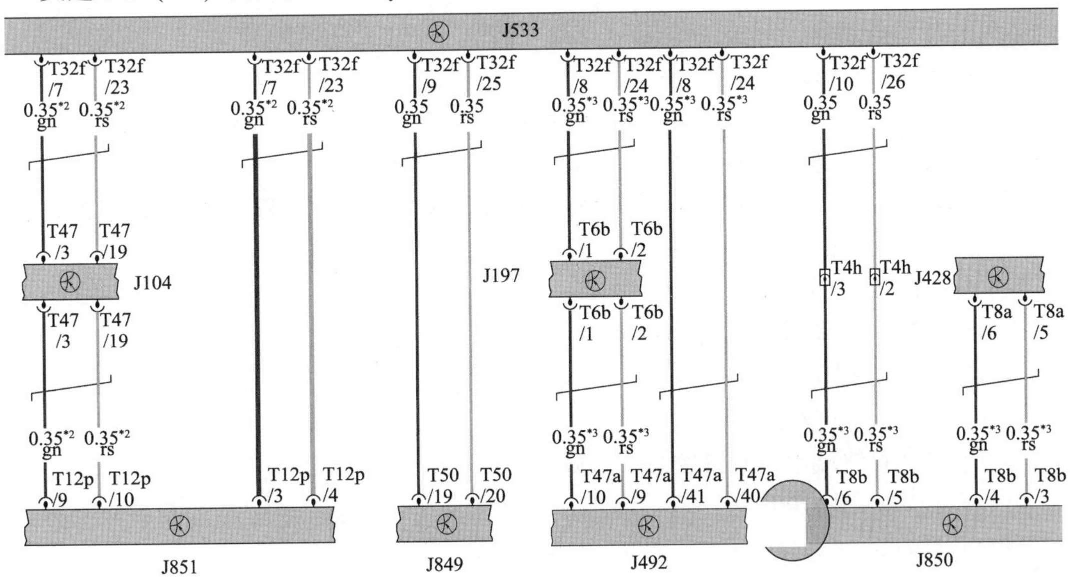

图 5-8　奥迪 A8L(D4)车型 FlexRay 总线电路图

功能流程如下。

(1)唤醒。

如果 FlexRay 总线处于休眠模式,系统会先通过唤醒过程使 FlexRay 变成待机模式。

(2)启动阶段。

“冷态启动”和同步控制单元启动网络,并建立同步。两个以上其他总线用户在 FlexRay 总线上发送信息后,非冷态启动控制单元发送信息。

(3)初始化阶段。

引导启动过程的冷态启动控制单元 1 以本身未经修正的时基开始传输数据。冷态启动控制单元 2 与冷态启动控制单元 1 的数据流建立同步。仅当两个以上冷态启动控制单元开始通信后,非冷态启动控制单元才与 FlexRay 总线建立同步。

如果 FlexRay 总线处于休眠模式,系统会先通过唤醒过程使 FlexRay 变成待机模式。即使激活所有接线端 30 的用户,FlexRay 总线也无法主动进行通信。

三 FlexRay 总线系统的故障诊断

1. 出现故障时 FlexRay 总线的表现

(1)一条导线对搭铁短路。

数据总线诊断接口 J533 识别到一个持续不变的压差。相关的总线支路关闭,直到再次“空闲”,也就是说,识别到休眠模式的电平。

(2)两条导线相互短路。

数据总线诊断接口 J533 识别到“空闲”电压持久不变。该总线支路上再也无法发送和接收数据。

(3)控制单元持续发送“空闲”。

数据总线诊断接口 J533 识别到总线支路“空闲”,并关闭总线支路。

2. FlexRay 网络的诊断

数据总线诊断接口 J533 识别到网络中的故障,并使没有故障的区域可以继续工作。故障可能仅出现在某一部分网络内,但是也有可能涉及整个网络。

下列 FlexRay 总线故障可以用车辆诊断测试仪诊断(地址码 19-数据总线诊断接口):

(1)控制单元无通信。

(2)FlexRay 数据总线损坏。

(3)FlexRay 数据总线初始化失败。

(4)FlexRay 数据总线信号出错。

3. FlexRay 总线故障诊断

可以通过测量终端电阻来判断总线故障。

(1)正常状态(图 5-9)。

测量电阻为 $R_M=47\Omega$。

①测量点为“正”和“负”之间。

②控制单元正常连接在系统中。

③电缆和终端电阻正常。

(2)网关与中间控制单元断路(图5-10)。

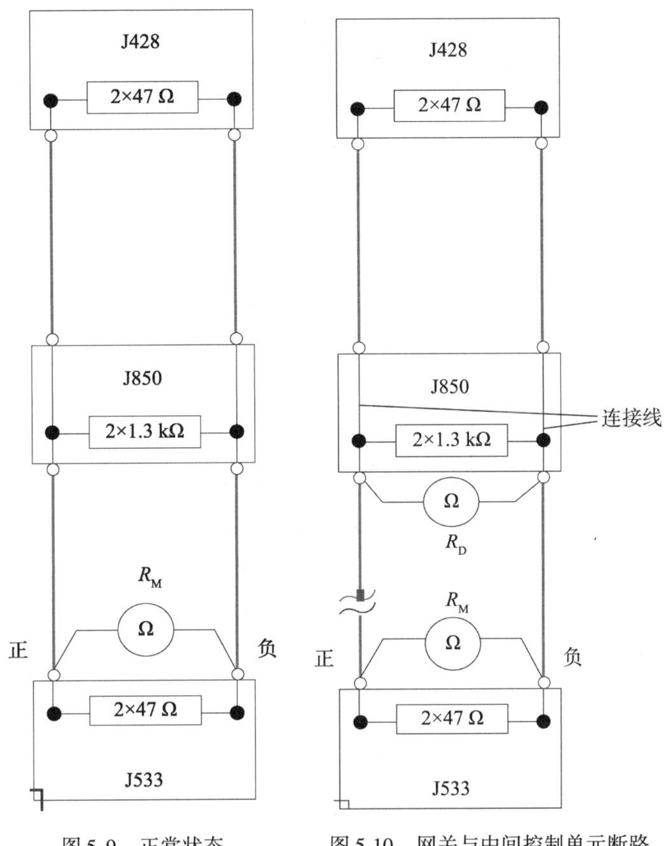

图5-9　正常状态　　　　图5-10　网关与中间控制单元断路

测量电阻为 $R_M = 94\Omega$。

①测量点为"正"和"负"之间。

②所有控制单元正常连接在系统中。

③拔掉网关后,测量电阻 R_M 为无穷大,这意味着网关与支路间存在断路。

④拔下终端电阻之后,测量电阻为 $R_D = 2.6\text{k}\Omega$。

⑤连接线的电阻应小于 2Ω。

4. FlexRay 总线维修

FlexRay 导线与 CAN 导线一样,是绞接线,该线另有保护层。保护层不是起屏蔽作用的,而是用于尽量降低外部干扰(例如湿度和温度)对导线特性阻抗的影响。理论上讲,FlexRay 导线在修理时可逐段更换,如图5-11所示。

使用横截面积为 0.35mm^2 的双芯护套电缆1和2作为 FlexRay 电缆,如图5-12所示。

(1)维修时,电缆的两根芯的长度必须完全吻合。

(2)如果要绞合导线1和2,则绞距必须满足 $A = 30\text{mm}$。

(3)如果导线未绞合,则未绞合线段长度不得大于 $B = 30\text{mm}$,例如在压接器区域内箭头处。

(4)剥除护套的电缆长度最长为100mm。

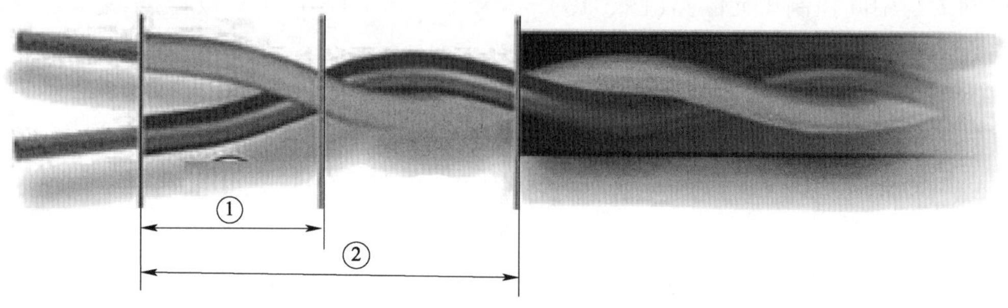

图5-11 FlexRay导线的维修

①-无绞接段长度;②-无外皮段长度

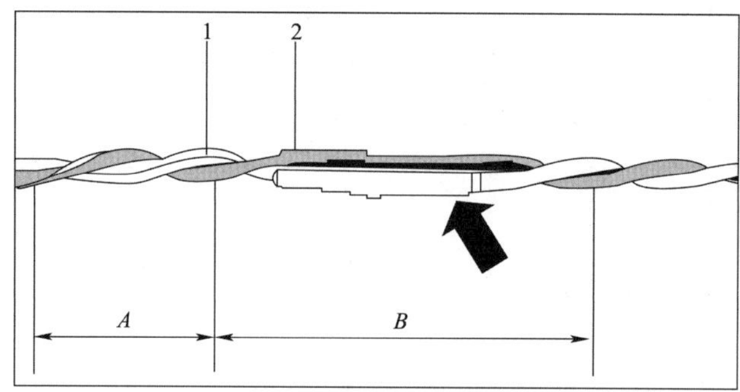

图5-12 FlexRay导线的维修

思考与练习

1. 简述FlexRay总线的主要特点。

2. FlexRay总线的通信周期由哪几部分组成?各部分的功能是什么?

3. FlexRay的信号状态有哪几种?其信号电平各有何特征?

4. FlexRay总线与CAN总线有哪些异同之处?

5. FlexRay总线的终端电阻有何特点?如何通过对终端电阻的检测来判断FlexRay总线系统的故障?

参考文献

[1] 李东江,张大成. 汽车车载网络系统(CAN-BUS)原理与检修[M]. 北京:机械工业出版社,2005.

[2] 南金瑞,刘波澜. 汽车单片机及车载总线技术[M]. 北京:北京理工大学出版社,2005.

[3] 于万海. 车载网络系统原理与检修[M]. 北京:电子工业出版社,2008

[4] 谭本忠. 汽车车载网络维修教程[M]. 北京:机械工业出版社,2008.

[5] 管秀君. 汽车单片机及局域网技术[M]. 北京:人民交通出版社,2005

[6] 秦贵和. 车上网络技术[M]. 北京:机械工业出版社,2003.

[7] 吴文琳,吴丽霞. 汽车车载网络系统原理与维修精华[M]. 北京:机械工业出版社,2008.

[8] 李贵炎. 车载网络系统结构原理与维修[M]. 南京:江苏科学技术出版社,2008.

[9] 林为群. 汽车单片机及车载网络系统[M]. 北京:人民交通出版社,2007.

[10] 朱双华. 汽车 CAN 系统故障诊断与检测技术[M]. 长沙:国防科技大学出版社,2008.

[11] 李东江,张大成. 大众/奥迪车系故障诊断与排除技巧[M]. 北京:机械工业出版社,2007.

[12] 黄鹏. 汽车车载网络技术[M]. 北京:人民交通出版社股份有限公司,2019.

[13] 郭宏伟. 汽车车载网络技术[M]. 北京:人民交通出版社股份有限公司,2023.

车载网络系统检修

（第 4 版）

实 训 工 单

专业：________________

班级：________________

学号：________________

姓名：________________

人民交通出版社

北 京

CONTENTS 目　录

实训工单一　动力 CAN 总线系统的认识与万用表检测

班级________________　学号________________　姓名________________

分组号______________　车型________________　日期________________

能力目标：

1. 能熟练使用维修手册查阅相关资料。

2. 能说出动力 CAN 总线系统的基本组成，并说明其基本工作原理和功能。

3. 能使用万用表对动力 CAN 总线系统进行检测。

器材、仪器：

具有动力 CAN 总线系统的实验车（每组 1 台）、万用表（每组 1 个）、实验车维修手册、实验车电路图。

任务一　动力 CAN 总线系统的认识

1. 查阅该车维修手册，画出其动力 CAN 总线系统的结构原理图。

2. 在车上至少找到三个连接在动力 CAN 总线系统的控制单元，完成下例任务：

（1）控制单元一：单元名称______________，单元编号________，连接 CAN-H 的插脚编号是________，连接 CAN-L 的插脚编号是________。

（2）控制单元二：单元名称______________，单元编号________，连接 CAN-H 的插脚编号是________，连接 CAN-L 的插脚编号是________。

（3）控制单元三：单元名称______________，单元编号________，连接 CAN-H 的插脚编号是________，连接 CAN-L 的插脚编号是________。

(4)在OBD-Ⅱ诊断座上,连接CAN-H的插脚编号是________,连接CAN-L的插脚编号是________。

(5)在该车型中,CAN总线采用的导线形式为________,导线规格为________。CAN-H的颜色标志是________,CAN-L的颜色标志是________。

任务二 动力CAN总线系统的万用表检测

1.动力CAN总线系统的电阻检测

(1)在OBD-Ⅱ诊断座上检测。

在OBD-Ⅱ诊断座上,连接CAN-H的端子编号为________,连接CAN-L的端子编号为________,连接电源正极的端子编号为________,连接搭铁的端子编号为________。

电阻检测条件:____。

检测对象	检测值	参考值	检测结果判断与分析
CAN-H与CAN-L			
CAN-H与CAN-L(拔下一个含终端电阻控制单元插头)			
CAN-H与CAN-L(连接前面拔下的控制单元插头,拔下另一个含终端电阻的控制单元插头)			
CAN-H与搭铁			
CAN-L与搭铁			
CAN-H与正极			
CAN-L与正极			
CAN-H一端与CAN-H另一端			
CAN-L一端与CAN-L另一端			

(2)CAN总线有哪几种形式的断路故障?如何通过电阻检测来判断?

(3)CAN 总线有哪几种形式的短路故障？如何通过电阻检测来判断？

2. 动力 CAN 总线系统的电压检测

电压检测条件：____。

检测对象	检测值	参考值	检测结果判断与分析
电源电压			
CAN-H 对搭铁			
CAN-L 对搭铁			
CAN-H 对 CAN-L			

思考：起动汽车，轻踩加速踏板，观测电压值的变化情况，分析其变化原因。

实训工单二　动力 CAN 总线系统的波形检测

班级________________　学号________________　姓名________________
分组号______________　车型________________　日期________________

能力目标：

1. 能熟练使用维修手册查阅相关资料。
2. 能使用示波器对动力 CAN 总线系统进行波形检测。
3. 能读出动力 CAN 总线系统波形的数据，并说出各种波形的特点。

器材、仪器：

具有动力 CAN 总线系统的实验车（每组 1 台）、汽车专用示波器或带示波器功能的汽车故障诊断仪（每组 1 台）、实验车维修手册。

任务一　波形检测仪的认识与基本操作

1. 波形检测仪的名称为______________，该仪器为________（通用/专用）检测仪。
2. 说明进入波形检测的主要操作步骤：

任务二　动力 CAN 总线系统的波形检测

1. CAN-H 与 CAN-L 的正常工作波形

（1）电压单位值选取为________，时间单位值选取为________。

(2)根据检测结果画出 CAN-H 与 CAN-L 的正常波形草图(波形可以为输出打印)。

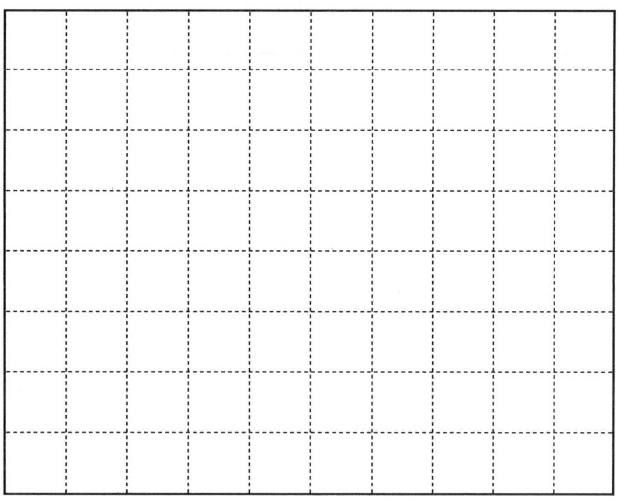

(3)读取 CAN-H 与 CAN-L 正常工作波形的主要数据:

CAN-H 的显性电平为________,隐性电平为________;CAN-L 的显性电平为________,隐性电平为________;一个 CAN 信息帧的时间长度约为________。

说明 CAN-H 与 CAN-L 正常工作波形的主要特征:

2. CAN-H 与 CAN-L 之间短路的信号波形

(1)根据检测结果画出 CAN-H 与 CAN-L 之间短路的信号波形草图。

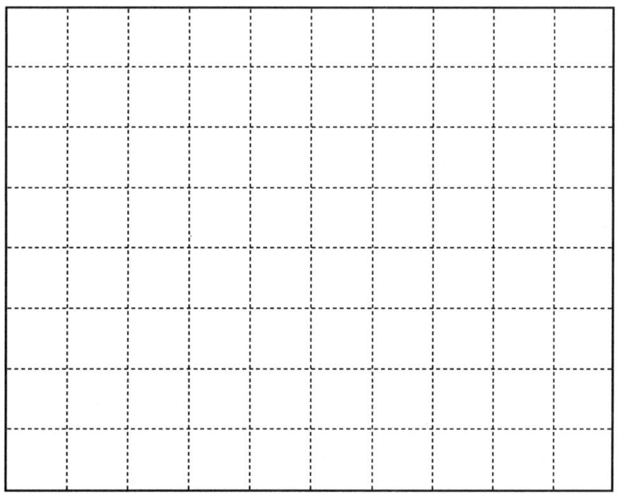

(2)说明 CAN-H 与 CAN-L 之间短路信号波形的主要特征。

3. CAN-H 对搭铁短路的信号波形

(1)根据检测结果画出 CAN-H 对搭铁短路的信号波形草图。

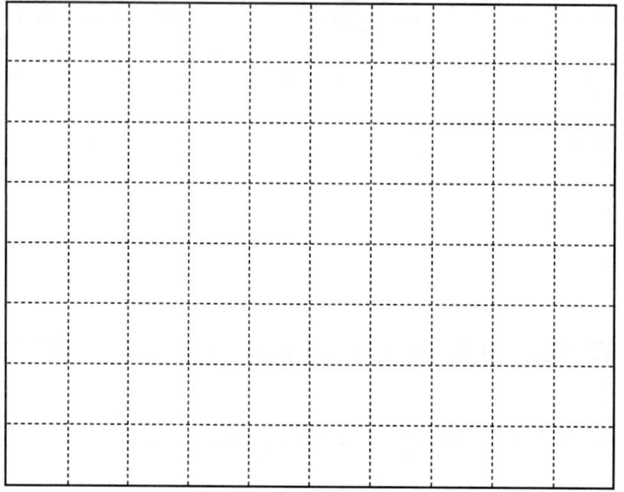

(2)说明 CAN-H 对搭铁短路信号波形的主要特征。

4. CAN-L 对搭铁短路的信号波形

(1)根据检测结果画出 CAN-L 对搭铁短路的信号波形草图。

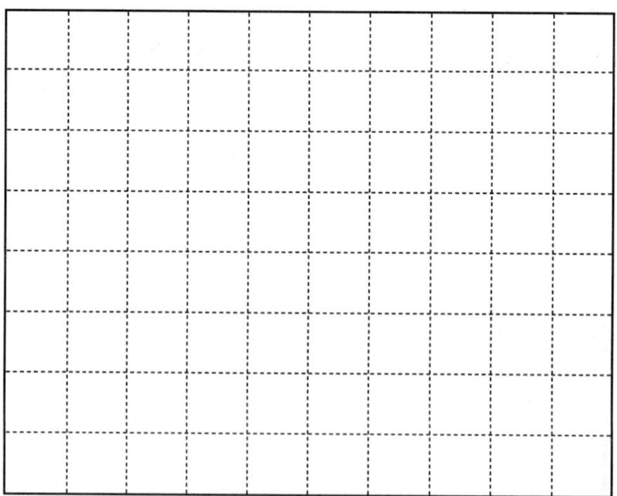

(2)说明 CAN-L 对搭铁短路信号波形的主要特征。

5. CAN-H 对正极短路的信号波形

(1)根据检测结果画出 CAN-H 对正极短路的信号波形草图。

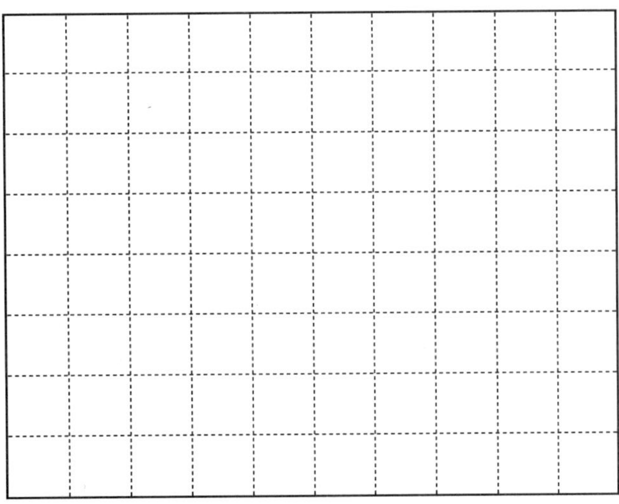

(2)说明 CAN-H 对正极短路信号波形的主要特征。

6. CAN-L 对正极短路的信号波形

(1)根据检测结果画出 CAN-L 对正极短路的信号波形草图。

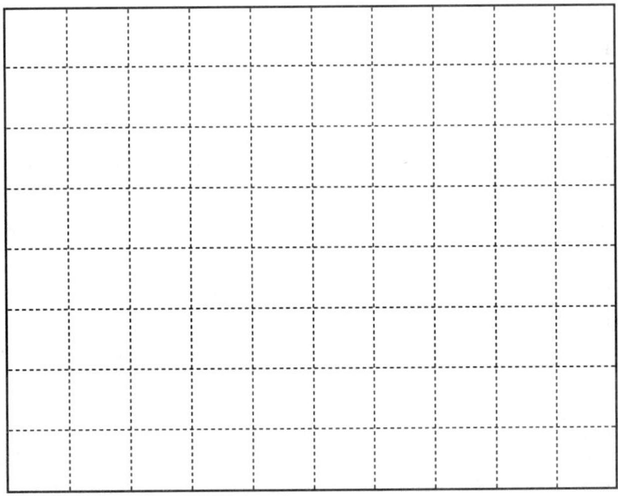

(2)说明 CAN-L 对正极短路信号波形的主要特征。

7. CAN-H 断路的信号波形

(1)根据检测结果画出 CAN-H 断路的信号波形草图。

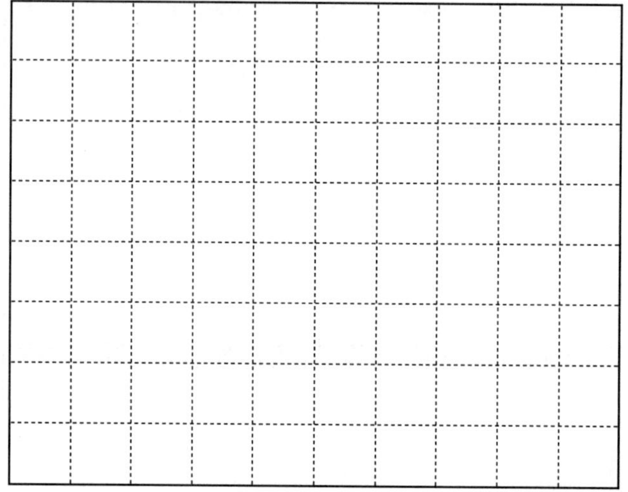

(2)说明 CAN-H 断路信号波形的主要特征。

8. CAN-L 断路的信号波形

(1)根据检测结果画出 CAN-L 断路的信号波形草图。

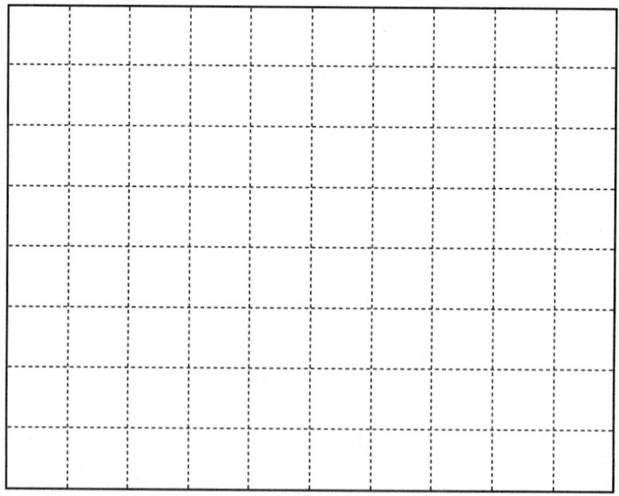

(2)说明 CAN-L 断路信号波形的主要特征。

实训工单三　舒适 CAN 总线系统的认识与万用表检测

班级________________　学号________________　姓名________________

分组号______________　车型________________　日期________________

能力目标：

1. 能熟练使用维修手册查阅相关资料。
2. 能说出舒适 CAN 总线系统的基本组成，并说明其基本工作原理和功能。
3. 能使用万用表对舒适 CAN 总线系统进行检测。

器材、仪器：

舒适 CAN 总线系统的实验台架或实验车（每组 1 台）、万用表（每组 1 个）、实验车维修手册。实验台架可选用大众 CAN-BUS 总线舒适系统示教板或速腾轿车电气系统教学平台-A（舒适系统）。

任务一　舒适 CAN 总线系统的认识

1. 认识该车型舒适 CAN 总线系统台架，画出其舒适 CAN 总线系统的结构原理图。

2. 找出连接在舒适 CAN 总线系统的每个控制单元，完成下例任务：

（1）控制单元一：单元名称______________，单元编号________，连接 CAN-H 的插脚编号是________，连接 CAN-L 的插脚编号是________。

（2）控制单元二：单元名称______________，单元编号________，连接 CAN-H 的插脚编号是________，连接 CAN-L 的插脚编号是________。

（3）控制单元三：单元名称______________，单元编号________，连接 CAN-H 的插脚编号是________，连接 CAN-L 的插脚编号是________。

（4）控制单元四：单元名称______________，单元编号________，连接 CAN-H 的插脚编号是________，连接 CAN-L 的插脚编号是________。

(5)控制单元五:单元名称______________,单元编号________,连接 CAN-H 的插脚编号是________,连接 CAN-L 的插脚编号是________。

(6)控制单元六:单元名称______________,单元编号________,连接 CAN-H 的插脚编号是________,连接 CAN-L 的插脚编号是________。

(7)在该车型中,承担网关功能的是________控制单元。

(8)该车型 CAN 总线采用的导线形式为________,导线规格为________。CAN-H 的颜色标志是________,CAN-L 的颜色标志是________。舒适 CAN 总线系统具备的主要功能包括:________。

任务二 舒适 CAN 总线系统的万用表检测

1. 电阻检测

(1)舒适 CAN 总线系统的电阻检测。

检测条件:____。

检测对象	检测值	参考值	检测结果判断与分析
CAN-H 与 CAN-L			
CAN-H 与搭铁			
CAN-L 与搭铁			
CAN-H 与正极			
CAN-L 与正极			
CAN-H 一端 与 CAN-H 另一端			
CAN-L 一端 与 CAN-L 另一端			

(2)如何通过电阻检测来确定舒适 CAN 总线系统是否存在短路故障?

(3)如何通过电阻检测来确定舒适 CAN 总线系统是否存在断路故障?

(4)以 E40 开关为例,检测此类新型开关各个挡位对搭铁的电阻。

检测条件：____。

检测对象	检测值	参考值	检测结果判断与分析
关闭(OFF)			
手动升(UP)			
自动升(AUTO UP)			
手动降(DOWN)			
自动降(AUTO DOWN)			

2. 电压检测

(1)舒适 CAN 总线系统的电压检测。

检测条件：____。

检测对象	检测值	参考值	检测结果判断与分析
电源电压			
CAN-H 对搭铁			
CAN-L 对搭铁			
CAN-H 对 CAN-L			

(2)以 E40 开关为例,检测此类新型开关各个挡位对搭铁的工作电压。

检测条件：____。

检测对象	检测值	参考值	检测结果判断与分析
关闭(OFF)			
手动升(UP)			
自动升(AUTO UP)			
手动降(DOWN)			
自动降(AUTO DOWN)			

(3)画出驾驶员控制右后车窗升降的原理简图,并说明其控制过程。

(4)请说明:新型开关是如何实现各个挡位的控制功能的?前窗的开关功能与后窗的开关功能相同吗?与传统开关相比较,新型开关具有哪些优点?

实训工单四 舒适 CAN 总线系统的波形检测

班级________________ 学号________________ 姓名________________

分组号______________ 车型________________ 日期________________

能力目标：

1. 能熟练使用维修手册查阅相关资料。
2. 能使用示波器对舒适 CAN 总线系统进行波形检测。
3. 能读出舒适 CAN 总线系统波形的数据，并说出各种波形的特点。

器材、仪器：

舒适 CAN 总线系统的实验台架或实验车（每组 1 台）、汽车专用示波器或带示波器功能的汽车故障诊断仪（每组 1 台）、实验车维修手册。实验台架可选用大众 CAN-BUS 总线舒适系统示教板或速腾轿车电气系统教学平台-A（舒适系统）。

任务一 检测 CAN-H 与 CAN-L 的正常波形

（1）电压单位值选取为________，时间单位值选取为________。

（2）根据检测结果画出 CAN-H 与 CAN-L 的正常波形草图（波形可以为输出打印）。

（3）读取 CAN-H 与 CAN-L 正常波形的主要数据，说明其主要特征。

CAN-H 的显性电平为________，隐性电平为________；CAN-L 的显性电平为________，隐性电平为________；一个 CAN 信息帧的时间长度约为________。

其他主要特征有：____。

任务二　检测 CAN-H 与 CAN-L 的故障波形

1. 检测 CAN-H 与 CAN-L 之间短路的信号波形

(1)根据检测结果画出 CAN-H 与 CAN-L 之间短路的信号波形草图,并验证系统能否单线工作。[能(　　)/否(　　)]

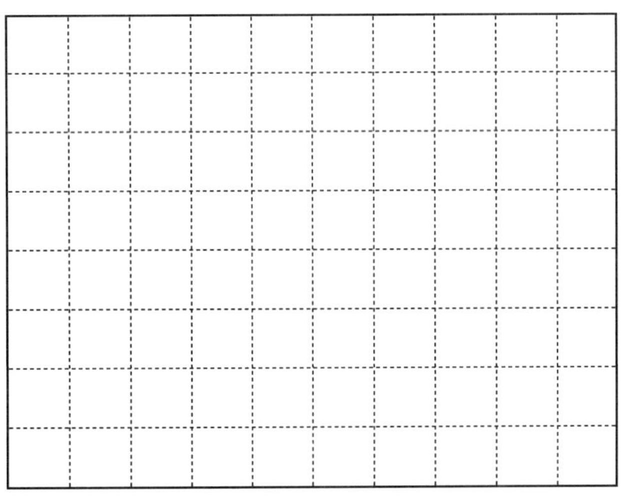

(2)说明 CAN-H 与 CAN-L 之间短路信号波形的主要特征。

2. 检测 CAN-H 对搭铁短路的信号波形

(1)根据检测结果画出 CAN-H 对搭铁短路的信号波形草图,并验证系统能否单线工作。[能(　　)/否(　　)]

(2)说明 CAN-H 对搭铁短路信号波形的主要特征。

3. 检测 CAN-L 对搭铁短路的信号波形

(1)根据检测结果画出 CAN-L 对搭铁短路的信号波形草图,并验证系统能否单线工作。[能(　　)/否(　　)]

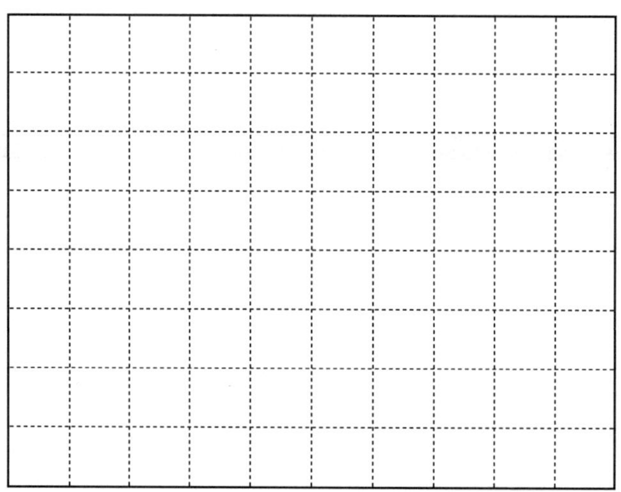

(2)说明 CAN-L 对搭铁短路信号波形的主要特征。

4. 检测 CAN-H 对正极短路的信号波形

(1)根据检测结果画出 CAN-H 对正极短路的信号波形草图,并验证系统能否单线工作。[能(　　)/否(　　)]

(2)说明 CAN-H 对正极短路信号波形的主要特征。

5. 检测 CAN-L 对正极短路的信号波形

(1)根据检测结果画出 CAN-L 对正极短路的信号波形草图,并验证系统能否单线工作。[能(　　)/否(　　)]

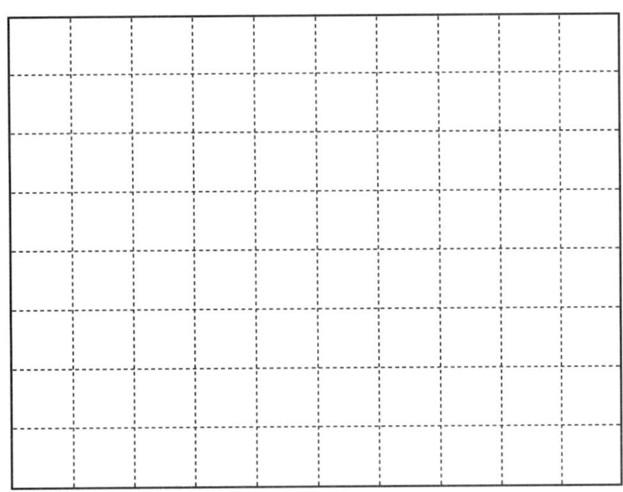

(2)说明 CAN-L 对正极短路信号波形的主要特征。

6. 检测 CAN-H 断路的信号波形

(1)根据检测结果画出 CAN-H 断路的信号波形草图,并验证系统能否单线工作。[能(　　)/否(　　)]

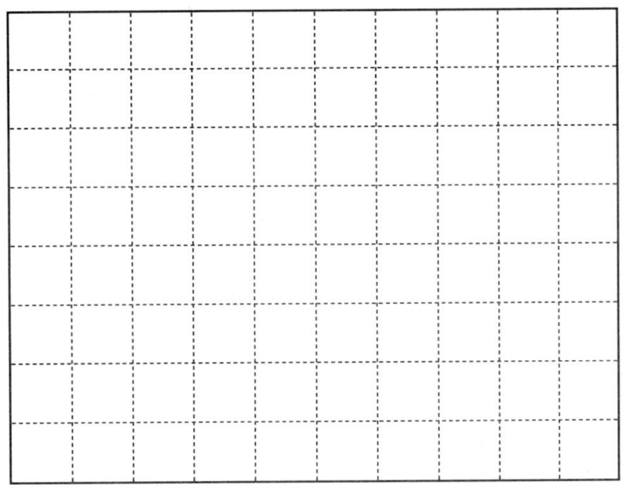

(2)说明 CAN-H 断路信号波形的主要特征。

7. 检测 CAN-L 断路的信号波形

(1)根据检测结果画出 CAN-L 断路的信号波形草图,并验证系统能否单线工作。[能(　　)/否(　　)]

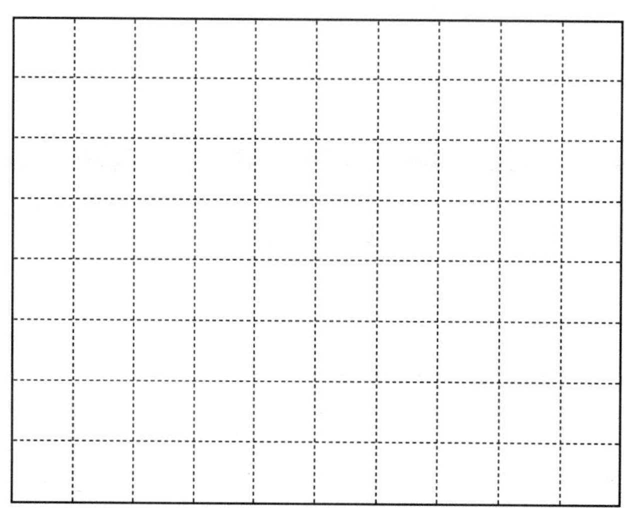

(2)说明 CAN-L 断路信号波形的主要特征。

8. 选做下面部分或全部内容

(1)检测 CAN-H 通过连接电阻(可采用电位器模拟)对搭铁短路的信号波形。

(2)检测 CAN-H 通过连接电阻对正极短路的信号波形。

(3)检测 CAN-L 通过连接电阻对搭铁短路的信号波形。

(4)检测 CAN-L 通过连接电阻对正极短路的信号波形。

(5)检测 CAN-H 与 CAN-L 之间通过连接电阻短路的信号波形。

实训工单五　LIN 总线系统的认识与检测

班级________________　学号________________　姓名________________

分组号______________　车型________________　日期________________

能力目标：

1. 能熟练使用维修手册查阅相关资料。

2. 能说出 LIN 总线系统的基本组成、主要特点及其与 CAN 总线的关系。

3. 能使用万用表、示波器对 LIN 总线系统进行检测。

器材、仪器：

LIN 总线系统的实验台架或实验车（每组 1 台）、万用表（每组 1 个）、实验车维修手册。实验台架可选用速腾轿车电气系统教学平台-A（舒适系统）。

任务一　LIN 总线系统的认识

1. 在台架上连接该车型 LIN 总线系统，画出其 LIN 总线系统的结构原理图。

2. 找出连接在 LIN 总线系统的每个控制单元，完成下例任务：

（1）LIN 总线系统一：主控制单元名称为______________，单元编号为________，连接 LIN 总线的插脚编号是________；从控制单元名称为______________，单元编号为________，连接 LIN 总线的插脚编号是________。

（2）LIN 总线系统二：主控制单元名称为______________，单元编号为________，连接 LIN 总线的插脚编号是________；从控制单元名称为______________，单元编号为________，连接 LIN 总线的插脚编号是________。

（3）在该车型中，承担网关功能的是________控制单元，单元编号为________。

（4）该车型 CAN 总线采用的导线形式为________，其规格为________。LIN 总线采用的导线形式为________,导线规格为________,颜色标志为________。

任务二 LIN 总线系统的万用表检测

1. 电阻检测

(1)LIN 总线系统的电阻检测。

检测条件:____。

检测对象	检测值	参考值	检测结果判断与分析
LIN 总线与搭铁			
LIN 总线与正极			
LIN 总线一端与 LIN 总线另一端			

(2)如何通过电阻检测来确定 LIN 总线系统是否存在短路故障?

(3)如何通过电阻检测来确定 LIN 总线系统是否存在断路故障?

2. 电压检测

检测 LIN 总线系统的电压,并与 CAN 总线的电压进行比较。

检测条件:____。

检测对象	检测值	参考值	检测结果判断与分析
电源电压			
LIN 对搭铁			
CAN-H 对搭铁			
CAN-L 对搭铁			

任务三 检测 LIN 总线的工作波形

1. LIN 总线的正常工作波形检测

(1)电压单位值选取为________,时间单位值选取为________。

(2)根据检测结果画出 LIN 总线的正常工作波形草图(波形可以为输出打印)。

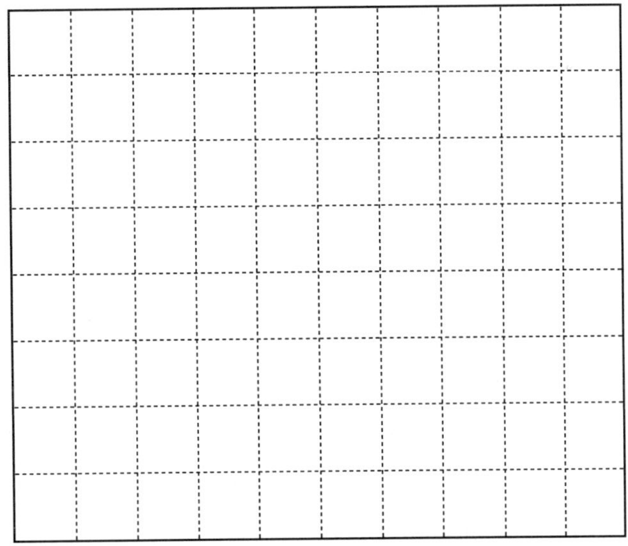

(3)读取 LIN 总线正常波形的主要数据,说明其主要特征。

LIN 总线的显性电平为________,隐性电平为________,一个 LIN 信息帧的时间长度约为________。

2. LIN 总线通过 $R \leqslant 200\Omega$ 电阻对正极短路的波形检测

(1)根据检测结果画出此时 LIN 总线的工作波形草图。

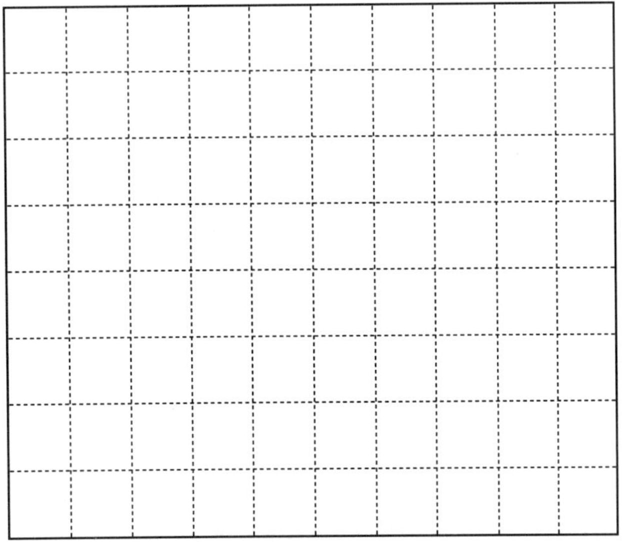

(2)在上图中可以看出,LIN 总线的显性电压最低值为________,这________(属于/超过)信号电平允许范围。由此判定,LIN 总线________(能够/不能)正常工作。

3. LIN 总线通过 $R \geqslant 300\Omega$ 电阻对正极短路的波形检测

(1)根据检测结果画出此时 LIN 总线的工作波形草图。

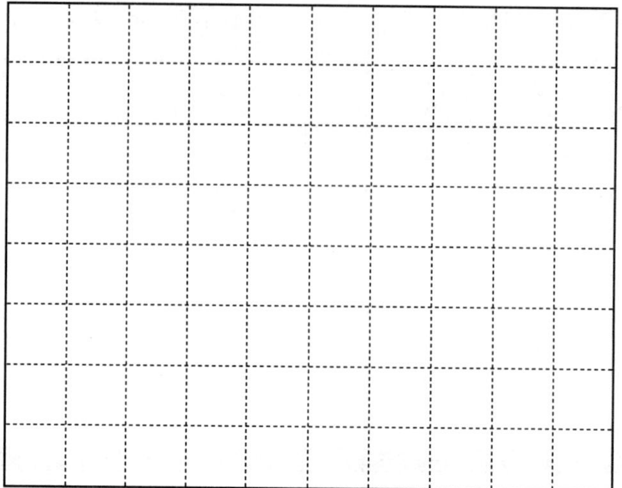

(2)在上图中可以看出,LIN 总线的显性电压最低值为________,最高值为________,这________(属于/超过)信号电平允许范围。由此判定,LIN 总线________(能够/不能)正常工作。

实训工单六　MOST 总线系统的认识与检测

班级＿＿＿＿＿＿＿＿　学号＿＿＿＿＿＿＿＿　姓名＿＿＿＿＿＿＿＿

分组号＿＿＿＿＿＿＿　车型＿＿＿＿＿＿＿＿　日期＿＿＿＿＿＿＿＿

能力目标：

1. 能熟练使用维修手册查阅相关资料。
2. 能说出 MOST 总线系统的基本组成、主要特点及基本功能。
3. 能使用诊断仪、MOST 专用维修设备对 MOST 总线系统进行诊断与维修。

器材、仪器：

MOST 总线系统实验车或实验台架(每组 1 台)、VAS6150C 专用诊断仪、光学备用控制单元 VAS6186、光纤替代导线及连接器等专用维修工具。实验车可选用奥迪 A6L。

任务一　MOST 总线系统的认识

1. 连接 VAS6150C 专用诊断仪至实验车,验证 MOST 总线系统的功能是否正常。

环路连接状态:闭环(　　)　　断开(　　)

系统播放功能:正常(　　)　　不正常(　　)

故障码:有(　　),故障码为＿＿＿＿,含义＿＿＿＿＿＿＿＿＿＿＿＿＿＿＿＿＿＿＿＿。

　　　无(　　)

2. 查阅维修手册,画出实验车型 MOST 总线系统的结构原理图。

3. 断开 MOST 总线系统的某一控制单元,模拟 MOST 总线系统故障。

该控制单元的名称为＿＿＿＿＿＿＿＿,单元编号为＿＿＿＿＿。

环路连接状态:闭环(　　)　　断开(　　)

系统播放功能:正常(　　)　　不正常(　　)

故障码:有(　　),故障码为________,含义____。
　　　无(　　)

任务二　光学备用控制单元 VAS6186 的连接使用

断开 MOST 总线系统的某一控制单元,用光学备用控制单元 VAS6186 替代连接。
该控制单元的名称为______________,单元编号为________。
环路连接状态:闭环(　　)　　断开(　　)
系统播放功能:正常(　　)　　不正常(　　)
故障码:有(　　),故障码为________,含义____。
　　　无(　　)

任务三　光纤替代导线及连接器的使用

学会用光纤替代导线及连接器替代连接有故障光纤,画出连接示意图。

实训工单七　FlexRay 总线系统的认识与检测

班级________________　　学号________________　　姓名________________

分组号______________　　车型________________　　日期________________

能力目标：

1. 能熟练使用维修手册查阅相关资料。
2. 能说出 FlexRay 总线系统的基本组成、主要特点及基本功能。
3. 能使用万用表对 FlexRay 总线系统进行电阻和电压检测。
4. 能使用示波器对 FlexRay 总线系统进行波形检测。

器材、仪器：

FlexRay 总线系统实验车或实验台架（每组 1 台）、VAS6150C 专用诊断仪、高分辨率示波器、万用表等专用维修工具。实验车可选用奥迪 A6L。

任务一　FlexRay 总线系统的认识

1. 查阅实验车型维修资料，画出其 FlexRay 总线系统结构原理图。

2. 在实验车上至少找到三个连接在 FlexRay 总线系统的控制单元，完成下例任务：

（1）控制单元一：单元名称______________，单元编号________，连接 BP（正总线）的插脚编号为________，连接 BM（负总线）的插脚编号为________。

（2）控制单元二：单元名称______________，单元编号________，连接 BP 的插脚编号为________，连接 BM 的插脚编号为________。

(3)控制单元三:单元名称______________,单元编号________,连接 BP 的插脚编号为________,连接 BM 的插脚编号为________。

(4)在该车型中,FlexRay 总线采用的导线形式为________,导线规格为________。BP(正总线)的颜色标志为________,BM(负总线)的颜色标志为________。

任务二 FlexRay 总线系统的万用表检测

1. FlexRay 总线系统的电阻检测

电阻检测条件:____。

检测对象	检测值	参考值	检测结果判断与分析
BP 与 BM			
BP 与 BM (拔下一个末端控制单元)			
BP 与搭铁			
BM 与搭铁			
BP 与正极			
BM 与正极			
BP 一端 与 BP 另一端			
BM 一端 与 BM 另一端			
中间控制单元内的终端电阻			
末端控制单元内的终端电阻			

(1)如何通过电阻检测来判断 FlexRay 总线系统是否存在断路故障?

(2)如何通过电阻检测来判断 FlexRay 总线系统是否存在短路故障?

2. FlexRay 总线系统的电压检测

电压检测条件：____。

检测对象	检测值	参考值	检测结果判断与分析
电源电压			
BP 对搭铁			
BM 对搭铁			
BP 对 BM			

任务三 FlexRay 总线系统的波形检测

测量 FlexRay 的正常工作波形：

1. 波形检测仪的名称为______________，该仪器为________（通用/专用）检测仪。
2. 电压单位值选取为________，时间单位值选取为________。
3. 根据检测结果画出 FlexRay 的正常波形草图（波形可以为输出打印）。

4. 读取 FlexRay 正常工作波形的主要数据。

（1）“空闲”：两导线的电平都为________；

（2）“Data 0”：BP 上的电平为________，BM 上的电平为________；

（3）“Data 1”：BP 上的电平为________，BM 上的电平为________；

（4）一个 FlexRay 信息位（比特）的时间长度为________。

任务四 FlexRay 总线系统的故障诊断(选做)

用车辆诊断测试仪(名称________)诊断 FlexRay 总统故障:

1. 故障导航

2. 读取故障存储器

3. J533 读取测量值块

实操考核工单一
速腾汽车舒适总线系统的识图与检测

班级________________ 学号________________ 姓名________________

考核老师签名________________ 计分________________

一 速腾汽车舒适总线系统的识图(35 分)

1. 通过对台架的认识,画出该车舒适总线系统的结构原理图。(25 分)

其中承担网关功能的是________控制单元。CAN-H 的颜色标志为________,CAN-L 的颜色标志为________,LIN 总线的颜色标志为________。

2. 在台架上找到老师指定的一个控制单元,并填写下面内容。(10 分)

单元名称为______________,单元编号为________,连接 CAN-H 的插脚编号是________,连接 CAN-L 的插脚编号是________,连接 LIN 的插脚编号是________。

二 舒适总线系统的检测(65 分)

1. 电压检测(30 分)

(1)舒适 CAN 总线系统的电压检测。(10 分)

检测对象	检测值	检测结果判断与分析
CAN-H 对搭铁		
CAN-L 对搭铁		
CAN-H 对 CAN-L		
LIN 总线对搭铁		

(2)检测开关 E40 各个挡位对搭铁的工作电压。(20 分)

检测对象	检测值	检测结果判断与分析
关闭(OFF)		
手动升(UP)		
自动升(AUTO UP)		
手动降(DOWN)		
自动降(AUTO DOWN)		

2. 波形检测(下列两个任务中,只需完成老师指定的一个,35 分)

任务 1. CAN 总线系统的正常工作波形检测

(1)选取的电压单位值为________,选取的时间单位值为________。(5 分)

(2)根据检测结果画出 CAN-H 与 CAN-L 的正常波形草图。(20 分)

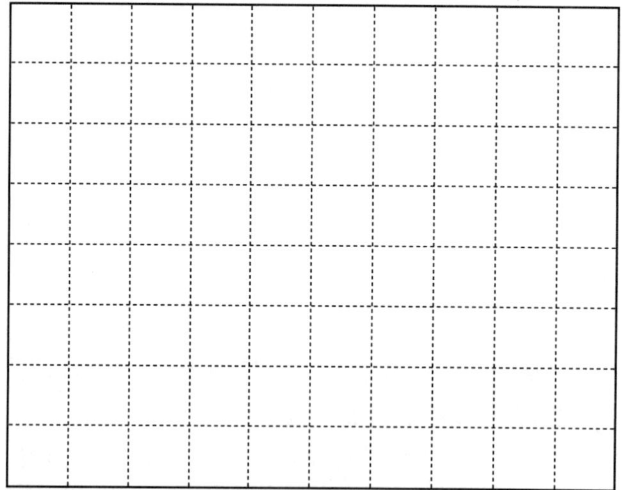

(3)读取 CAN-H 与 CAN-L 正常波形的主要数据,说明其主要特征。(10 分)

CAN-H 的显性电平为________,隐性电平为________;CAN-L 的显性电平为________,隐性电平为________;一个 CAN 信息帧的时间长度约为________。

描述其主要特征:

任务 2. LIN 总线的正常工作波形检测

(1)电压单位值选取为________,时间单位值选取为________。(5 分)

(2)根据检测结果画出 LIN 总线的正常工作波形草图。(20 分)

(3)读取 LIN 总线正常波形的主要数据,说明其主要特征。(10 分)

LIN 总线的显性电平为________,隐性电平为________,一个 LIN 信息帧的时间长度约为________。

实操考核工单二
帕萨特汽车舒适 CAN 总线系统的识图与检测

班级________________ 学号________________ 姓名________________
考核老师签名________________ 计分________________

一 舒适 CAN 总线系统的识图(50 分)

1. 通过对帕萨特汽车台架的认识,画出该车舒适 CAN 总线系统的结构原理图。(20 分)

其中承担网关功能的是________控制单元。CAN-H 的颜色标志是________,CAN-L 的颜色标志是________。

2. 找到老师指定的控制单元,并填写以下内容。(10 分)

单元名称为______________,单元编号为________,连接 CAN-H 的插脚编号是________,连接 CAN-L 的插脚编号是________。

3. 在下列三个问题中,回答老师指定的一个问题(在问题序号前打√)。(20 分)

(1)对该台架通电,进行操作,说明该车舒适 CAN 总线系统具备哪些主要功能。

(2)说明驾驶员对________控制单元(老师指定)进行控制的信号传递及工作过程。

(3)说明两个前车窗与两个后车窗在功能上有何不同,其控制开关有何区别。

答:

二　舒适 CAN 总线系统检测(下列三个任务中,完成老师指定的一个,50 分)

任务 1. 电阻检测

(1)舒适 CAN 总线系统的电阻检测。(30 分)

检测对象	检测值	检测结果判断与分析
CAN-H 与 CAN-L		
CAN-H 与搭铁		
CAN-L 与正极		
CAN-H 一端 与 CAN-H 另一端		
CAN-L 一端 与 CAN-L 另一端		

(2)检测开关 E40 各个挡位对搭铁的电阻(20 分)

检测对象	检测值	检测结果判断与分析
关闭(OFF)		
手动升(UP)		
自动升(AUTO UP)		
手动降(DOWN)		
自动降(AUTO DOWN)		

任务 2. 电压检测

(1)舒适 CAN 总线系统的电压检测。(20 分)

检测对象	检测值	检测结果判断与分析
电源电压		
CAN-H 对搭铁		
CAN-L 对搭铁		
CAN-H 对 CAN-L		

(2)检测开关 E40 各个挡位对搭铁的工作电压。(20 分)

检测对象	检测值	检测结果判断与分析
OFF		
UP		
AUTO UP		
DOWN		
AUTO DOWN		

(3)说明新型开关是如何区分各个工作挡位的？采用这种方式有何意义？(10分)

任务3. 检测 CAN-H 与 CAN-L 的正常工作波形

(1)选取的电压单位值为________,选取的时间单位值为________。(5分)

(2)根据检测结果画出 CAN-H 与 CAN-L 的正常波形草图。(30分)

(3)读取 CAN-H 与 CAN-L 正常波形的主要数据,说明其主要特征。(15分)

CAN-H 的显性电平为________,隐性电平为________;CAN-L 的显性电平为________,隐性电平为________;一个 CAN 信息帧的时间长度约为________。

描述其主要特征:

ISBN 978-7-114-20324-4
9 787114 203244 >

定价：38.00元
（含教材 + 实训工单）